文言启蒙

上册

程乔夏 主编

文心出版社
·郑州·

图书在版编目(CIP)数据

文言启蒙 / 程乔夏主编. -- 郑州: 文心出版社,
2025. 5. -- ISBN 978-7-5510-3057-1

Ⅰ. H194.1

中国国家版本馆 CIP 数据核字第 2024KY8470 号

出 版 社　文心出版社
地　　址　河南自贸试验区郑州片区(郑东)祥盛街 27 号　邮编:450016
发行单位　新华书店
承印单位　河南锦华印务有限公司
开　　本　787 毫米×1092 毫米　1/16
印　　张　24.5
字　　数　265 千字
版　　次　2025 年 5 月第 1 版
印　　次　2025 年 5 月第 1 次印刷
书　　号　ISBN 978-7-5510-3057-1
定　　价　76.50 元(全 2 册)

《文言启蒙》编委会

主　　编　程乔夏

副主编　张银付　赵玉珍　务　楠

编　　委（排名不分先后）

王合玲　吕颖敏　冯　龑

赵金红　张　艳　郭伟胜

贾金凤　卜景丽

带上传家宝去旅行

中华文明是一种很独特的文明，它生长的土壤很独特，生长的历史同样独特。广袤的国土背靠世界上最大的大陆——亚欧大陆，面向世界上最大的海洋——太平洋，西北高，东南低，强劲的季风从大洋上吹来，给这片沃土带来了较为丰沛的降水，形成了四季分明的气候。最大的两条河流都发源于西部高山，滔滔数千里，注入浩瀚的大海，贯通国土的东西。人类早期的文明大都起源于著名大河的河谷，如长江、黄河、尼罗河、幼发拉底河、底格里斯河、恒河等。在战胜自然的能力还极度低下的人类早期，只有自然条件相对优越的地区才能擦出人类文明的星星之火。我们的祖先不仅在中国肥沃的土地上点燃了早期的文明之火，还让这文明的火炬历经千年从未熄灭。这样一个起源既早又从未中断的文明，在人类文明的进程中注定要扮演不可替代的重要角色。

进入20世纪、21世纪，中国经历了数千年来从未经历过的沧桑巨变。这场沧桑巨变的剧烈与急促，在以前的历史时期是前所未有的。从救亡图存到民族独立，从自力更生到改革开放，从奋起直追到逐渐领跑，中华民族一直在大步前行。而大步前行之时，最易瞻前而不顾后，丢掉最不宜丢掉的东西。等到奋力爬上山顶，再想起丢在山脚下的宝贝，想捡起已经有些来不及。弥补这一遗憾的方法，自然是行进时要环顾四周，看一看是不是有应该带上的宝贝没有带上。我不说，大家也能猜到，在某种意义上，这宝贝就是我们优秀的传统文化。

我们需要学习西方的科技与文化，但丢掉自己的优秀传统文化，无疑是一个民族的悲哀。摒弃旧的、不好的东西，珍惜并继承祖先创造的优秀文化遗产，并以学习的态度汲取其他民族的优秀文化，方能健康成长，立于世界民族之林而毫无愧颜。丢掉祖传宝贝，成长会营养不良；丢掉祖传宝贝，必成不肖子孙；丢掉祖传宝贝，必将行之不远。国家领导人高瞻远瞩，早已发出弘扬优秀传统文化的号召。教育工作者有责任、有义务以己之所长，尽己之所能，参与弘扬优秀传统文化的各种活动。

弘扬优秀传统文化，有诸多不同的层面。整理、研究祖先留下的文化遗产，是弘扬优秀传统文化；向中小学生普及优秀传统文化知识，也是弘扬优秀传统文化。在文化普及方面，能做到学术性与科普性兼顾，既体现出学术研究的严谨性，又用通俗易懂的形式，让人喜闻乐见，如春风化雨、“润物细无声”，其难度可能不亚于一部有分量的学术研究著作。在我看来，现阶段有关优秀传统文化普及的文章与著作已经发表或出版了很多，但高质量的优秀传统文化普及文章与著作却无疑太少了。

现在，呈现在读者面前的这部书，就是一部优秀传统文化普及方面的典范。这部书分上下两册，共有十六个单元，以中国古代文言文学习为主轴，以继承中华优秀传统文化为指引，用通俗易懂的语言解释相关知识，内容涉及小学生生活、学习的诸多方面，知识非常广博。为了更好地符合教学研究之需，所选文言文大都重新拟定了题目，内容稍有改动。此外，这部书图文并茂，形象生动，很适合小学生使用；学练结合，既能学习知识，也能巩固知识，比单纯地学习知识效果更好；在知识学习中融入品性培养，对学生的培养更为全面。

这部书的编著者程乔夏老师曾获得硕士学位，在小学教育领域深耕多年，拥有高级职称，教学经验非常丰富。经过多年探索与积累，他把自己的学习与教学心得都凝聚在这部书里。在该书出版之际，程兄命为之序，不揣浅陋，略陈管见于上，求正于专深博识之君子。

周相录

2025年4月

上　册

第一单元　君子之风

夫君子之行，静以修身，俭以养德。非淡泊无以明志，非宁静无以致远。

——［三国］诸葛亮

扫码听音频

1. 君子（一）

子曰："君子欲讷(nè)①于言而敏于行。"

——《论语·里仁》

曾子曰："君子以文会友，以友辅②仁。"

——《论语·颜渊》

字词解析

①［讷］说话迟钝。②［辅］帮助。

文言译栈

孔子说："君子说话应该谨慎，而行动则要敏捷。"

曾子说："君子用文章来结交朋友，依靠朋友来帮助自己培养仁德。"

“君”字的演变

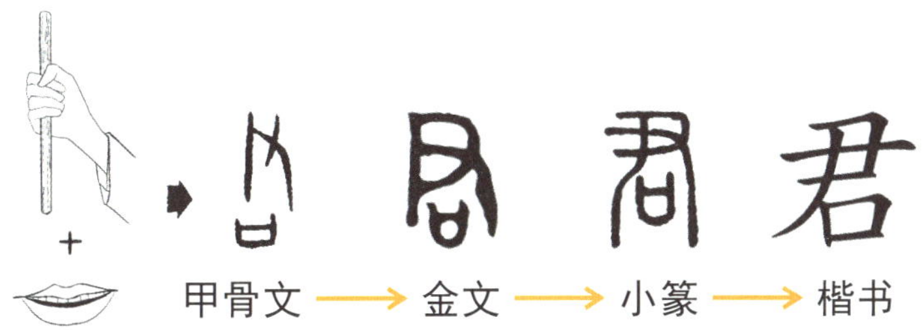

“君”属会意字。甲骨文字形中，“君”字上面像手拿笔，即“尹（yǐn）”，表示治事；下面是“口”，表示发布命令，两部分合起来，表示发号施令、治理国家。“君”字的本义是君主，即国家的最高统治者，引申为封建社会的帝王、诸侯等。含“君”的成语有：君子之交淡如水、请君入瓮、民贵君轻等。请读一读，写一写。

孔子不借伞

孔子周游列国时，有一天，突然乌云密布，即将下雨，但孔子一行却没有带雨伞。孔子的学生子路建议：“先生，子夏家就在附近，我们可以去他家借伞。”孔子一听，连忙摇头说：“不要去，不要去！”子路问原因，孔子感慨道：“子夏护财，若是勉强把伞借给我，他会心里难受；若

是不借，别人会说他不敬师长。不去借，就不会让他痛苦，也不会毁掉他的名声，何乐而不为呢？”

换位思考，是一个人道德修养的体现。我们应学会换位思考，不要勉强别人去干他不愿意干的事情。

牛刀小试

1.把下面含有“友”字的成语分成两类。（填序号）

第一类：（　　　　）　第二类：（　　　　）

A.良师益友　B.狐朋狗友　C.酒肉朋友　D.卖友求荣

E.至亲好友　F.胜友如云　G.金兰之友　H.狂朋怪友

2.读一读，想一想。

“君子欲讷于言而敏于行。”其中，“讷于言”提醒我们少说话，同时要求我们少说空话和大话。孔子一向反对多言，今天我们应当怎样看待孔子的这一主张呢？

答案：1.第一类：A、E、F、G　第二类：B、C、D、H

2.略

- 《君子（一）》
  - 文学常识
    - 作者
      - 春秋时期 — 鲁国人
      - 孔子
        - 名丘
        - 字仲尼
        - 成就
          - 儒家学派创始人 — 至圣先师
          - 思想家
          - 教育家
          - 政治家
    - 作品
      - 《论语》
        - 儒家经典
        - “四书”之一
        - 记载孔子及其弟子言行、思想的著作
  - 传世精髓
    - 君子九思
    - 君子“四不”
      - 不妄动
      - 不徒语
      - 不苟求
      - 不虚行
    - 君子之交淡如水
  - 字词释义
    - 讷：说话迟钝
    - 敏：敏捷
    - 以：用
    - 文：文章，学问
    - 辅：帮助
    - 仁：仁德

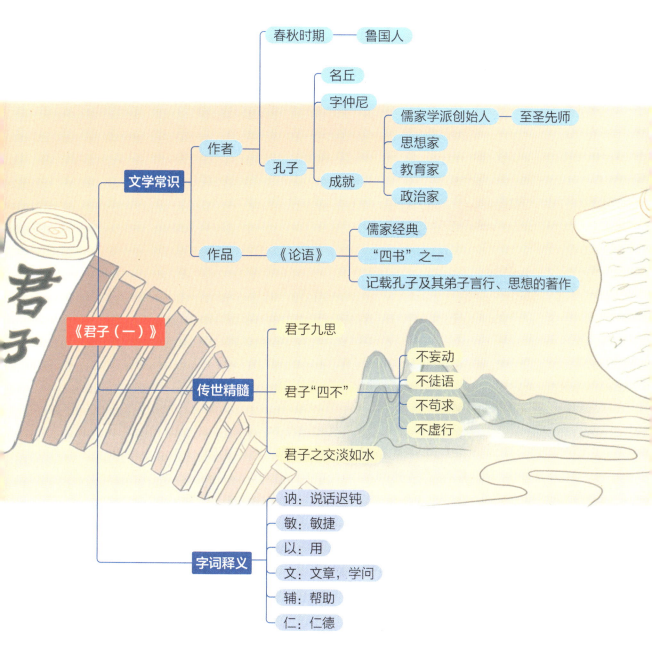

扫码听音频

2. 君子（二）

天行健，君子以自强不息[①]。

地势坤，君子以厚德载物[②]。

——《周易》

字词解析

①［自强不息］自己努力向上，永不懈怠。息，停止。②［厚德载物］指道德高尚者能承担重任。

文言译栈

天（即自然）的运动刚强劲健，君子处事应该像天一样刚毅坚卓，奋发图强，永不停息。

大地的气势厚实和顺，君子应该像大地一样增厚美德，容载万物。

“易”字的演变

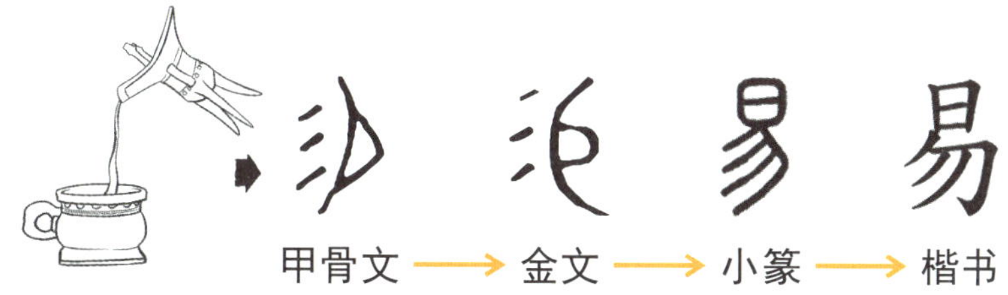

“易”属象形字。“易”字的本义指蜥蜴，引申为交换、改变等。含“易”的成语有：通俗易懂、来之不易、轻而易举、易如反掌等。请读一读，写一写。

拓展阅读

清华校训

1914年，梁启超应清华大学的邀请，给当时的清华学子做了一场题为“君子”的演讲，他在演讲中希望清华学子们能继承中华优秀传统美德，并引用《周易》中的“自强不息”“厚德载物”等话语来激励他们。此后，“自强不息，厚德载物”成为清华校训。

牛刀小试

1.对对子，要注意声韵协调，读起来朗朗上口。

（1）欢声对笑语，长久对（　　　　）。

（2）青天对（　　　　），小道对通衢。

2.请把下面人物与其相应的故事连起来。

（1）祖逖　　　　　　A.卧薪尝胆

（2）司马迁　　　　　B.撰写《史记》

（3）勾践　　　　　　C.闻鸡起舞

答案：1.（1）须臾　（2）碧海

2.（1）祖逖——C.闻鸡起舞

（2）司马迁——B.撰写《史记》

（3）勾践——A.卧薪尝胆

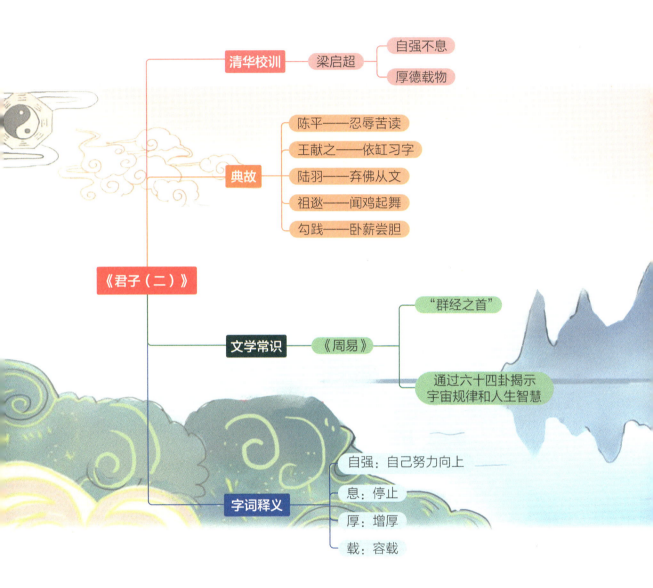

《君子（二）》

- 清华校训
  - 梁启超
    - 自强不息
    - 厚德载物
- 典故
  - 陈平——忍辱苦读
  - 王献之——依缸习字
  - 陆羽——弃佛从文
  - 祖逖——闻鸡起舞
  - 勾践——卧薪尝胆
- 文学常识
  - 《周易》
    - “群经之首”
    - 通过六十四卦揭示宇宙规律和人生智慧
- 字词释义
  - 自强：自己努力向上
  - 息：停止
  - 厚：增厚
  - 载：容载

扫码听音频

3. 君子（三）

瞻(zhān)彼淇奥(yù)①，绿竹猗(yī)猗②。有匪③君子，如切如磋，如琢如磨④。瑟(sè)兮僩(xiàn)兮⑤，赫(hè)兮咺(xuān)兮⑥。有匪君子，终不可谖(xuān)⑦兮。

——《诗经·卫风》

字词解析

①［淇奥］淇水弯曲处。②［猗猗］长而美。③［匪］通“斐”，有文采的样子。④［如切如磋，如琢如磨］切、磋、琢、磨为古代加工玉、骨、石等的工艺。切磋，本义是雕琢玉石骨器，这里指讨论研究学问；琢磨，本义是玉石骨器的精细加工，引申为在学问道德上钻研深究。⑤［瑟兮僩兮］瑟，仪容庄重的样子。僩，神态威严。⑥［赫兮咺兮］赫，光明正大的样子。咺，威仪，显赫。⑦［谖］忘记。

凝望那淇水弯曲处，难忘竹林茂盛碧绿。文采斐然的君子，就像切磋过的象牙、琢磨过的美玉。他面色鲜洁、举止娴雅，他光明正大、心怀天宇。文采斐然的君子啊，无法从我的心中抹去。

“经”字的演变

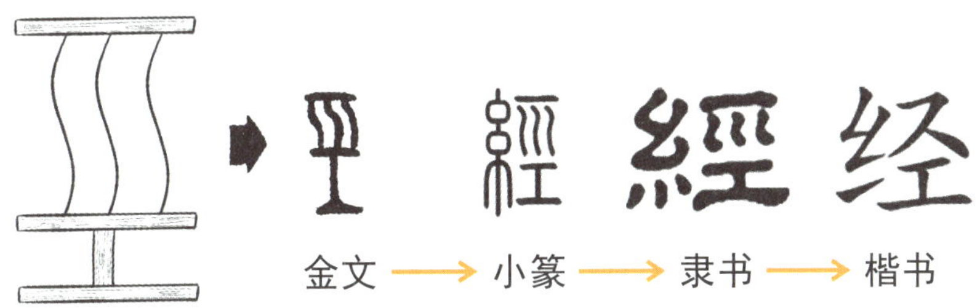

“经”属形声字。“经”的古字为“巠”，表示与线丝有关。“经”的本义为织物的纵线，引申为南北纵贯的道路、治理等。含“经”的成语有：引经据典、天经地义、一本正经、漫不经心等。请读一读，写一写。

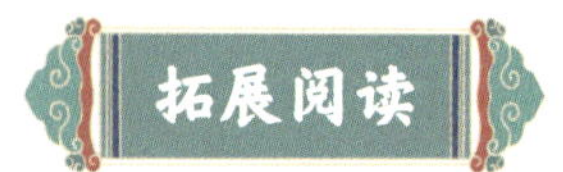

拓展阅读

采诗官

三千多年前，世间万物，皆可入诗，诗歌便成为世人生活的一部分，于是衍生了一个十分浪漫的职业——采诗官。每年到了孟春之月，采诗官被朝廷派遣到各地巡游，他们身背刻刀和竹筒，手摇木铎，行走在田野小径，游荡于山林之间，收集民间诗歌。秋季过后，遍布中原大地的采诗官们被朝廷召回。他们采来的诗，由乐官配上音律，编成乐歌，献唱给天子。

采诗官可以说是中国最早的新闻记者，没有他们，也就没有后来的诗歌巨著——《诗经》。

牛刀小试

1.请按节奏吟唱下面的诗句。

瑟(sè)兮/僩(xiàn)兮，赫(hè)兮/咺(xuān)兮。有匪/君子，终不可谖(xuān)/兮。

2.“切、磋、琢、磨”在古代均属工艺名称，请你查阅资料后连一连。

(1) 加工兽骨　　A.琢

(2) 加工象牙　　B.切

(3) 加工玉器　　C.磨

(4) 加工石头　　D.磋

思维导图

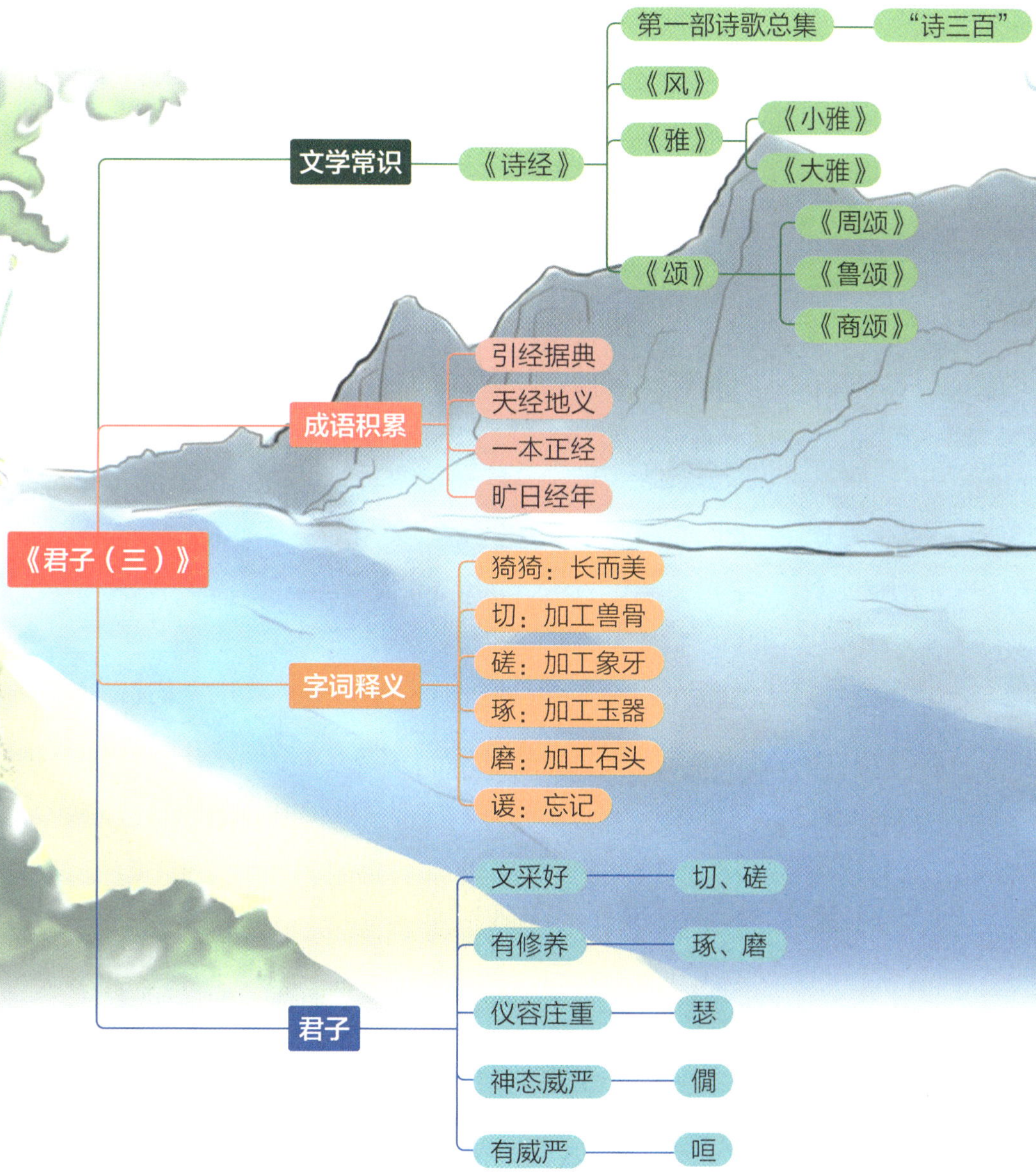

- 《君子（三）》
  - 文学常识
    - 《诗经》
      - 第一部诗歌总集 —— “诗三百”
      - 《风》
      - 《雅》
        - 《小雅》
        - 《大雅》
      - 《颂》
        - 《周颂》
        - 《鲁颂》
        - 《商颂》
  - 成语积累
    - 引经据典
    - 天经地义
    - 一本正经
    - 旷日经年
  - 字词释义
    - 猗猗：长而美
    - 切：加工兽骨
    - 磋：加工象牙
    - 琢：加工玉器
    - 磨：加工石头
    - 谖：忘记
  - 君子
    - 文采好 —— 切、磋
    - 有修养 —— 琢、磨
    - 仪容庄重 —— 瑟
    - 神态威严 —— 僩
    - 有威严 —— 咺

答案：1.略

2. (1) 加工兽骨 → B.切
(2) 加工象牙 → D.磋
(3) 加工玉器 → A.琢
(4) 加工石头 → C.磨

扫码听音频

4. 君子与小人

子曰："君子坦荡荡[①]，小人长戚戚[②]  。"

——《论语·述而》

子曰："君子喻[③]于义，小人喻于利  。"

——《论语·里仁》

子曰："君子泰[④]而不骄[⑤]，小人骄而不泰。"

——《论语·子路》

子曰："君子和[⑥]而不同[⑦]，小人同而不和。"

——《论语·子路》

子曰："君子周[⑧]  而不比[⑨]，小人比而不周。"

——《论语·为政》

字词解析

①［坦荡荡］心胸宽广、开阔。②［长戚戚］经常忧愁不安。③［喻］

知道，明白，懂得。④［泰］安详坦然。⑤［骄］傲慢。⑥［和］和谐。⑦［同］相同，同类。⑧［周］合群。⑨［比］勾结。

孔子说："君子心胸宽广，小人经常忧愁不安。"

孔子说："君子懂得的是道义，小人懂得的是利益。"

孔子说："君子安详坦然却不骄傲凌人，小人骄傲凌人却不安详坦然。"

孔子说："君子能与他人和睦相处却不盲从附和；小人无原则地附和他人，内心却不真诚，不能与人和谐相处。"

孔子说："君子团结而不勾结，小人勾结而不团结。"

"孔"字的演变

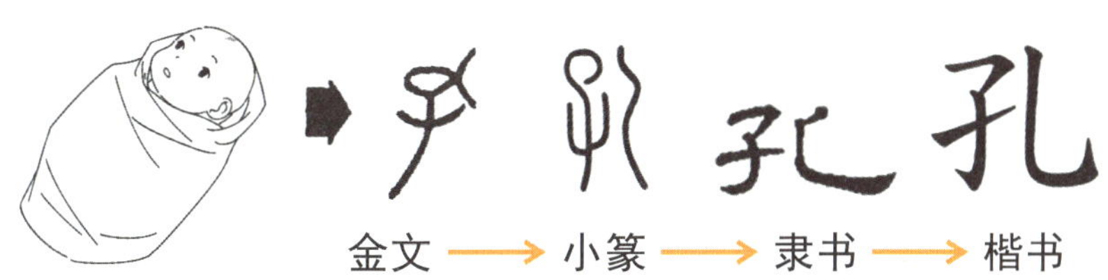

"孔"属指事字。金文下为子，上为指事符号，表示小儿囟门，头顶未合缝的地方，本义为囟门，引申为深远、通达等。含"孔"的成语有：无孔不入、千疮百孔等。请读一读，写一写。

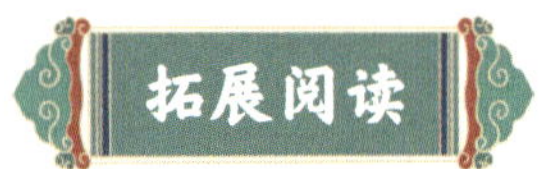

拓展阅读

半部《论语》治天下

宋太祖赵匡胤死后，他的弟弟赵光义继位，史称宋太宗。赵普再次担任宰相，朝中有人不服，讥笑他平生所读只有一部《论语》。宋太宗闻此言后召见赵普，问："有人说你只读《论语》，这是真的吗?"赵普老老实实地回答说："我生平所有的学问和见识都是从《论语》中得来的，过去臣用半部《论语》来辅佐先帝平定天下，现在臣再用半部《论语》辅助陛下，使天下太平。"从此以后，赵普"半部《论语》治天下"的故事就传开了。

牛刀小试

1. 以下哪些是孔子所认可的君子品格？请把序号写在括号里。

（　　　　）

A. 坦荡荡　　B. 喻于义　　C. 骄而不泰　　D. 和而不同

2. "而"作为虚词有两种常见用法：顺接和转接。请连一连。

（1）人不知而不愠　　　　A. 顺接

（2）择其善者而从之　　　B. 转接

答案：1. A　B　D

2. （1）人不知而不愠 —— B. 转接

（2）择其善者而从之 —— A. 顺接

《君子与小人》

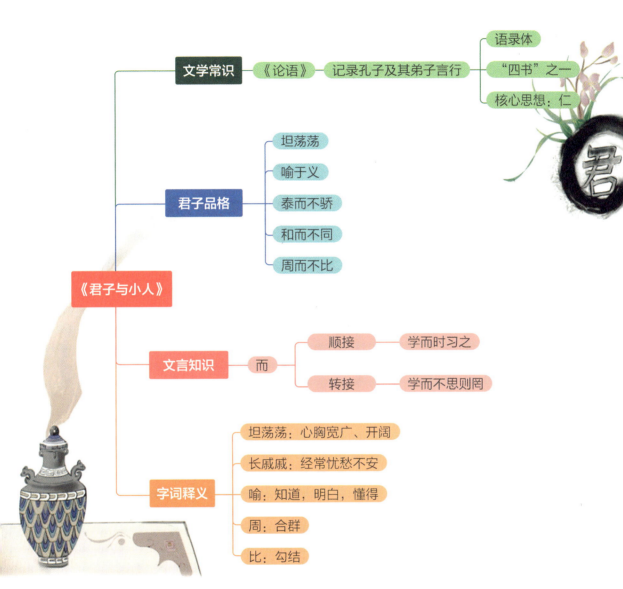

- 文学常识
  - 《论语》—记录孔子及其弟子言行
    - 语录体
    - “四书”之一
    - 核心思想：仁
- 君子品格
  - 坦荡荡
  - 喻于义
  - 泰而不骄
  - 和而不同
  - 周而不比
- 文言知识
  - 而
    - 顺接—学而时习之
    - 转接—学而不思则罔
- 字词释义
  - 坦荡荡：心胸宽广、开阔
  - 长戚戚：经常忧愁不安
  - 喻：知道，明白，懂得
  - 周：合群
  - 比：勾结

扫码听音频

5. 君子有三乐

孟子曰：“君子有三乐，而王（wàng）[①]天下不与存[②]焉。父母俱存，兄弟无故[③]，一乐也；仰不愧于天，俯不怍（zuò）[④]于人，二乐也；得天下英才而教育之，三乐也。君子有三乐，而王天下不与存焉。”

——《孟子·尽心上》

字词解析

①［王］称王。②［存］在。③［故］灾患疾病。④［怍］惭愧。

孟子说："君子有三件乐事，但称王天下这种事并不包括在内。父母都健在，兄弟没有灾患疾病，这是第一件乐事；上不愧于天，下不愧于人，这是第二件乐事；得到天下的优秀人才，然后教导培育他们，这是第三件乐事。君子有这三件乐事，但称王天下这种事并不包括在内。"

"乐"字的演变

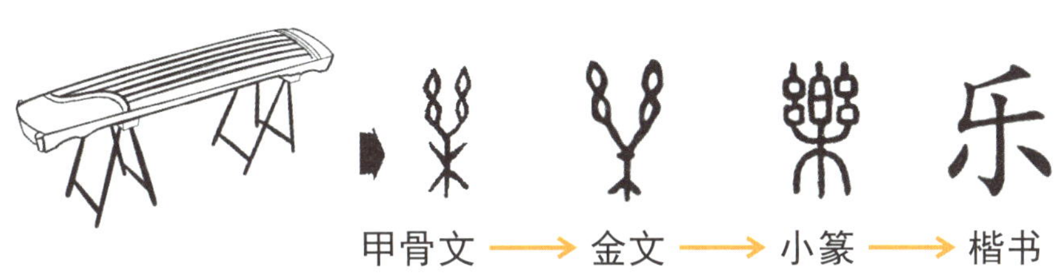

"乐"属象形字。甲骨文字形上部是"丝"，指琴弦类乐器；下部是"木"，指放乐器的架子，合起来表示琴。"乐"的本义指弦类乐器，引申为喜悦、安乐、感到快乐等。含"乐"的成语有：安居乐业、其乐融融等。请读一读，写一写。

断织教子

孟子小的时候，有一天放学回家，母亲正在织布，见他回来了，就问：“现在学习怎么样？”孟子漫不经心地回答：“跟过去一样。”孟母见他一副无所谓的样子，既生气又伤心，拿起剪刀就把织好的布剪断了。孟子见状，十分不解，就问母亲：“母亲，你为什么发这么大的火？”孟母说：“学习和织布是同样的道理。布是一丝一线织出来的，积丝成寸，积寸成尺，一尺一尺地连续织，最后才能成为布匹。你厌倦学习的危害比我剪断这布匹还严重。布剪断后还能再织，学业荒废了以后你还会有出息吗？”孟子听了母亲的话，惭愧不已。此后，他勤学不止，最终成为一名伟大的思想家。

牛刀小试

1.读一读，体会下面加点字的不同读音和意义。

擒贼先擒王（wáng）（首领）　王（wàng）天下（称王）

2.选一选。

（1）“父母俱存，兄弟无故。”这是君子的第一种快乐。（　　）

（2）“仰不愧于天，俯不怍于人。”这是君子的第二种快乐。（　　）

（3）“得天下英才而教育之。”这是君子的第三种快乐。（　　）

A.师友之乐　　B.成德之乐　　C.天伦之乐

- 《君子有三乐》
  - 文学常识
    - 孟子
      - 战国
      - 名轲
      - 思想家、政治家、教育家
      - 儒家学派代表人物
      - 亚圣
  - 主要内容
    - 天伦之乐
    - 成德之乐
    - 师友之乐
  - 多音字
    - 王
      - wàng 称王
      - wáng 首领
  - 字词释义
    - 故：变故
    - 怍：惭愧
    - 存：健在

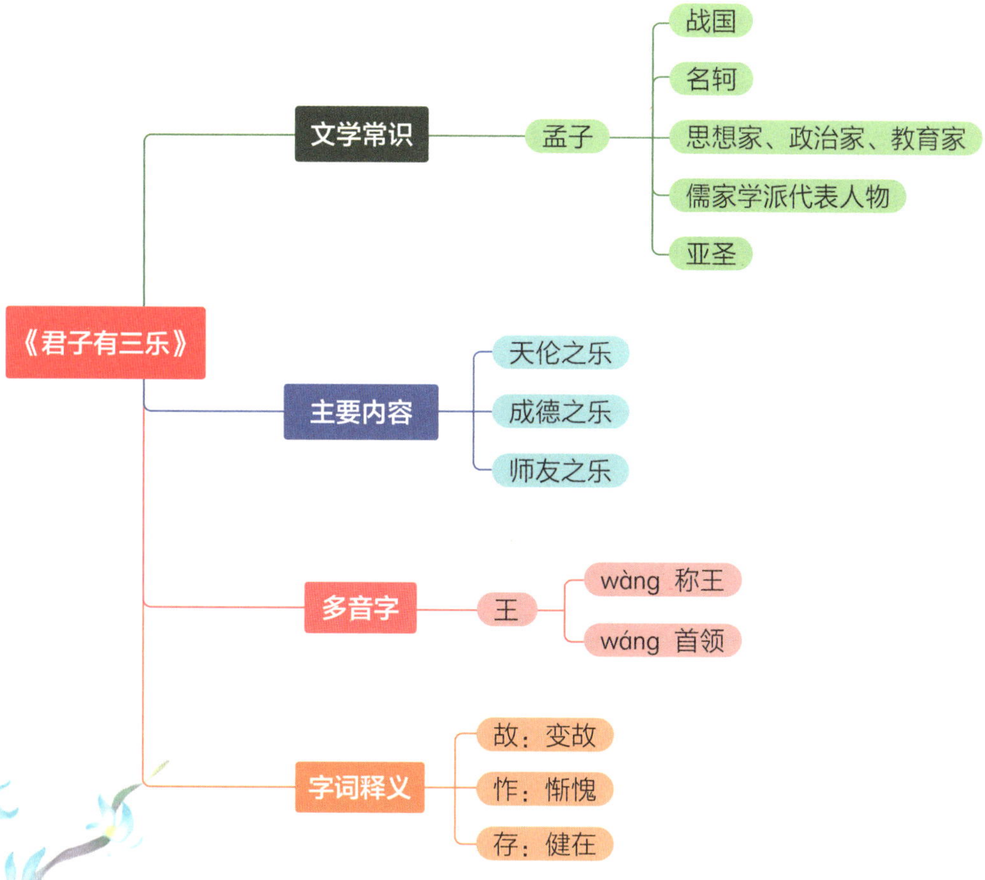

答案：1.略

2.（1）C （2）B （3）A

第二单元　舐犊情深

父兮生我，母兮鞠我，拊我畜我，长我育我，顾我复我……

——《诗经》

扫码听音频

6. 孔子教子

尝独立，鲤趋（qū）①而过庭。曰：“学诗②乎？”对曰：“未也。”“不学诗，无以言③。”鲤退而学诗。他日，又独立，鲤趋而过庭。曰：“学礼乎？”对曰：“未也。”“不学礼，无以立④。”鲤退而学礼。

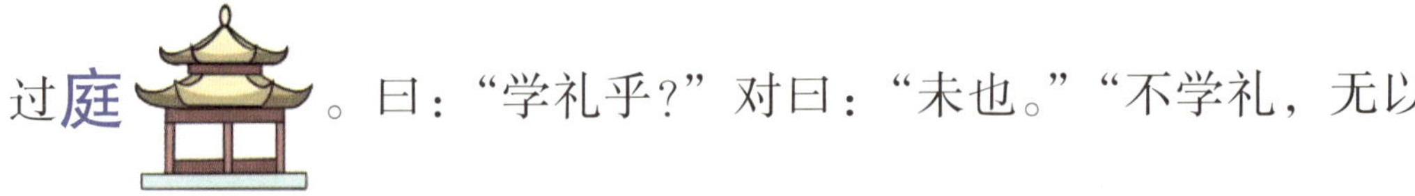

——《论语·季氏》

字词解析

①［趋］小步快走，表示恭敬。②［诗］指《诗经》。③［言］更好地表达。④［立］在社会上立足。

文言译栈

孔子独自站在庭中，孔鲤恭敬地从庭院走过。孔子问他："学《诗经》了吗？"孔鲤回答："没有。"孔子说："不学《诗经》，就不会更好地表达。"孔鲤回去后便开始学习《诗经》。过了几天，孔子又独自站在庭中，孔鲤又恭敬地从庭院走过。孔子问："学习礼了吗？"孔鲤回答："没有。"孔子说："不学礼就不懂得怎样立身处世。"孔鲤就回去读关于礼的书籍了。

"礼"字的演变

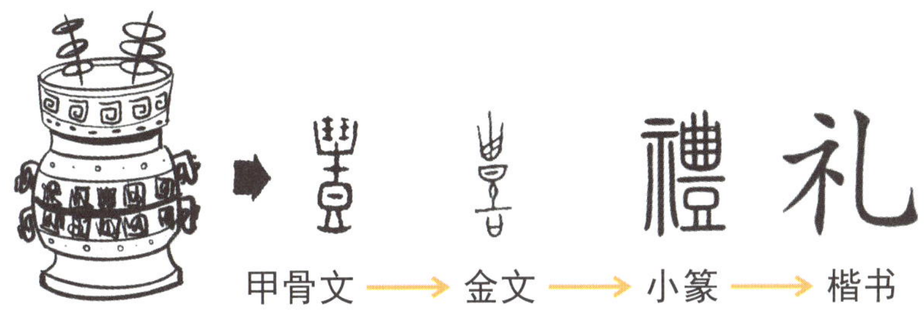

"礼"属会意字。甲骨文字形上面像两串玉器，下面像祭祀用的器皿。"礼"的本义为举行仪礼，祭神求福，引申为礼仪、礼貌、礼物。含"礼"的成语有：礼崩乐坏、彬彬有礼等。请读一读，写一写。

拓展阅读

宥坐之器

有一天，孔子带领孔鲤和他的几个弟子参观鲁桓公庙，来到一尊神像前，他们看到了一个倾斜着的青铜器。孔子问大家这个青铜器叫什么名字，孔鲤和弟子们摇摇头，都回答不上来。孔子便让孔鲤提桶水过来，并将水慢慢地倒入青铜器中。当水注入到一半的时候，这个青铜器还是稳稳当当的，但是当青铜器内注满水的时候，它就倒了。孔子问道："鲤啊，这样的变化告诉了人们什么道理？"孔鲤脱口而出："满则覆。"孔子点点头，然后对大家说："骄傲自满，最终会以失败收场！"

牛刀小试

1.解释下列加点字的含义。

（1）入而徐趋，至而自谢。（　　　）

（2）老翁逾墙走，老妇出门看。（　　　）

（3）屠乃奔倚其下。（　　　）

2.你认为青少年成长需要哪些重要条件？想一想，填一填。

兴于（　　　），立于（　　　），成于（　　　）。

答案：1.（1）趋：小步快走。（2）走：跑，逃跑。（3）奔：急走，跑。
2.略

《孔子教子》

- 教子
  - 学诗——不学诗，无以言
  - 学礼——不学礼，无以立
- 教育
  - 诗——兴于诗
  - 礼——立于礼
  - 乐——成于乐
- 字词释义
  - 行：小步走
  - 步：慢慢走
  - 趋：小步快走
  - 走：跑，逃跑
  - 奔：急走

扫码听音频

7. 触龙说赵太后

［西汉］刘向

左师公曰：“父母之爱子①，则为②之计③深远④。媪(ǎo)之送燕(yān)后也，持其踵(zhǒng)⑤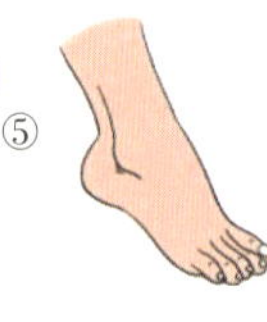，为之泣，念悲其远也，亦哀之矣。已行⑥，非弗思也，祭祀必祝之，祝曰：‘必勿使反⑦。’岂非计久长，有子孙相继为王也哉？”太后曰：“然。”

——《战国策·赵策四》

字词解析

①［子］泛指子女。②［为］替，介词。③［计］打算，考虑。④［深远］长远。⑤［持其踵］握住脚后跟。古代风俗，女儿出嫁，无论贵贱，母亲都要亲手给女儿穿上礼鞋。⑥［行］出嫁。⑦［反］同“返”，古代诸侯的女儿出嫁别国，除非被废黜或亡国，否则不能回到母家。

文言译栈

左师公说："父母疼爱子女，就要为他们作长远打算。您送燕后出嫁的时候，握住她的脚后跟，为她哭泣，为她远嫁异国而伤心，也确实哀怜她。她走了以后，您不是不想念她，每当祭祀时会为她祈祷：一定不要让她回来。这难道不是为她作长久打算，希望她的子孙世代做燕王吗？"太后说："你说得对。"

"爱"字的演变

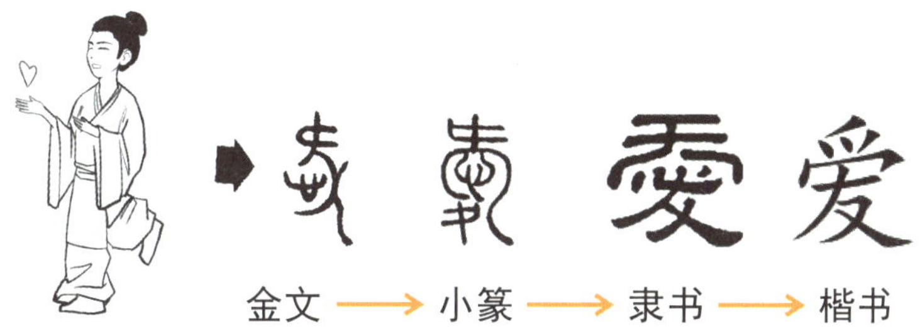

"爱"的金文字形像一个人双手捧"心"，张大了嘴，在诉说心中的爱。小篆字形则在下边加一"夂（zhǐ）"，将"爱心"变成了实际行动。含"爱"的成语有：爱不释手、爱憎分明等。请读一读，写一写。

邹忌进谏

邹忌是战国时期齐国的谋士。有一天，他问他的妻妾和来访的客人，自己和城北公认的美男子徐公比，谁更帅。妻妾和客人都说邹忌更帅。但邹忌知道妻子是因为偏爱自己，妾是因为害怕自己，客人是因为有求于自己，所以才都说自己比徐公更帅。邹忌感觉受到了蒙蔽，又联想到齐威王也会受到宫妇、大臣、百姓的蒙蔽，估计情况会比自己更严重，于是就向齐威王建议要广开言路。

牛刀小试

1.写出“之”在下面句子中的意思。

(1) 则为之计深远。之：____________

(2) 亦哀之矣。之：____________

2.语气词“也”在句中位置不同，表示的语气也不同，请将正确答案的序号填在括号里。

A.句末，表示判断。

B.句末，表示疑问或反诘。

C.句中，表示停顿。

D.加强语气，表示感叹或反诘。

(1) 已行，非弗思也，祭祀必祝之。 (　　)

(2) 夫子嗜鱼而不受，何也？ (　　)

（3）岂非计久长，有子孙相继为王也哉？（　　）

（4）松，大树也。（　　）

《触龙说赵太后》
- 文学常识
  - 作者
    - 西汉
    - 刘向
  - 作品
    - 《战国策》
- 主题
  - 父母之爱子，则为之计深远。
- 成语积累
  - 爱不释手
  - 爱莫能助
  - 爱憎分明
- 字词释义
  - 为：替，介词
  - 计：打算，考虑
  - 持：握持
  - 踵：脚后跟
- 字
  - 通假字
    - 反通“返”
  - 多音字
    - 说
      - shuō 小说
      - shuì 游说
    - 燕
      - yàn 莺歌燕舞
      - yān 燕国

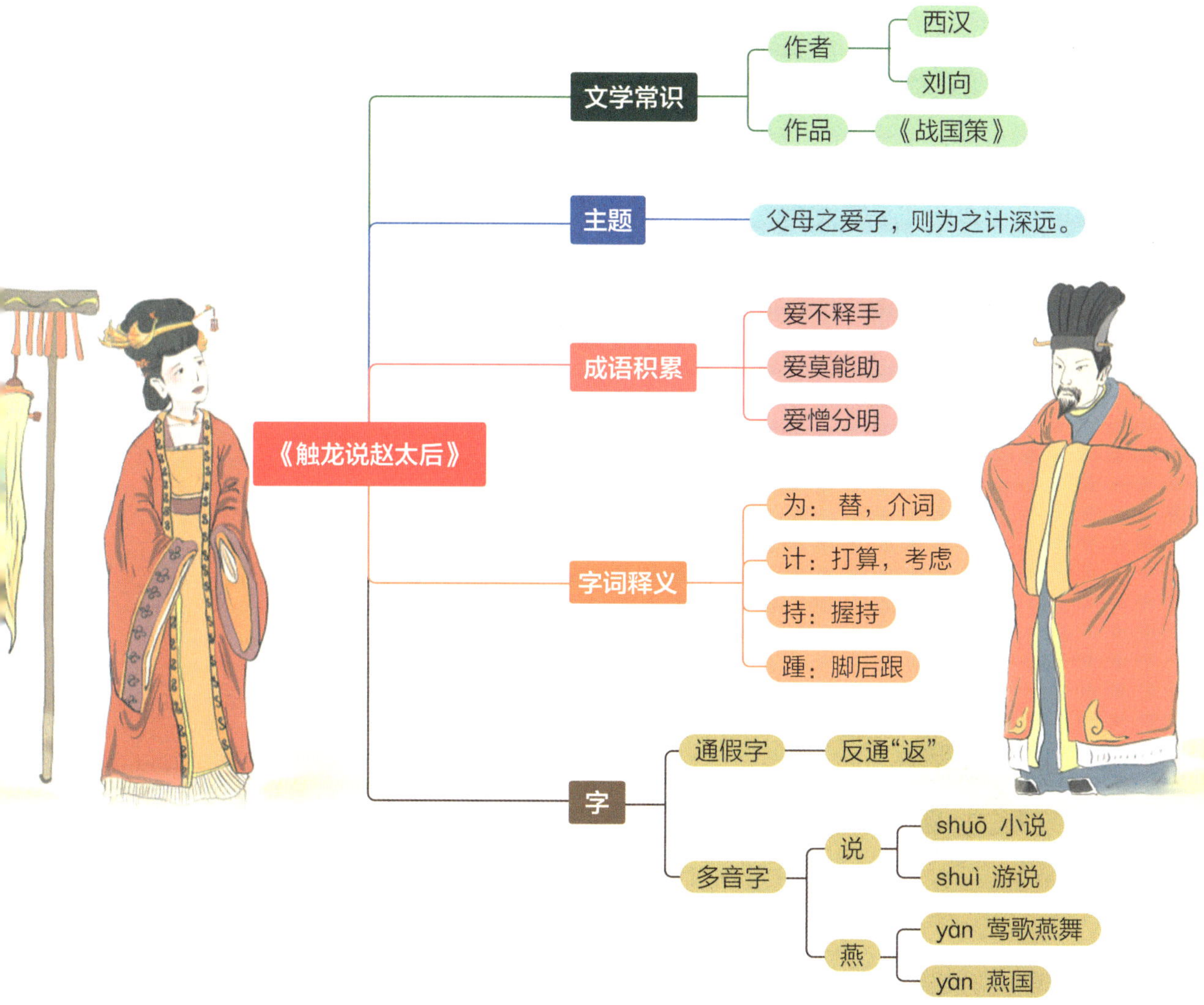

答案：1.（1）他们（指孩子）。　（2）燕后（赵太后的女儿）。

2.（1）C　（2）B　（3）D　（4）A

扫码听音频

8. 孟母三迁

［西汉］刘向

邹孟轲之母也，号孟母。其舍(shè)①近墓。孟子之少也，嬉游为墓间之事②，踊跃筑埋。孟母曰：“此非吾所以居处子③。”乃去，舍市傍。其嬉游为贾(gǔ)人④炫(xuàn)卖⑤之事。孟母又曰：“此非吾所以居处子也。”复徙舍学宫之傍。其嬉游乃设俎(zǔ)豆⑥，揖让进退。孟母曰：“真可以处居子矣。”遂居⑦。及孟子长，学六艺，卒⑧成大儒之名。

——《列女传》

字词解析

①［舍］家。②［墓间之事］埋葬、祭扫死人一类的事。③［处子］安顿孩子。④［贾人］商贩。⑤［炫卖］叫卖，夸耀。⑥［俎豆］俎和豆，古代祭祀用的两种器皿，指祭礼仪式。⑦［居］安家。⑧［卒］终于。

（鲁国）邹邑人孟轲的母亲，人称孟母。她的家靠近一片墓地。孟子小时候，经常玩一些下葬哭丧之类的游戏，喜欢造墓填坟。孟母说："这里不该是我带着孩子住的地方。"于是他们离开了这里，搬到了一个集市旁边。孟子又学起了商贩沿街叫卖。孟母又说："这里也不是我应该带着孩子住的地方。"于是，他们再次离开，把家迁到了一所学校旁边。孟子玩乐的时候就摆设一些祭祀礼器，学些打躬作揖、进退朝堂之类的礼仪。孟母说："这里才真正是我可以带着儿子居住的地方啊。"于是把家安在了这里。孟子长大成人后，精通六艺，终于成一代大儒。

"母"字的演变

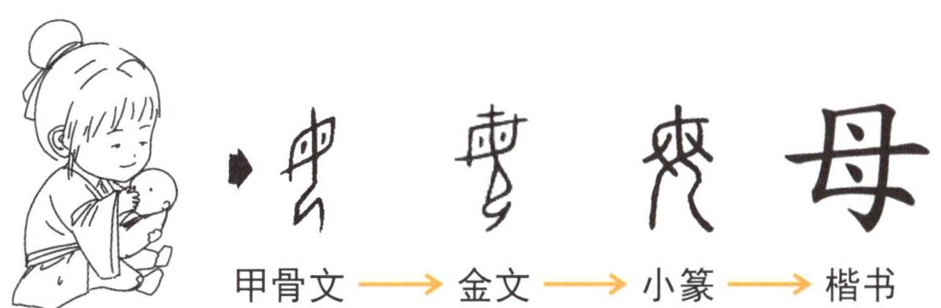

"母"属象形字，甲骨文字形像母亲有乳之形。"母"的本义指母亲，引申为家族、雌性等。含"母"的成语有：贤妻良母、孟母三迁等。请读一读，写一写。

陶母责子

东晋陶侃年轻时当过浔阳县的小吏，专门监管河道渔业。一天，他派人将一坛腌制好的鱼送给母亲品尝，没承想陶母不但令差役将腌鱼送回，还写信责备他：“你做官，拿官府的东西送给我，不仅不能给我带来好处，反而给我增添了忧虑。”陶侃读完母亲的来信，愧悔交加，无地自容。自此以后，他牢记母亲的教诲，居官清廉，忠于职守，深受部属爱戴。

牛刀小试

1. 文言文中常会把一些形容词当成名词来使用，请写出下列加点字的意思。

（1）郯子之徒，其贤不及孔子。（　　　　）

（2）将军身被坚执锐。（　　　　）

（3）义不杀少而杀众，不可谓知类。（　　　　）

2. 填一填，议一议。

孟子的母亲为了选择良好的成长环境教育孩子，搬了三次家，即：居住之所近于______、近于______、近于______。请你谈谈成长环境对一个人的影响。

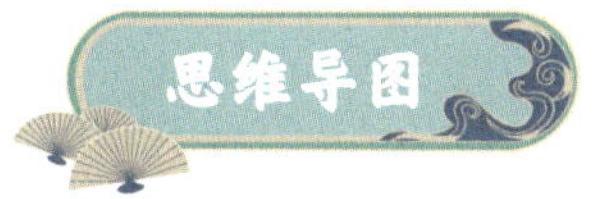

- 《孟母三迁》
  - 传统精髓
    - 岳母刺字
    - 断织教子
    - 画荻教子
    - 陶母责子
  - 三迁
    - 一迁——近墓
    - 二迁——市旁
    - 三迁——学宫旁
    - 近朱者赤，近墨者黑
  - 文学常识
    - 作者——西汉——刘向
    - 作品——《列女传》
  - 多音字
    - 舍
      - shě 舍弃
      - shè 宿舍
    - 贾
      - jiǎ 姓贾
      - gǔ 商贾
  - 字词释义
    - 炫：夸耀
    - 舍：家
    - 处：安顿
    - 贾人：商贩

答案：1.（1）才能　（2）坚硬的铠甲；锐利的武器　（3）少数人；多数人
2.墓　市　学宫

扫码听音频

9. 以教疼子

［北宋］司马光

石碏（què）[①]谏 

卫庄公曰："臣闻爱[②]子，教之以义方[③]，弗[④]纳于邪。骄奢淫（shē yín）逸[⑤]，所自邪也。四者之来[⑥]，宠禄过也。"自古知爱子不知教，使[⑦]至于危辱乱亡者，可胜数哉！夫爱之，当教之使成人 。

——《家范》

字词解析

①［石碏］春秋时期卫国大夫。②［爱］疼爱。③［义方］义，合宜的道德、行为或道理。方，正直。④［弗］不能。⑤［骄奢淫逸］骄横、奢侈、荒淫、放纵。⑥［来］产生。⑦［使］致使。

石碏向卫庄公进谏说："臣听说疼爱孩子要教给他们合宜的道理和正直的态度，不能教给他们不正确的东西。骄横、奢侈、荒淫、放纵，就是不正确的。它们产生的原因，是家长过分宠爱。"自古以来只知道疼爱孩子而不知道怎样教育孩子，致使他们在危乱受辱时沉沦，这样的事例多得数都数不清啊！所以疼爱孩子应当教育他们，使他们长大后成为人才。

"教"字的演变

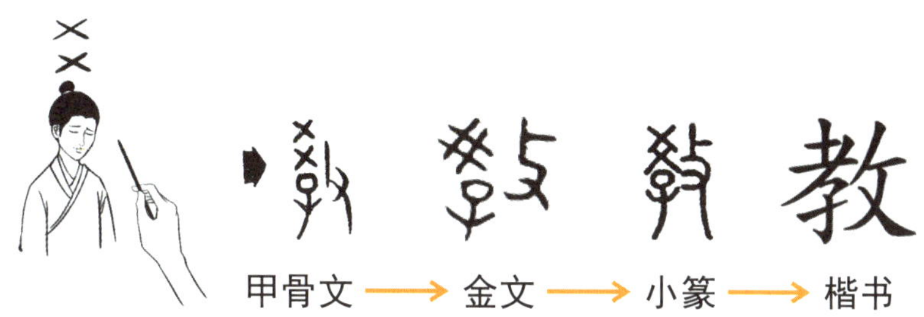

"教"属会意字。甲骨文字形左边是"子"拿着"爻（yáo）"，爻指古代算数时用竹木摆出的数字，相当于现在的教学工具；右边是"攴（pū）"，像手持教鞭。"教"的本义是教育、指导，引申为传授知识、嘱咐等。含"教"的成语有：因材施教、谆谆教导、有教无类等。请读一读，写一写。

拓展阅读

以俭为美

司马光是北宋时期著名的政治家、史学家和文学家，官至宰相，一生克勤克俭，廉洁奉公。

北宋中期，奢靡之风渐起，司马光对这种风气深感忧虑，就写家书教导后辈。他在《训俭示康》中训导他的儿子司马康要学习春秋时期季文子、宋代张知白的节俭之道，要以西晋何曾、石崇因奢侈而败家丧身的教训为戒，牢记“由俭入奢易，由奢入俭难”的道理。在《家范》中，司马光告诫天下的父母，给子孙留过多财产并不是真正的爱，真正的爱是要教会子孙“以德以礼”“以廉以俭”，廉洁俭朴的优良品德才是留给后人最宝贵的遗产。

牛刀小试

1. 文言积累。为了加强语气，常用“何其”“一何”等词来表达。

（1）至于誓天断发，泣下沾襟，何其衰也！

（2）吏呼一何怒！妇啼一何苦！

2. 下面的句子都是古人教育孩子的经典名言，请在你赞同的后面画“√”。

（1）少壮不努力，老大徒伤悲。（ ）

（2）穷则独善其身，达则兼济天下。（ ）

（3）知人者智，自知者明。（ ）

（4）以其人之道还治其人之身。（ ）

（5）人惰而侈则贫，力而俭则富。（ ）

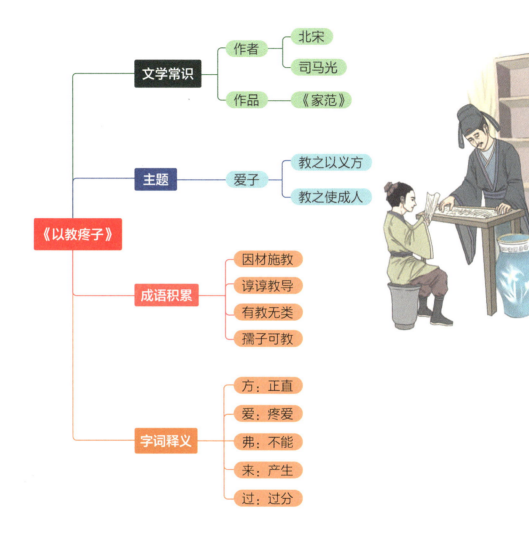

- 《以教疼子》
  - 文学常识
    - 作者
      - 北宋
      - 司马光
    - 作品
      - 《家范》
  - 主题
    - 爱子
      - 教之以义方
      - 教之使成人
  - 成语积累
    - 因材施教
    - 谆谆教导
    - 有教无类
    - 孺子可教
  - 字词释义
    - 方：正直
    - 爱：疼爱
    - 弗：不能
    - 来：产生
    - 过：过分

答案：1.略
2.（1）（√）　（2）（√）　（3）（√）　（5）（√）

扫码听音频

10. 曾子杀彘

［战国］韩非

曾子之妻之市，其子随之而泣  。其母曰：“女（rǔ）①还，顾②  反为女杀彘（zhì）③。”适市来，曾子欲捕彘  杀之。妻止之曰：“特与婴儿戏耳。”曾子曰：“婴儿非与戏也。婴儿非有知也，待父母而学者也，听父母之教④。今子欺⑤之，是教子欺也。母欺子，子而不信其母，非以成教也。”遂烹彘也。

——《韩非子·外储说左上》

字词解析

①［女］同“汝”，你。②［顾］本意为“回头看”，这里与“返”同义。③［彘］猪。④［教］教导。⑤［欺］欺骗。

曾子的妻子要去集市，她的儿子跟在后面哭。曾子的妻子对孩子说："你回去吧，等我回来杀猪给你吃。"曾子的妻子刚从集市回来，曾子就要去杀猪。妻子制止他说："我只不过是和孩子开玩笑。"曾子说："不可以和小孩子开玩笑。小孩子没有判断力，要向父母学习，听从父母的教导。现在你欺骗他，这是教孩子去欺骗别人。母亲欺骗了孩子，孩子就不相信母亲了，这不是教育孩子的方法。"于是曾子就杀了那头猪，把它煮了。

"止"字的演变

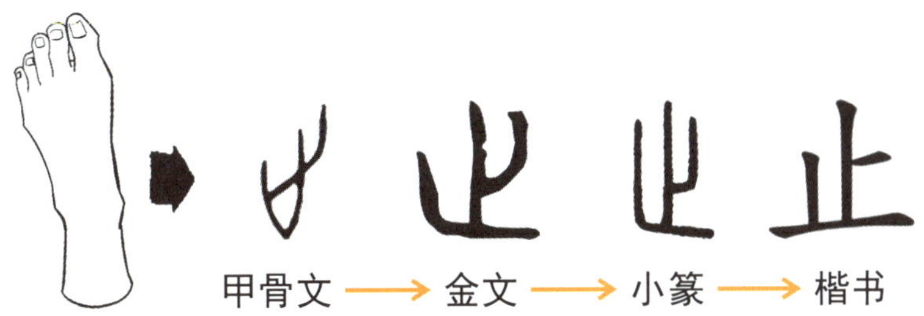

"止"属象形字。甲骨文字形像一只脚丫的形状。"止"的本义指脚，后来引申为停止、阻止等。含"止"的成语有：止于至善、高山仰止、叹为观止等。请读一读，写一写。

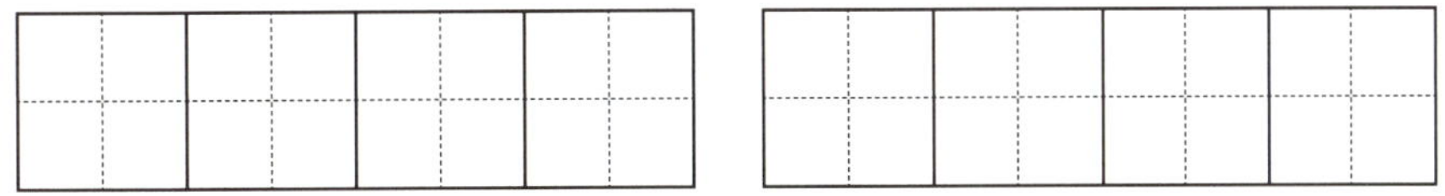

曾子避席

曾子是孔子的弟子。有一次他在孔子身边侍坐，孔子就问他："以前的圣贤之王用至高无上的德行、精要奥妙的理论来教导天下之人，人们和睦相处，君王和臣子之间也没有不满，你知道这是为什么吗？"曾子听了，立刻从席子上站起来，走到席子外面，恭恭敬敬地回答："我不够聪明，不知道是什么原因，还请老师把这些道理教给我。"

在这里，"避席"是一种非常礼貌的行为，当曾子听到老师要向他传授知识时，他站起身来，走到席子外向老师请教，是为了表示对老师的尊重。

牛刀小试

1.解释下列句中"之"字的含义。

（1）曾子之妻之市。 （　　）（　　）

（2）今子欺之。 （　　）

（3）曾子欲捕彘杀之。 （　　）

（4）听父母之教。 （　　）

2."子"字在文言文中有多种意思，请连一连。

（1）子曰：学而时习之　　A.儿女

（2）今子欺之　　B.幼小的，小的

（3）其子随之而泣　　C.你

（4）子鸡　　D.孔子

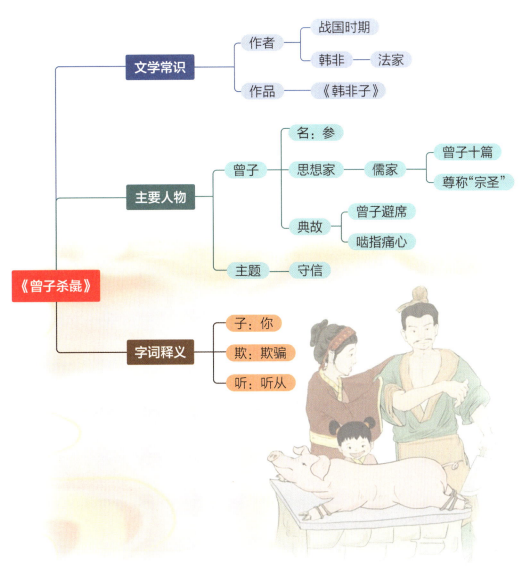

- 《曾子杀彘》
  - 文学常识
    - 作者
      - 战国时期
      - 韩非 — 法家
    - 作品 — 《韩非子》
  - 主要人物
    - 曾子
      - 名：参
      - 思想家 — 儒家
        - 曾子十篇
        - 尊称“宗圣”
      - 典故
        - 曾子避席
        - 啮指痛心
    - 主题 — 守信
  - 字词释义
    - 子：你
    - 欺：欺骗
    - 听：听从

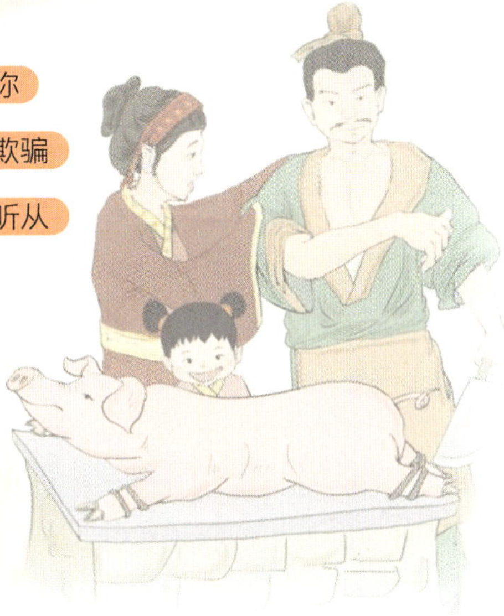

答案：1.（1）的；去　（2）他，指儿女　（3）它，指猪　（4）的

2.（1）子曰：学而时习之　　A.儿女
（2）今子欺之　　B.幼小的，小的
（3）其子随之而泣　　C.你
（4）子猪　　D.孔子

第三单元　家国情怀

苟利国家生死以，
岂因祸福避趋之。

——［清］林则徐

扫码听音频

11. 完璧归赵[1]

［西汉］司马迁

相如持其璧睨[2]柱，欲以击柱。秦王恐其破璧，乃辞谢[3]固请[4]，召有司[5]案图[6]，指从此以往十五都(dū)[7]予赵。相如度秦王特[8]以诈详(yáng)为[9]予赵城，实不可得，乃谓秦王曰："和氏璧，天下所共传[10]宝也，赵王恐，不敢不献。赵王送璧时，斋戒五日，今大王亦宜斋戒五日，设九宾[11]于廷，臣乃敢上璧。"秦王度之，终不可强夺，遂许斋五日，舍(shè)[12]相如广成传(zhuàn)[13]。相如度(duó)秦王虽斋，决负约不偿城，乃使其从者衣(yì)褐[14]，怀其璧，从径道[15]亡，归璧于赵。

——选自《史记·廉颇蔺相如列传》

字词解析

①本指蔺相如将和氏璧完好地从秦国送回赵国，后比喻把原物完好地归还本人。②［睨］斜视。③［辞谢］婉言道歉。④［固请］坚决请求。⑤［有司］负有专职的官吏。⑥［案图］查明地图。案，通“按”。⑦［都］城邑。⑧［特］只，只是。⑨［详为］假装做。详，通“佯”，假装。⑩［共传］公认。⑪［九宾］由九个迎宾官依次传呼，引宾客上殿。这是古代外交上最隆重的礼节。宾，通“傧”。⑫［舍］安置。⑬［广成传］广成，宾馆名。传，宾馆。⑭［衣褐］穿着粗麻布短衣。⑮［径道］小路。

文言译栈

蔺相如举起和氏璧，斜视着庭柱，像是要把和氏璧向庭柱上撞。秦王生怕蔺相如把和氏璧撞碎，便向他婉言道歉，坚决请求（他）不要这样做，并召来有关官吏查看地图，指明从某地到某地的十五座城池交割给赵国。相如猜想秦王只不过是假装给赵国城池，实际上赵国根本不可能得到，于是就对秦王说：“和氏璧，是天下公认的宝物，赵王惧怕贵国，不敢不献出来。赵王送璧之前，斋戒了五天，如今大王也应斋戒五天，在殿堂上安排九宾大典，我才敢献上宝璧。”秦王估量，这个时候不能强力夺取，于是就答应斋戒五天，把相如安置在广成宾馆住了下来。相如猜想秦王虽然答应斋戒，但必定会背约不给城池，便派他的随从穿上粗麻布衣服，怀中藏好和氏璧，从小路逃出，把和氏璧安全送回赵国。

“壁”字的演变

“壁”属形声字。“壁”的本义为古代的一种玉器，圆形、扁平，中间有孔。后泛指美玉。含“壁”的成语有：珠联壁合、完壁归赵等。请读一读，写一写。

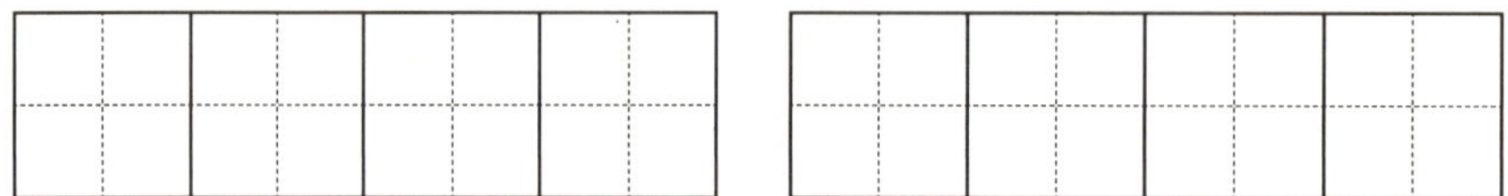

九宾之礼

九宾之礼起源于周朝，是周天子专门用来接待天下诸侯的隆重礼节。周朝天子为巩固统治，按亲疏关系，分别赐给各诸侯不同的爵位，爵位分为“公、侯、伯、子、男”五等。各诸侯国内的官职又分三等，为“卿、大夫、士”，诸侯国的国君则自称为“孤”。这些爵位和职位合起来称作“九仪”或“九宾”。周天子朝会“九宾”时所用的礼节就叫“九宾之礼”，在举行九宾之礼时，礼仪人员从殿内向外依次排列，迎接宾客时则高声呼唤，上下相传，声势威严，展现出中华礼仪之邦的泱泱风范。

牛刀小试

1. 文言文中常有“名词活用”现象。请解释下列句中加点字的含义。

(1) 乃使其从者衣褐。（　　　　）

(2) 召有司案图，指从此以往十五都予赵。（　　　　）

(3) 遂许斋五日，舍相如广成传。（　　　　）

2. 查阅有关资料，用四字词语概括下列人物的特点。

（　　　　）的蔺相如　（　　　　）的廉颇

（　　　　）的秦王　（　　　　）的赵王

答案：1. (1) 穿衣　(2) 同“按”，查明　(3) 安置

2. 顾全大局；知错就改；仗势欺人；知人善任

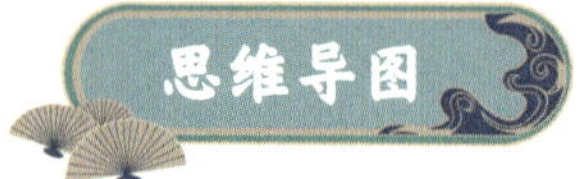

- 《完璧归赵》
  - 文学常识
    - 作者
      - 西汉
      - 司马迁
    - 作品
      - 《史记》
  - 传统精髓
    - 九宾
      - 孤
      - 公、侯、伯、子、男
      - 卿、大夫、士
  - 通假字
    - 宾通“傧”
    - 详通“佯”
    - 案通“按”

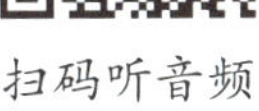

扫码听音频

12. 西门豹治邺

［西汉］司马迁

有顷(qǐng)[1]，曰：“巫妪(yù)[2]何久也？弟子**趣**(cù)[3]之！”复以弟子一人投河中。有顷，曰：“弟子何久也？复使一人趣之！”复**投**一弟子河中。凡[4]投三弟子。西门豹曰：“巫妪、弟子，是女子也，不能白[5]事，烦三老[6]为入白之。”复投三老河中。西门豹簪(zān)笔磬(qìng)折(zhé)[7]，向河立待良久。长老[8]、吏傍[9]观者皆惊恐。西门豹顾曰：“巫妪、三老不来还，奈之何？”欲复使廷掾(yuàn)[10]与豪长者[11]一人入趣之。皆**叩头**，叩头且破，额血流地，色如死灰。

——《史记·滑稽列传》

字词解析

①［有顷］过了一会儿。②［妪］对老妇人的通称。③［趣］通“促”，催促。④［凡］共。⑤［白］下对上禀告。⑥［三老］古代掌教化的乡官。⑦［簪笔磬折］形容西门豹装出一副恭恭敬敬的样子。簪笔，古代行礼之前要在帽子前插上簪笔。磬折，弯着腰像磬的形状，表示恭敬。⑧［长老］对年长者的敬称。⑨［傍］同“旁”。⑩［廷掾］县令的属吏。⑪［豪长者］豪绅。

文言译栈

过了一会儿，西门豹说：“巫婆怎么去了这么久还不回来呢？巫婆的徒弟去催她一下！”于是把巫婆的一个徒弟投进河中。又过了一会儿，西门豹又说：“徒弟怎么去了这么久也不回来呢？再派一个人去催他们！”又把一个徒弟投进河里。总共投进河里三个徒弟。西门豹说：“巫婆和她的徒弟都是女人，不会禀告事情，烦劳三老替我去禀告河神。”又把三老投进河里。西门豹帽子上插着簪笔、弯着腰，面对河水站着等了很长时间。长老、官吏和旁观者都非常害怕。西门豹回头说：“巫婆、三老还不回来，怎么办？”想再派廷掾和一位豪绅前去催促他们。这两个人吓得都跪在地上磕头，把头都磕破了，额头上的鲜血流了一地，脸色如烧过的灰一样惨白。

“豹”字的演变

“豹”属象形字。甲骨文字形像一只侧着站立的豹子，身上有点状斑纹。含“豹”的成语有：豺狼虎豹、管中窥豹、狼虫虎豹等。请读一读，写一写。

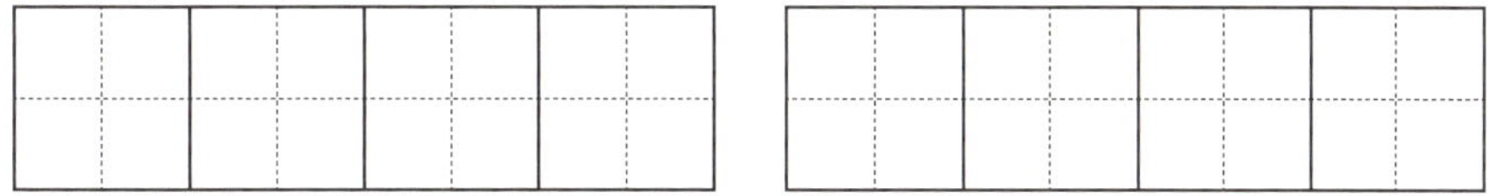

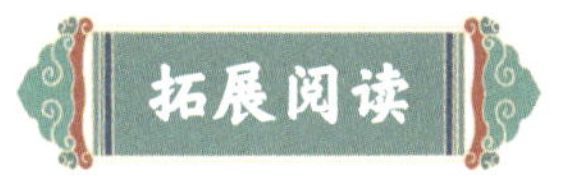

史家之绝唱，无韵之《离骚》

《史记》是由西汉史学家司马迁历时十余年撰成的，是中国首部纪传体通史，位列“二十四史”之首，被奉为史书典范。鲁迅曾盛赞其为“史家之绝唱，无韵之《离骚》”，其与北宋司马光所著的《资治通鉴》并称“史学双璧”。全书上起黄帝，下至汉武帝太初年间，记述了约三千年华夏文明史，兼具史学与文学双重价值，对后世影响深远。

牛刀小试

1.解释下列加点字词的意思。

（1）弟子趣之！（　　　　）

（2）巫妪、弟子，是女子也，不能白事。（　　　　）

（3）西门豹簪笔磬折，向河立待良久。（　　　　）

2.“也”，语气词，用在不同位置表示不同语气。请写出下列句子中“也”分别表示什么语气。

（1）董狐，古之良史也。（　　　　）

（2）孟尝君怪之，曰：“此谁也？”（　　　　）

（3）古之人与民偕乐，故能乐也。（　　　　）

（4）当是时也，禹八年于外，三过其门而不入。（　　　　）

答案：1.（1）催促　（2）宣告　（3）古代插笔备记，曲体作揖，以示恭敬
2.（1）判断和肯定　（2）疑问　（3）解释　（4）停顿

思维导图

《西门豹治邺》
- 通假字
  - 傍通“旁”
- 文学常识
  - 作者 — 司马迁
  - 作品 — 《史记》 — 史家之绝唱，无韵之《离骚》
- 人物
  - 西门豹
    - 战国 — 魏国人
    - 政治家、水利家
- 字词释义
  - 趣：催促
  - 白：禀告
  - 凡：共
- 词语积累
  - 管中窥豹
  - 豺狼虎豹
  - 熊心豹胆

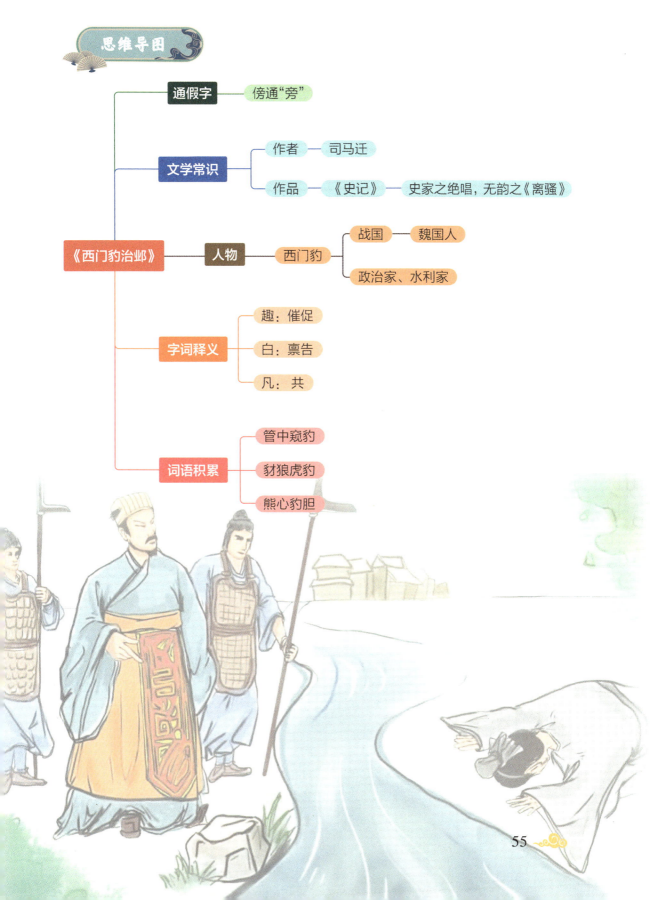

扫码听音频

13. 渐渐[1]之石

（chán）

［先秦］佚名

渐渐之石，维其[2]高矣。山川悠远，维其劳[3]矣。武人[4]东征，不皇朝（zhāo）矣[5]。

渐渐之石，维其卒（cuì）[6]矣。山川悠远，曷（hé）其没[7]矣。武人东征，不皇出[8]矣。

有豕（shǐ）白蹢（dí）[9]，烝（zhēng）[10]涉波矣。月离于毕[11]，俾（bǐ）滂（pāng）沱（tuó）[12]矣。武人东征，不皇他[13]矣。

——《诗经·小雅》

字词解析

①［渐渐］即“巉巉”，山势高峻险峭的样子。②［维其］何其。③［劳］劳苦。④［武人］指东征将士。⑤［不皇朝矣］皇，通“遑”，闲暇。朝，早

晨。⑥［卒］“崒”的借字，山高而险的样子。⑦［曷其没］什么时候才到尽头。曷，何。没，终点、尽头。⑧［出］“朏”的借字，谓明月，与“朝”相对。⑨［蹢］蹄子。⑩［烝］众多。⑪［月离于毕］天象，月行至毕星之间，有雨的征兆。⑫［俾滂沱］俾，使。滂沱，大雨。⑬［不皇他］无暇顾及其他。

文言译栈

山峰上险峻的层岩，高高地耸入云天。山川是如此的遥远，我们多么劳苦辛酸。士兵们向东方进发，大清早也不得空闲。

山峰上险峻的层岩，是那样陡峭难攀。山川是如此的遥远，不知何时才能走到终点。士兵们向东方进发，月出时也不得空闲。

雪白蹄子的猪猡，成群地涉水而过。月亮被毕星网住，将会大雨滂沱。士兵们紧急东进，其他事无暇顾及。

“石”字的演变

“石”属象形字。甲骨文字形右边表示山崖，左边表示石块，合起来表示岩石。金文和小篆将崖形移到了左边。“石”的本义指山石，引申为石刻、古代治病用的石针。含“石”的成语有：石破天惊、一石二鸟、坚如磐石等。

请读一读，写一写。

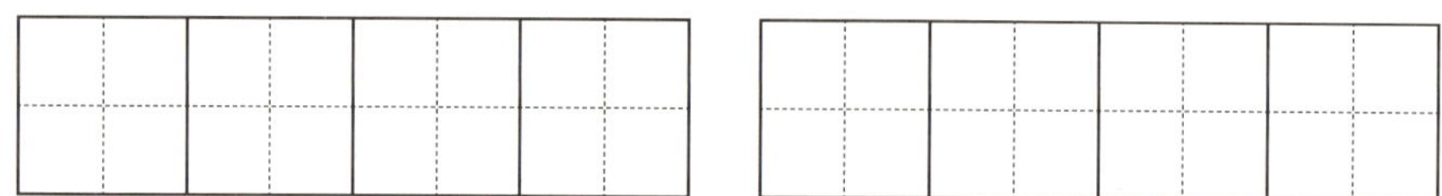

《诗经·秦风·无衣》

岂曰无衣？与子同袍。王于兴师，修我戈矛，与子同仇。

岂曰无衣？与子同泽。王于兴师，修我矛戟，与子偕作。

岂曰无衣？与子同裳。王于兴师，修我甲兵，与子偕行。

牛刀小试

1.语气词“矣”在句子中表示不同语气，请连一连。

（1）余病矣。　　A.命令，请求

（2）岁云暮矣多北风。　　B.陈述

（3）公往矣，毋污我。　　C.感叹

2.仿写。以发问起句，可以表现人的精神状态。

仿写：岂曰无（　　）？与子同（　　）。王于兴师，修我（　　），与子偕作。

答案：1.（1）余病矣。　　A.命令，请求

（2）岁云暮矣多北风。　　B.陈述

（3）公往矣，毋污我。　　C.感叹

2.略

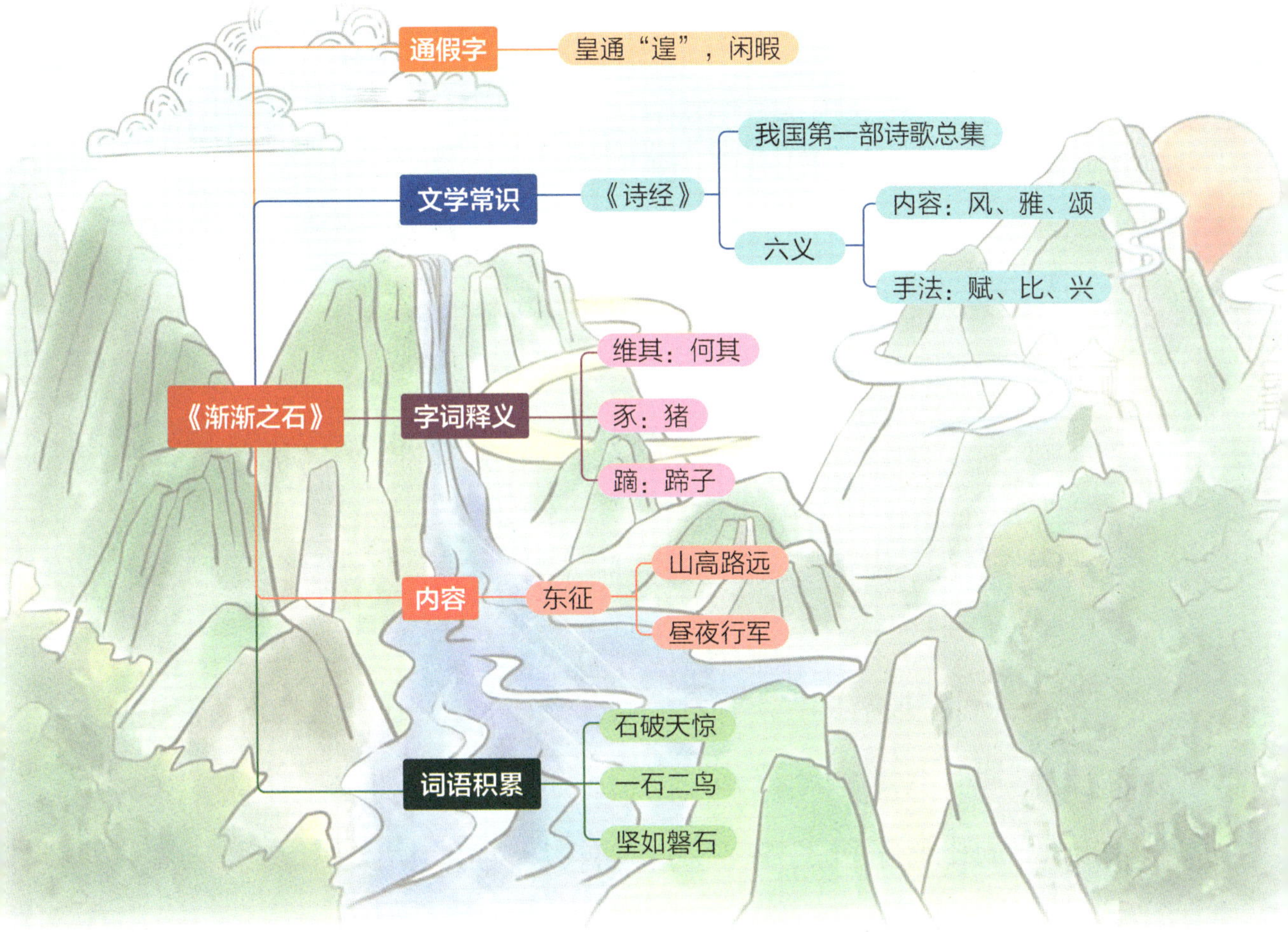

- 《渐渐之石》
  - 通假字
    - 皇通“遑”，闲暇
  - 文学常识
    - 《诗经》
      - 我国第一部诗歌总集
      - 六义
        - 内容：风、雅、颂
        - 手法：赋、比、兴
  - 字词释义
    - 维其：何其
    - 豕：猪
    - 蹢：蹄子
  - 内容
    - 东征
      - 山高路远
      - 昼夜行军
  - 词语积累
    - 石破天惊
    - 一石二鸟
    - 坚如磐石

扫码听音频

14. 祁(qí)黄羊[1]举荐

［战国］吕不韦

晋平公问于祁黄羊曰："南阳无令[2]

，其谁可而为之？"祁黄羊对曰："解(xiè)狐可。"平公曰："解狐非[3]子之仇邪(yé)？"对曰："君问可，非问臣之仇也。"平公曰："善。"遂用之。国人[4]称善焉。居有间(jiān)[5]，平公又问祁黄羊曰："国无尉[6]，其谁可而为之？"对曰："午可。"平公曰："午非子之子邪？"对曰："君问可，非问臣之子也。"平公曰："善。"又遂用之。国人称善焉。

孔子闻之曰："善哉，祁黄羊之论[7]也！外举

不避仇，内举不避子，祁黄羊可谓公[8]矣。"

——《吕氏春秋·去私》

字词解析

①［祁黄羊］晋国大夫，名奚，字黄羊。②［令］县官。③［非］不是。④［国人］国都的人。⑤［居有间］过了一段时间。⑥［尉］官名，掌管军事。⑦［论］说法。⑧［公］公正无私。

文言译栈

晋平公问祁黄羊："南阳缺个县令，谁可以担当此任？"祁黄羊回答说："解狐可以胜任。"晋平公说："解狐不是你的仇人吗？"祁黄羊回答说："君王问的是谁能担任这个职务，而不是问谁是我的仇人。"晋平公说："好。"于是就任命解狐为南阳县令。国人对此交口称赞。过了一段时间，晋平公又问祁黄羊："国家需要一位军尉，谁可以担当此任？"祁黄羊回答说："祁午可以胜任。"晋平公说："祁午不是你的儿子吗？"祁黄羊回答说："您问的是谁可以担任军尉，而不是问谁是我的儿子。"晋平公称赞说："好。"就任用了祁午。国人又对此交口称赞。孔子听说了这些事，说："祁黄羊说得真好啊！他推荐外人时，不回避自己的仇人；推荐身边的人时，不回避自己的儿子。祁黄羊可以称得上是大公无私了。"

“荐”字的演变

“荐”属会意字。金文字形周围是一堆“草”，中间是“廌（zhì）”字。“廌”是一种上古的野兽，这种野兽所吃的草就称为“荐”。“荐”后来也指用草编织成的席垫。古人常将酒肉放置在草垫上，用来祭奠祖先或是宴请宾客，所以“荐”后来引申为进献、推荐。含“荐”的成语有：举善荐贤、称贤荐能、毛遂自荐等。请读一读，写一写。

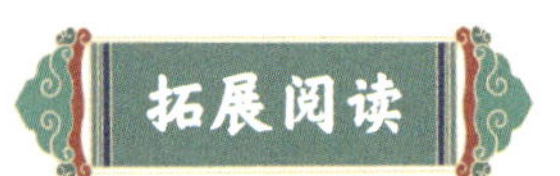

拓展阅读

知人善任

子产是春秋时期郑国的宰相，他不仅有较为开明的政治主张，还能做到知人善任。比如在他的团队中，冯简子能够决断大事；子太叔玉树临风，文采斐然；公孙挥长于外交，善于辞令；裨谌善于谋划。每当郑国和诸侯之间有重大政治活动的时候，子产首先向公孙挥询问邻国的动

态，然后和裨谌乘车去郊外，让他安静地思考怎样做可行。而后再把计划告诉冯简子，让他参与最后的决断。一切准备就绪之后，才派子太叔出去执行，让他去接待各国宾客。子产因为有这样高水平的团队和缜密的做事流程，所以很少有完不成的外交任务。

牛刀小试

1.请写出下列加点形容词的意思。

（1）素善留侯张良。（　　　）

（2）卒使上官大夫短屈原于顷襄王。（　　　）

（3）亲贤臣，远小人，此先汉所以兴隆也。（　　　）

（4）老吾老以及人之老。（　　　）

2.善哉，祁黄羊之论也！外举不避仇，内举不避子。

仿写：善哉，（　　　）之论也！（　　　），（　　　）。

答案：1.（1）与……相好　（2）诋毁　（3）疏远　（4）敬爱
2.略

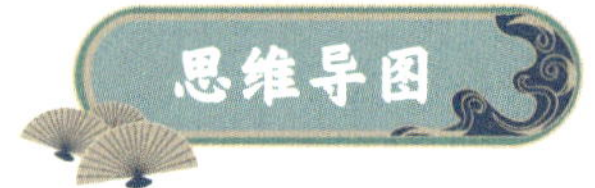

思维导图

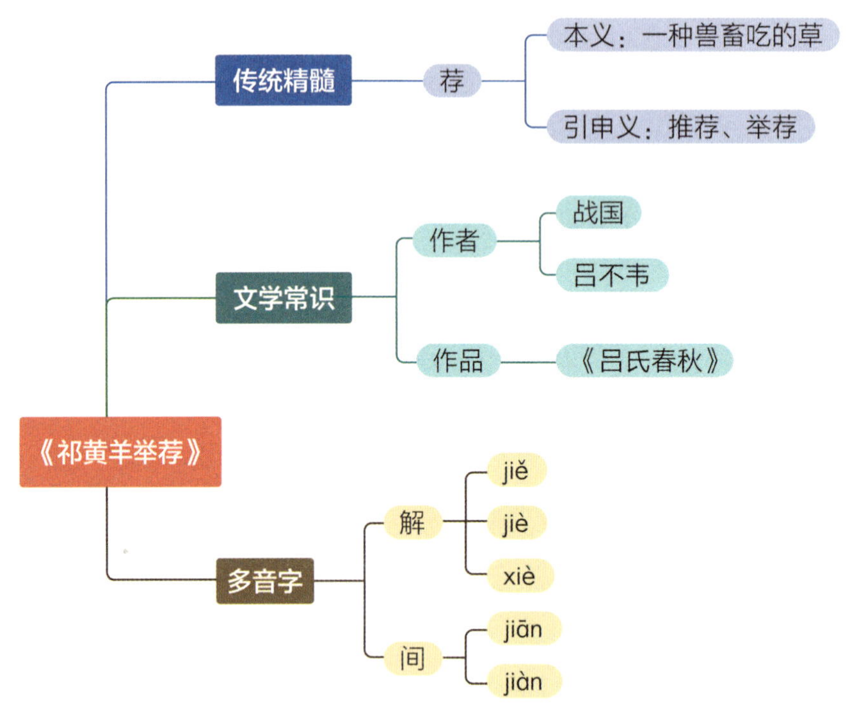

《祁黄羊举荐》
传统精髓
荐
本义：一种兽畜吃的草
引申义：推荐、举荐
文学常识
作者
战国
吕不韦
作品
《吕氏春秋》
多音字
解
jiě
jiè
xiè
间
jiān
jiàn

扫码听音频

15. 苏武牧羊

［东汉］班固

律知武终不可胁①，白②单于。单于愈益③欲降④之，乃幽武置大窖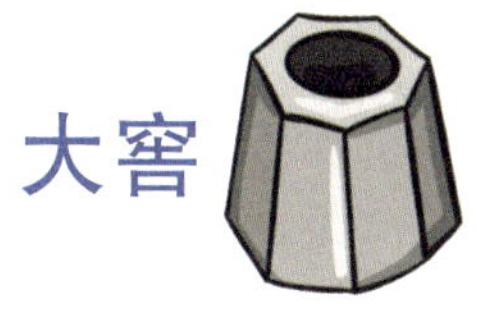中，绝不饮食。天雨雪，武卧啮(niè)雪与旃(zhān)毛并咽之，数日不死。匈奴以为⑤神，乃徙(xǐ)⑥武北海上无人处，使牧羝(dī)⑦，羝乳乃得归。别其官属常惠等，各置他所。

武既⑧至海上，廪(lǐn)食⑨不至，掘野鼠去草实而食之。杖汉节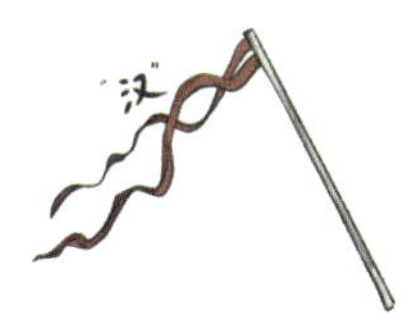

牧羊，卧起操持，节旄(máo)尽落。

——《汉书·李广苏建传》

字词解析

①［胁］威胁，胁迫。②［白］告诉。③［益］更加。④［降］使……投降。⑤［以为］把……当作。⑥［徙］迁移。⑦［羝］公羊。⑧［既］已经。⑨［廪食］官方供给的粮食。

文言译栈

卫律知道苏武不会因受到威胁而屈服，就报告了单于。单于越发想要使苏武投降，就把苏武囚禁在地窖里，不给他吃的、喝的。当时正下大雪，苏武躺在地上，就着雪嚼吞毡毛，过了好多天也没死。匈奴人把苏武当作神，于是就把他迁移到北海边没有人的地方，让他放牧公羊，等到公羊生产了小羊才准许苏武回国。同时把他的部下及其随从人员常惠等分别安置到别的地方。

苏武迁移到北海后，得不到粮食供给，只能挖野鼠洞穴里藏的草籽充饥。他每天拄着汉朝的符节牧羊，无论是睡觉还是起身都拿着，以致系在节杖上的牦牛尾毛全部脱落了。

“武”字的演变

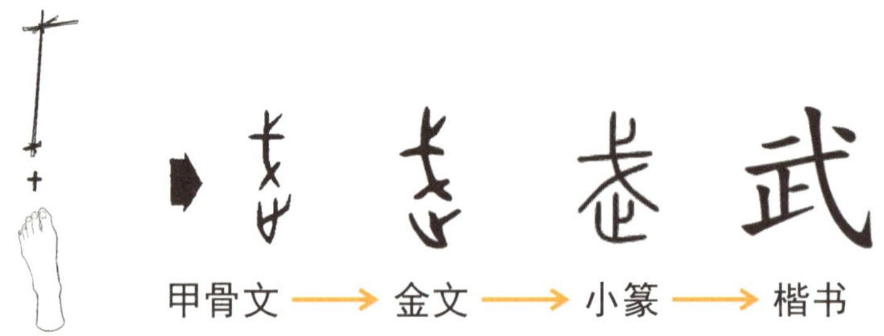

“武”属会意字。甲骨文字形上面是“戈”，表示戈钺（yuè）类武器，下面是“止”，表示人的脚，会意持戈行进。“武”的本义指持武器征伐，引申为勇猛、足迹、勇敢等。含“武”的成语有：威武不屈、用武之地、耀武扬威等。请读一读，写一写。

使节

在古代，使节并不是对人的称谓，而是一种官职的凭证，这种凭证就叫使节，又叫符节，是皇帝派出的钦使所持有的信物和标志。凡持有专使符节的人，在外可以代表皇帝和国家。汉代的专使符节是“节以毛为之，上下相重，取象竹节，将命持之以为信”。一般用竹子为柄，上面缀些牦牛尾等装饰品，故又叫“庭节”。苏武牧羊时，持的就是这种使节。

牛刀小试

1. 写一写下列加点动词的意思。

（1）单于愈益欲降之，乃幽武置大窖中。（　　　　）

（2）项伯杀人，臣活之。（　　　　）

（3）广故数言欲亡，忿恚尉。（　　　　）

2. 查阅资料后填空。

《孟子》一书中有“富贵不能淫，＿＿＿＿＿＿，＿＿＿＿＿＿”，这些话在苏武身上得到了充分的体现。

答案：1.（1）使……投降　（2）使……活下来　（3）使……恼怒

2. 贫贱不能移　威武不能屈

思维导图

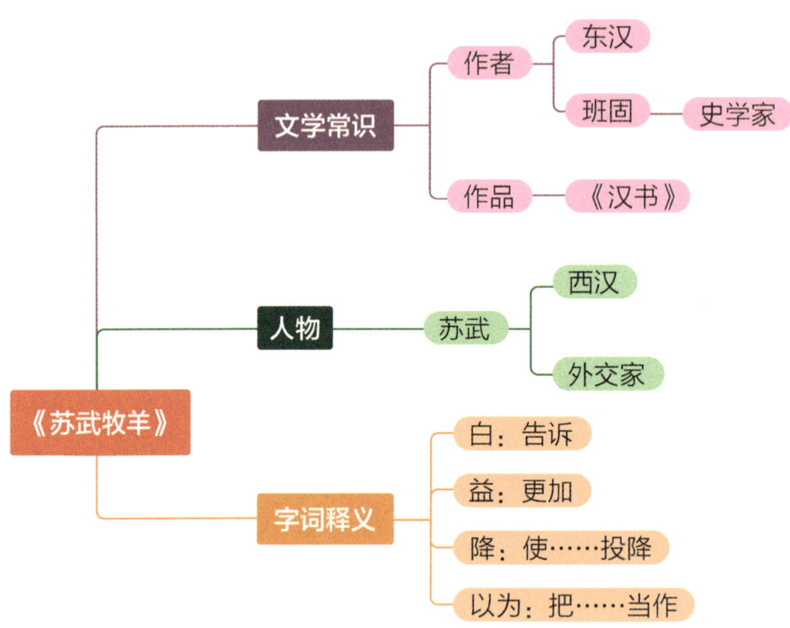

《苏武牧羊》
文学常识
作者
东汉
班固
史学家
作品
《汉书》
人物
苏武
西汉
外交家
字词释义
白：告诉
益：更加
降：使……投降
以为：把……当作

第四单元　科技发明

愿闻显据，以核理实。

——［南朝］祖冲之

16. 公输①刻凤

［北齐］刘昼

公输之刻凤也，冠距②未成，翠羽未树③，人见其身者，谓之“䴘鸥”；见其首者，名曰鹈鹕④。皆訾(zī)⑤其丑而笑其拙(zhuō)。及凤之成，翠冠云耸⑥，朱距电摇⑦，锦身霞散⑧，绮翮(hé)焱发⑨。翙(huì)然一翥(zhù)⑩，翻翔云栋⑪，三日而不集⑫。然后赞其奇而称其巧。

——《刘子·知人》

字词解析

①［公输］即公输班，又称鲁班，春秋时期鲁国人，是著名的工匠。②［冠距］冠，指凤凰的头顶及其羽毛。距，爪后突出像脚趾的部分。③［翠

羽未树］翠羽，翠绿的羽毛。树，竖立。④［鸰鹆］即鹈鹕，俗称“淘河”。⑤［訾］诋毁，说人坏话。⑥［云耸］像云彩一样耸立。⑦［朱距电摇］朱距，朱红色的爪距。电摇，像闪电般光芒晃动。⑧［锦身霞散］身上锦绣般的羽毛像云霞散开，光彩美丽。⑨［绮翮焱发］华美的翅膀发出火焰般的光彩。焱，火花、火焰。⑩［翙然一翥］翙然，鸟飞时羽毛发出的声音。翥，奋飞。⑪［云栋］耸入云天的楼房。⑫［集］降落下来。

文言译栈

鲁班雕刻凤凰，凤凰的冠和爪还没有雕好，翠绿的羽毛也没有镶上时，有人看见凤凰的身子，说它像只猫头鹰；看着它的头，称它是鹈鹕。人们都耻笑它很丑，嘲笑鲁班的笨拙。

等到凤凰雕刻完成，翠绿的凤冠像云一样高耸，朱红的凤爪像电光一样闪动，锦绣一样的羽毛像云霞一样光彩夺目，美丽的翅膀像火花一样灿烂。它翙的一声振翅高飞，在耸入云天的屋梁上翻飞，三天不落下来。这时，人们才称赞它的神奇，夸赞它技巧的高超。

“羽”字的演变

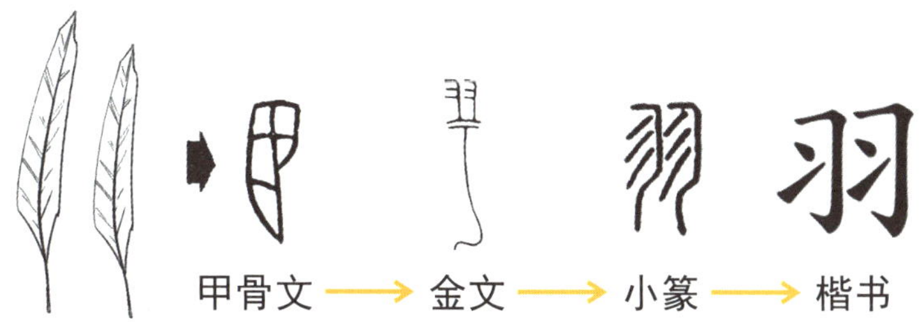

“羽”属象形字。甲骨文字形像鸟翅上的长羽毛。“羽”的本义指鸟毛，特指鸟的长毛，引申为鸟类的翅膀、鸟类。含“羽”的成语有：羽扇纶巾、积羽沉舟、羽翼已成等。请读一读，写一写。

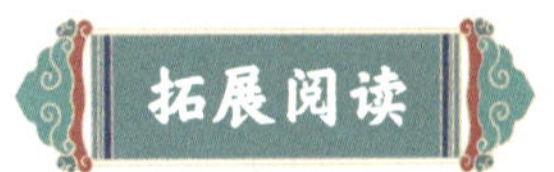

班门弄斧

明朝诗人梅之焕在唐代大诗人李白的墓地凭吊时，看到墓地周围题满了游客文理不通的诗句，感到十分可笑，于是，他写下了这首《题李白墓》，来讥讽这类游人。全诗共四句：“采石江边一堆土，李白之名高千古。来来往往一首诗，鲁班门前弄大斧。”后来，从“鲁班门前弄大斧”这句诗中引出了“班门弄斧”这个成语，用来嘲讽那种在行家面前卖弄自己拙技的人。“班门弄斧”这个成语告诫我们，在行家面前要谦虚谨慎，以免闹出笑话。

牛刀小试

1. 写出实词“皆”在句子中的不同意思。

（1）百姓皆以王为爱也，臣固知王之不忍也。（　　）

（2）亡国之主，不自以为惑，故与桀、纣、幽、厉皆也。（　　）

（3）时日曷丧，予及汝皆亡。（　　）

2. 从哪些地方可以看出鲁班的技艺之“巧”？请说一说。

- 《公输刻凤》
  - 文学常识
    - 作者
      - 北齐
      - 刘昼 —— 文学家
    - 作品 —— 《刘子》 —— 杂说
  - 人物 —— 鲁班
    - 笑
      - 鹪鹠
      - 鸰鸦
    - 赞
      - 翠冠云耸
      - 朱距电摇
      - 锦身霞散
      - 绮翮焱发
  - 字词释义
    - 树：竖立
    - 訾：诋毁，说人坏话
    - 云栋：耸立云天的楼房
    - 集：降落下来

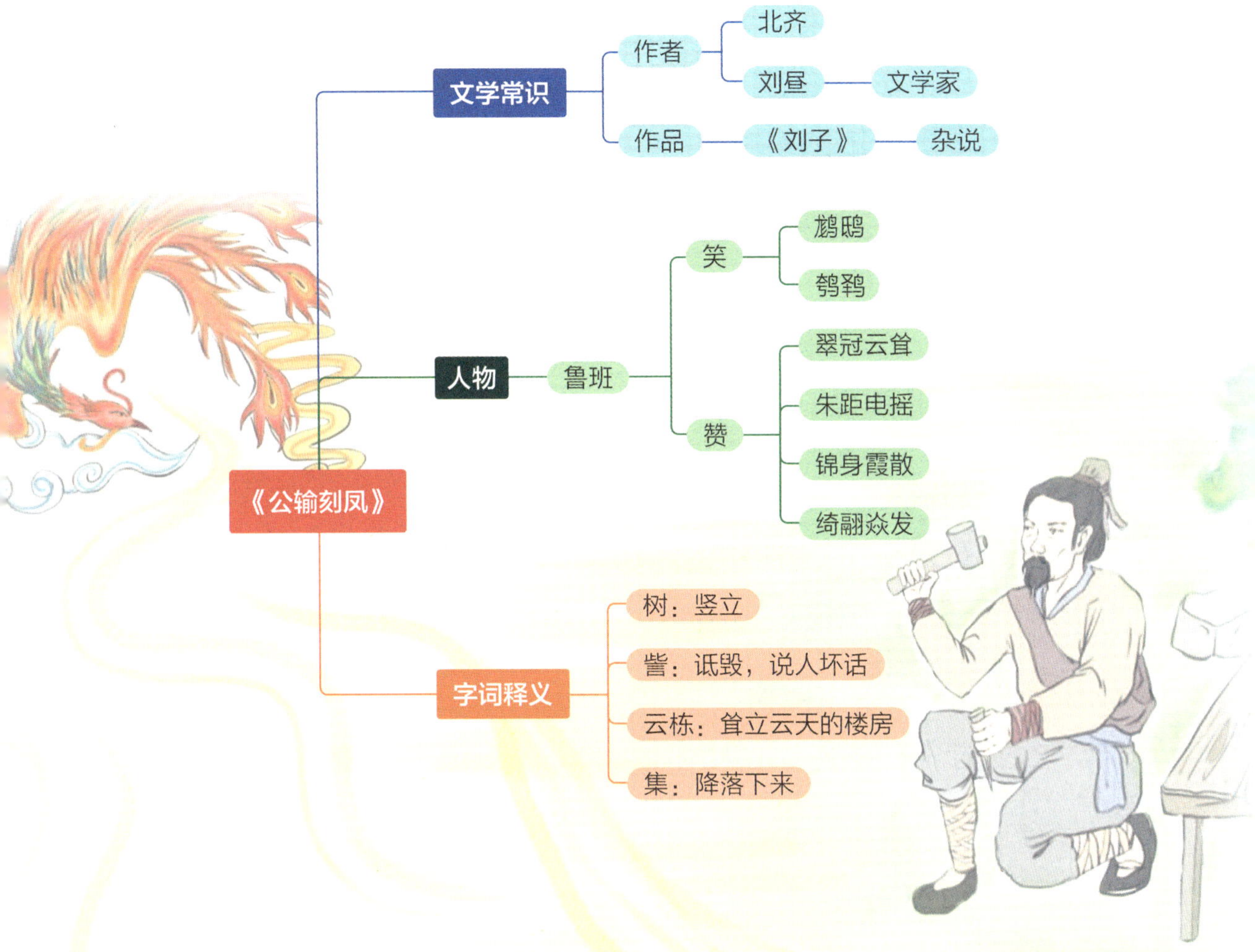

答案：1.（1）都，全　（2）相同，同样　（3）偕，一同

2.及凤之成，翠冠云耸，朱距电摇，锦身霞散，绮翮焱发。翙然一翥，翻翔云栋，三日而不集。

扫码听音频

17. 文与字

［东汉］许慎

黄帝之史仓颉(jié)，见鸟兽蹄迒(háng)[①]之迹，知分理之可相别异也，初造书契……仓颉之初作书，盖依类象形，故谓之文。其后形声相益，即谓之字。文者，物象之本；字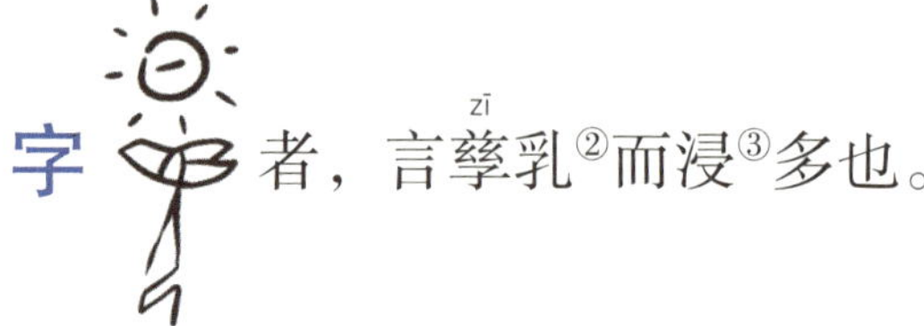者，言孳(zī)乳[②]而浸[③]多也。

——《说文解字》

字词解析

①［迒］（鸟兽的）脚印。②［孳乳］派生，演变，滋生增益。③［浸］渐渐，逐渐。

黄帝的史官仓颉，看到鸟兽足迹，知道纹理可以互相区别，就开始创造文字……仓颉在开始创造文字的时候，大抵是依照事物的形象画出它们的图形，所以叫作“文”。后来形旁声旁相互结合就叫作“字”。“文”是事物的本来现象，“字”就是由文孳生出来而逐渐增多的。

“解”字的演变

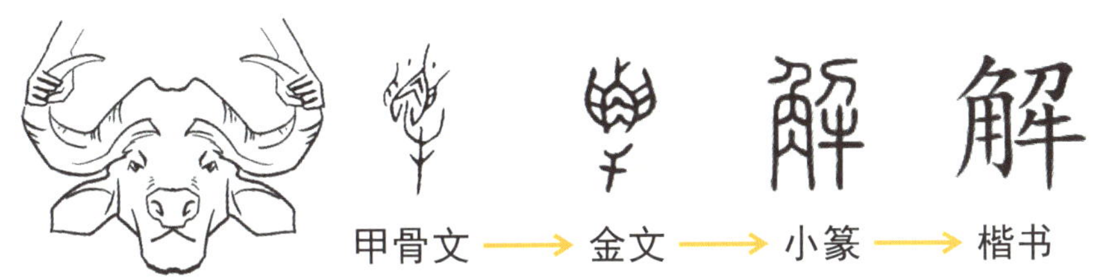

“解”属会意字。其甲骨文字形上方两边像双手之形，中间是牛头正面形，下方是兽角的形状，合在一起可理解为以二手扳住牛角。“解”的本义指宰牛并分解，可引申为剖开、分解、分析讲解等。含“解”的成语有：不求甚解、不解之缘、迎刃而解等。请读一读，写一写。

拓展阅读

仓颉造字

仓颉看到人们利用结绳来记事很麻烦，就想造出一种简单易记的符号，用来表达思想、传授经验、记载历史。仓颉想了很久，终于创造出一种新的符号，并将这些符号称为“文字”。这些字都是依照万物的形态造出来的。比如“从”字，是照着两个人走路的样子刻画出来的；“爪”字，是观察了鸟兽的爪印涂出来的……仓颉就是这样观察着周围的事物，创造出了最早的文字，开启了中华民族的文明之旅。

牛刀小试

1. 结合上下文解释下面的句子。

见鸟兽蹄迒之迹，知分理之可相别异也，初造书契。

____

2. 文言虚词“盖”在句子中不同位置表达不同意思，请写一写。

（1）盖其又深，则其至又加少矣。 （　　　　）

（2）吾之意盖谓以汝之弱，必不能禁失吾之悲。 （　　　　）

（3）今言“华”如“华实”之“华”者，盖音谬也。 （　　　　）

答案：1. 看到鸟兽足迹，知道纹理可以互相区别，开始创造文字。
2.（1）大概、推想　（2）推测，推断　（3）大概是

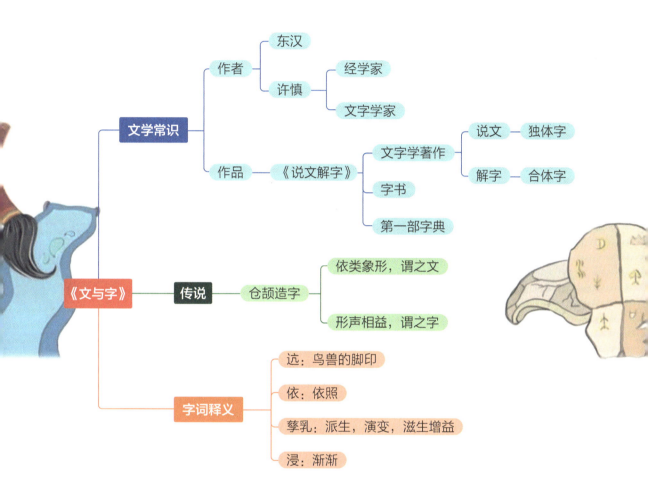

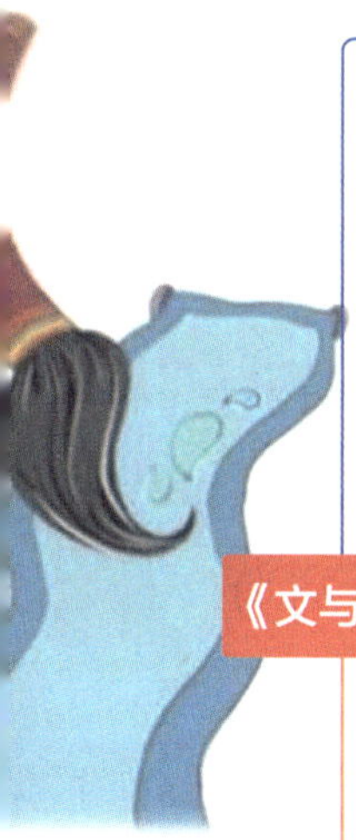

- 《文与字》
  - 文学常识
    - 作者
      - 东汉
      - 许慎
        - 经学家
        - 文字学家
    - 作品
      - 《说文解字》
        - 文字学著作
          - 说文——独体字
          - 解字——合体字
        - 字书
        - 第一部字典
  - 传说
    - 仓颉造字
      - 依类象形，谓之文
      - 形声相益，谓之字
  - 字词释义
    - 迒：鸟兽的脚印
    - 依：依照
    - 孳乳：派生，演变，滋生增益
    - 浸：渐渐

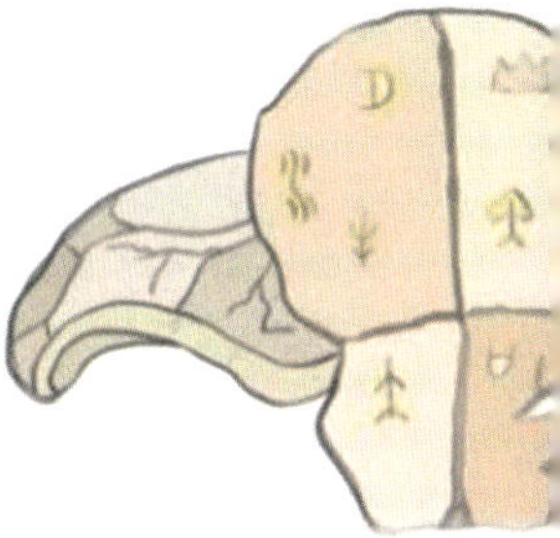

扫码听音频

18. 伶伦造律

［战国］吕不韦

昔黄帝令伶伦作为律。伶伦自大夏之西，乃之阮（ruǎn）隃（shù）①之阴②，取竹于嶰（xiè）谿（xī）之谷，以生空窍厚钧者，断两节间，其长三寸九分而吹之，以为黄钟之宫，吹曰“舍少”。次③制十二筒，以之阮隃之下，听凤皇④之鸣，以别⑤十二律。

——《吕氏春秋·古乐》

字词解析

①［阮隃］昆仑山别名。②［阴］山的北面。③［次］依次。④［皇］同“凰”。⑤［别］区别。

古时，黄帝命伶伦创制乐律。伶伦从大夏山的西边出发，到达昆仑山的北面，从嶰谿山谷中取来竹子，选择那些中空而壁厚均匀的，截取两竹节中间的一段，其长度为三寸九分，然后吹奏它，把发出的声音定为黄钟律的宫音，吹出来的声音称作“舍少”。接着依次制作了十二根竹管，带到昆仑山下，听凤凰的鸣叫，借以区别十二乐律。

“律”字的演变

“律”属形声字。甲骨文“律”由“聿（yù）”和“彳（chì）”构成。“聿”像手持笔行文书写之形，表示制定法律；“彳”，像道路，表示把法律颁行天下。“律”的本义为执笔行文法令，引申为规律、音律、法律等。含“律”的成语有：金科玉律、千篇一律、清规戒律、千古一律等。请读一读，写一写。

十二律

古时候人们用十二根长度不同的律管，吹出十二个高低不同的音调，来确定音的高低，这十二个不同的标准音就叫作十二律。十二律分为两类，奇数的六律为阳律，叫六律，即黄钟、太簇、姑洗、蕤（ruí）宾、夷则、无射。偶数的六律为阴律，叫六吕，即大吕、夹钟、仲吕、林钟、南吕、应钟。六律六吕合在一起称律吕。

牛刀小试

1. 文言虚词“乃”在句中不同位置有不同意思，请连一连。

（1）而陋者乃以斧斤考击而求之。　　A. 你的

（2）王师北定中原日，家祭无忘告乃翁。　　B. 是

（3）若事之不济，此乃天也。　　C. 就

2. 读下面的经典名句，和古人一起感受音乐的魅力。

（1）余音绕梁，三日不绝。——《列子·汤问》

（2）子在齐闻《韶》，三月不知肉味。——《论语·述而》

答案：1.（1）而陋者乃以斧斤考击而求之。——C. 就

（2）王师北定中原日，家祭无忘告乃翁。——A. 你的

（3）若事之不济，此乃天也。——B. 是

2. 略

思维导图

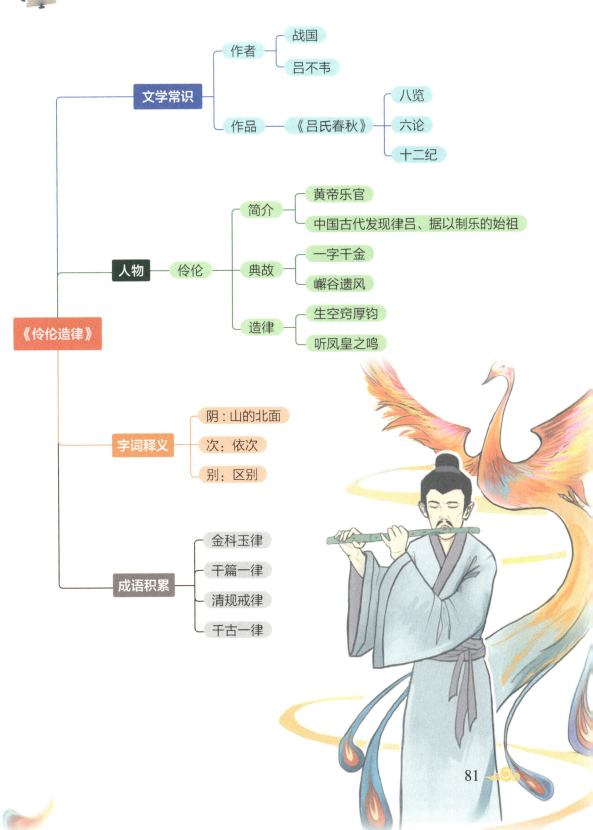

《伶伦造律》
- 文学常识
  - 作者
    - 战国
    - 吕不韦
  - 作品
    - 《吕氏春秋》
      - 八览
      - 六论
      - 十二纪
- 人物
  - 伶伦
    - 简介
      - 黄帝乐官
      - 中国古代发现律吕、据以制乐的始祖
    - 典故
      - 一字千金
      - 嶰谷遗风
    - 造律
      - 生空窍厚钧
      - 听凤皇之鸣
- 字词释义
  - 阴：山的北面
  - 次：依次
  - 别：区别
- 成语积累
  - 金科玉律
  - 千篇一律
  - 清规戒律
  - 千古一律

扫码听音频

19. 祖冲之

［南齐］萧子显

冲之解[①]钟律，博塞[②]当时独绝，莫能对者。以[③]诸葛亮有**木牛流马**，乃造一器，不因[④]风水，施机自运，不劳人力。又造千里船，于新亭江试之，日行百余里。于乐游苑造水碓(duì)[⑤]磨，世祖亲自**临视**。又特[⑥]善算。

——《南齐书·祖冲之传》

字词解析

①［解］精通。②［博塞］本作“簙簺”，古代的博戏。③［以］因为。④［因］借助。⑤［碓］舂谷的设备。⑥［特］特别。

祖冲之精通黄钟音律，玩博塞游戏的技艺在当时无人能与之匹敌。因诸葛亮制造了木牛流马，他另造一种机械，不借助风力、水力，只要开动机关，就能自动运转，无须人力推动。他又造了千里船，在新亭江试航，一日行一百多里。在乐游苑制水转磨，齐世祖亲临观看。祖冲之还特别善于计算。

“之”字的演变

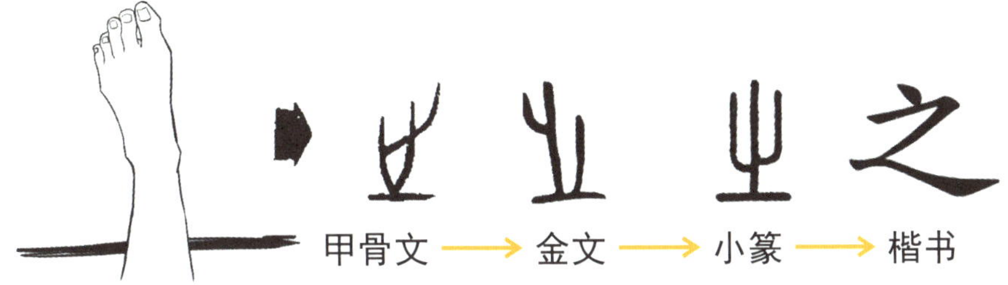

“之”属会意字。甲骨文字形上面是“止”，像脚形，下面是“一”，指出发的地方，合在一起表示从这里出发，离开此地前往他处。“之”的本义为到某处去，假借为代词（代表人、事、物）、助词（表示修饰关系、领属关系、同一关系）。含“之”的成语有：乘人之危、等闲之辈、多事之秋等。请读一读，写一写。

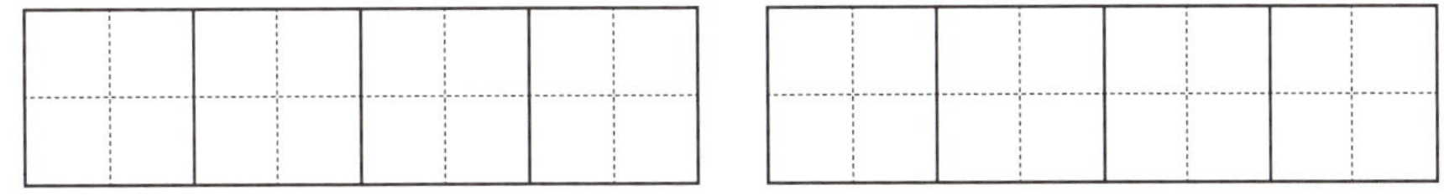

拓展阅读

数学史上的创举——“祖率”

自秦汉以至魏晋的数百年中，研究圆周率成绩最大的学者是刘徽，但并未达到精确的程度，祖冲之进一步钻研，计算出圆周率的近似值在3.1415926和3.1415927之间，相当于精确到小数点后第7位。祖冲之对圆周率数值的精确推算，对于中国乃至世界都是一个重大贡献，为了纪念祖冲之，后人把他算出的近似值叫作“祖率”，就是我们今天所说的圆周率。

牛刀小试

1. 文言虚词“莫”在不同句子中有不同意思，请填一填。

（1）缙绅、大夫、士萃于左丞相府，莫知计所出。（　　）

（2）如使人之所欲莫甚于生，则凡可以得生者何不用也？（　　）

（3）莫相忘。（　　）

2. 你知道中国古代著名的数学家都有谁吗？请查阅资料了解一下他们在数学方面的突出成就。

姓名	成就	姓名	成就
刘徽		杨辉	
赵爽		李善兰	
贾宪		徐光启	
祖冲之		朱世杰	
祖暅		秦九韶	

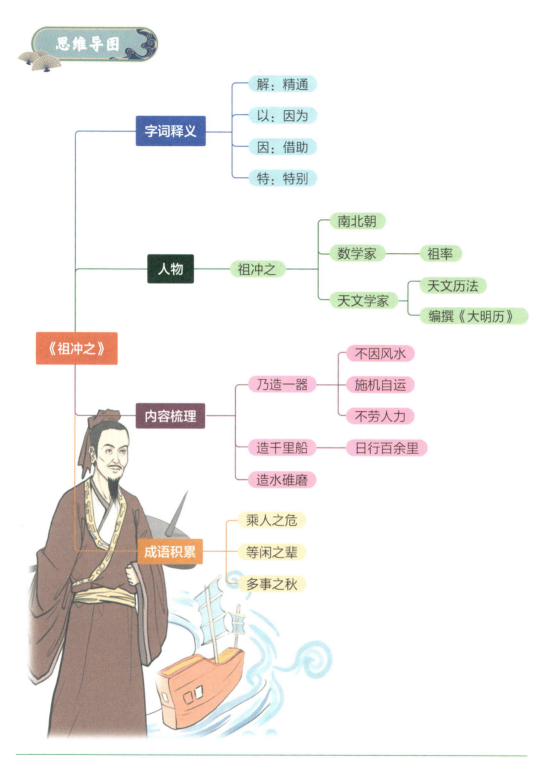

思维导图

- 《祖冲之》
  - 字词释义
    - 解：精通
    - 以：因为
    - 因：借助
    - 特：特别
  - 人物
    - 祖冲之
      - 南北朝
      - 数学家
        - 祖率
      - 天文学家
        - 天文历法
        - 编撰《大明历》
  - 内容梳理
    - 乃造一器
      - 不因风水
      - 施机自运
      - 不劳人力
    - 造千里船
      - 日行百余里
    - 造水碓磨
  - 成语积累
    - 乘人之危
    - 等闲之辈
    - 多事之秋

答案：1.（1）没有人　（2）没有什么　（3）不要
2.略

扫码听音频

20. 做巢取火

［战国］韩非

上古之世，人民少而禽兽众，人民不胜(shēng)[①]禽兽虫蛇。有圣人作(zuò)[②]，构木为巢，以避群害，而民悦(yuè)[③]之，使王[④]天下，号(hào)之曰有巢氏。民食果蓏(luǒ)蚌蛤，腥臊恶臭而伤害腹胃，民多疾病。有圣人作，钻燧取火，以化腥臊，而民说之，使王天下，号之曰燧人氏。

——《韩非子·五蠹》

字词解析

①［胜］能够承受。②［作］产生、出现。③［悦］高兴。④［王］称王，即统治。

文言译栈

上古时代，人民少而禽兽却很多，人们敌不过禽兽虫蛇的侵害。这时有位圣人出现了，他教人们在树上架木搭建像鸟巢一样的住处来躲避兽群的侵害，人民很爱戴他，便推举他做王，称他为有巢氏。当时人民吃野生植物的果实和蚌肉蛤蜊，这些食物有腥臊难闻的气味，而且伤害肠胃，人民经常生病。这时有位圣人出现了，他钻木取火来消除食物的腥臊，人民很爱戴他，便推举他做王，称他为燧人氏。

“民”字的演变

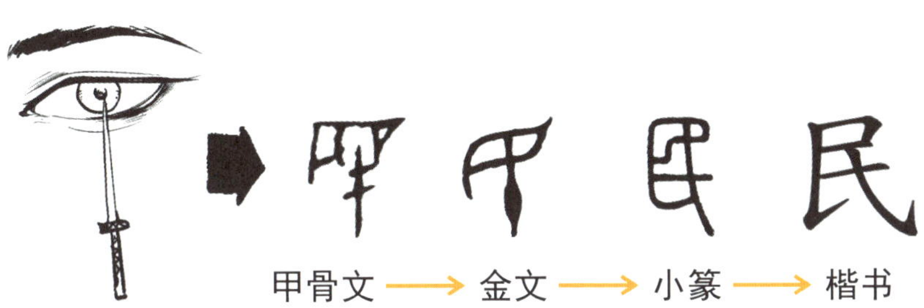

“民”属表意字。甲骨文字形像用锥子或尖刀等物刺眼睛的形状。上古有把抓获的战俘刺瞎强迫为奴的习俗，故“民”的本义是奴隶，引申为平民、百姓等。含“民”的成语有：国泰民安、祸国殃民、为民除害等。请读一读，写一写。

拓展阅读

飞禽走兽

在燧人氏以前，人们把所有的动物都叫作“虫”。燧人氏经过细心观察，把这些动物划分为四类：天上飞的称作“禽”，地上跑的称作“兽”，有脚的爬行动物称作“虫”，无脚的爬行动物称作“豸（zhì）”。这便是“飞禽走兽”的由来。

牛刀小试

1.用“/”给下面句子划分停顿，并说说句子的大概意思。

有圣人作构木为巢以避群害而民悦之使王天下号之曰有巢氏。

2.解释下面句子中加点字的意思。

（1）人民不胜禽兽虫蛇。　　（　　　　）

（2）有圣人作。　　（　　　　）

答案：1.有圣人/作，构木/为巢，以避群害，而/民悦之，使/王天下，号之曰/有巢氏。
2.（1）能够，承受　（2）产生，出现

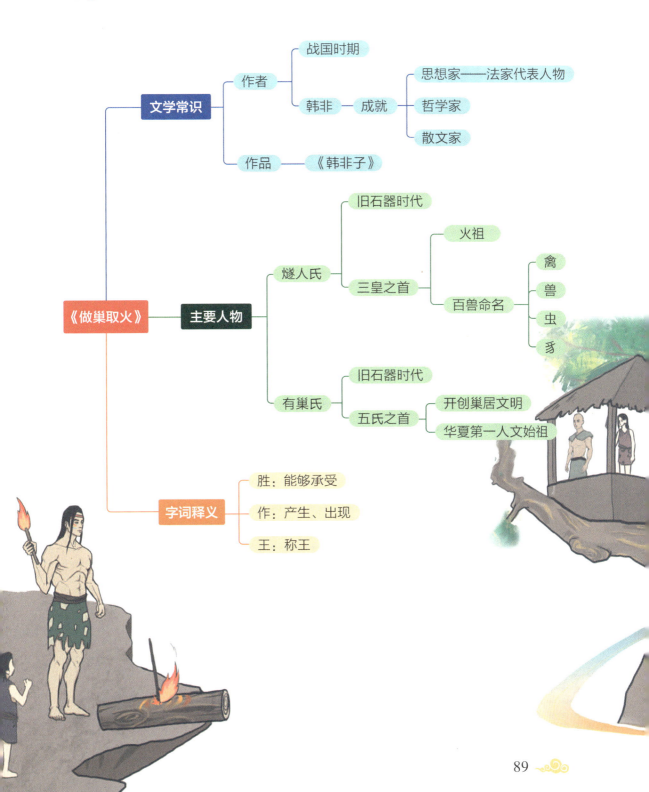

- 《做巢取火》
  - 文学常识
    - 作者
      - 战国时期
      - 韩非 — 成就
        - 思想家——法家代表人物
        - 哲学家
        - 散文家
    - 作品 — 《韩非子》
  - 主要人物
    - 燧人氏
      - 旧石器时代
      - 三皇之首
        - 火祖
        - 百兽命名
          - 禽
          - 兽
          - 虫
          - 豸
    - 有巢氏
      - 旧石器时代
      - 五氏之首
        - 开创巢居文明
        - 华夏第一人文始祖
  - 字词释义
    - 胜：能够承受
    - 作：产生、出现
    - 王：称王

第五单元　琴棋书画

泠泠七弦上，静听松风寒。
古调虽自爱，今人多不弹。

——［唐］刘长卿

扫码听音频

21. 工之侨献琴

［明］刘基

工之侨[1]得良桐焉，zhuó 斫[2]  而为琴，弦而鼓[3]之，金声  而玉应[4]。自以为天下之美也，献之太常。使国工[5]视之，曰："弗古。"还之。

工之侨以归，谋诸漆工，作断纹焉；又谋诸篆(zhuàn)工，作古窾(kuǎn)焉。匣而埋诸土，期(jī)年[6]出之，抱以适[7]市。贵人过而见之，易[8]之以百金，献诸朝。乐官传视，皆曰："希世[9]之珍也。"

工之侨闻之，叹曰："悲哉世也[10]！岂独一琴哉？莫不然矣。而不早图之，其与亡矣！"遂去，入于宕(dàng)冥之山，不知其所终。

——《郁离子》

字词解析

①［工之侨］名叫侨的工匠，是作者虚构的人名。②［斫］砍削，此处指制作。③［弦而鼓］装上弦弹奏。弦、鼓，都是名词作动词用。鼓，这里指弹奏。④［金声而玉应］发出的声音和应和的声音如金玉碰撞的声音。⑤［国工］这里指乐师。⑥［期年］一年。⑦［适］到……去。⑧［易］交换，交易。⑨［希世］世上少有。⑩［悲哉世也］这个社会真可悲啊！

文言译栈

工匠侨得到一块质地优良的桐木，砍削加工制作成一张琴，装上琴弦弹奏起来，优美的琴声好像金属与玉石相互应和。他自认为这是天下最好的琴，就把琴献给主管礼乐的官府。官府的乐官让国内最有名的乐师鉴定，那乐师看了说："这张琴不是古琴。"便把琴退给了工匠侨。

工匠侨拿着琴回到家，请漆匠在琴身漆上残断不齐的花纹，又让刻工在琴上雕刻古代的款式。然后他把琴装进匣子里埋在泥土中，一年后从泥土中挖出来，抱着它到了集市上。有位地位显贵的人路过集市看到了琴，就用很多钱买走了它，把它献给了朝廷。乐官们互相传递着观赏，都说："这琴真是世上少有的珍宝啊。"

工匠侨说到这种情况，感叹道："可悲啊，这样的社会！可悲的难道仅仅是一张琴吗？整个世风无不如此啊！如果不早作打算，就要和这个国家一同灭亡了啊！"于是离去，至宕冥附近的山，不知他最终去了哪儿。

“献”字的演变

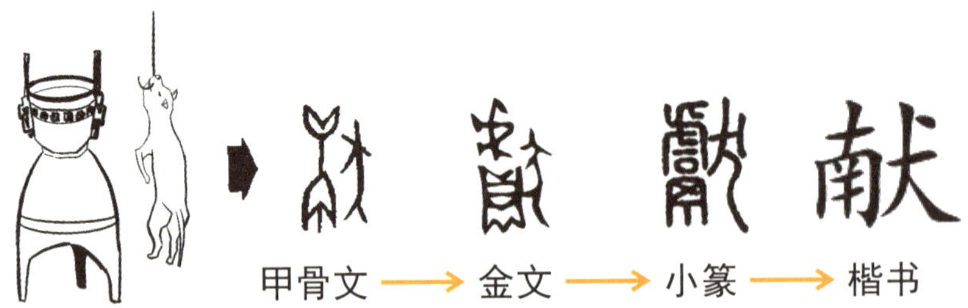

“献”属会意字。甲骨文字形由左边礼器和右边祭品“犬”构成，会意为用犬牲类的肉来祭祀。“献”的本义指奉献给神祖的犬牲贡品，可引申为进献、奉献等。含“献”的成语有：出谋献策、田父献曝、打勤献趣等。请读一读，写一写。

拓展阅读

三不朽伟人

刘基，字伯温，元末明初杰出的军事谋略家、政治家、文学家和思想家，明朝开国元勋，他以神机妙算、运筹帷幄著称于世。刘基曾辅佐朱元璋平定天下，朱元璋多次称他为“吾之子房”。在民间流传着“三分天下诸葛亮，一统江山刘伯温”“前朝军师诸葛亮，后朝军师刘伯温”的说法。刘基被后人称为“立德、立功、立言”三不朽伟人。

牛刀小试

1.写出文言虚词“焉”在句中不同位置的不同意思。

（1）三人行，必有我师焉。（　　　　）

（2）过而能改，善莫大焉。（　　　　）

（3）而惴惴焉摩完之不已。（　　　　）

2.例句：悲哉世也！岂独一琴哉？莫不然矣。

仿写：悲哉世也！岂独（　　　）哉？（　　　）然矣。

答案：1.（1）在其中　（2）比这　（3）……的样子

2.略

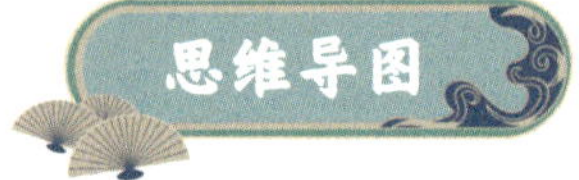

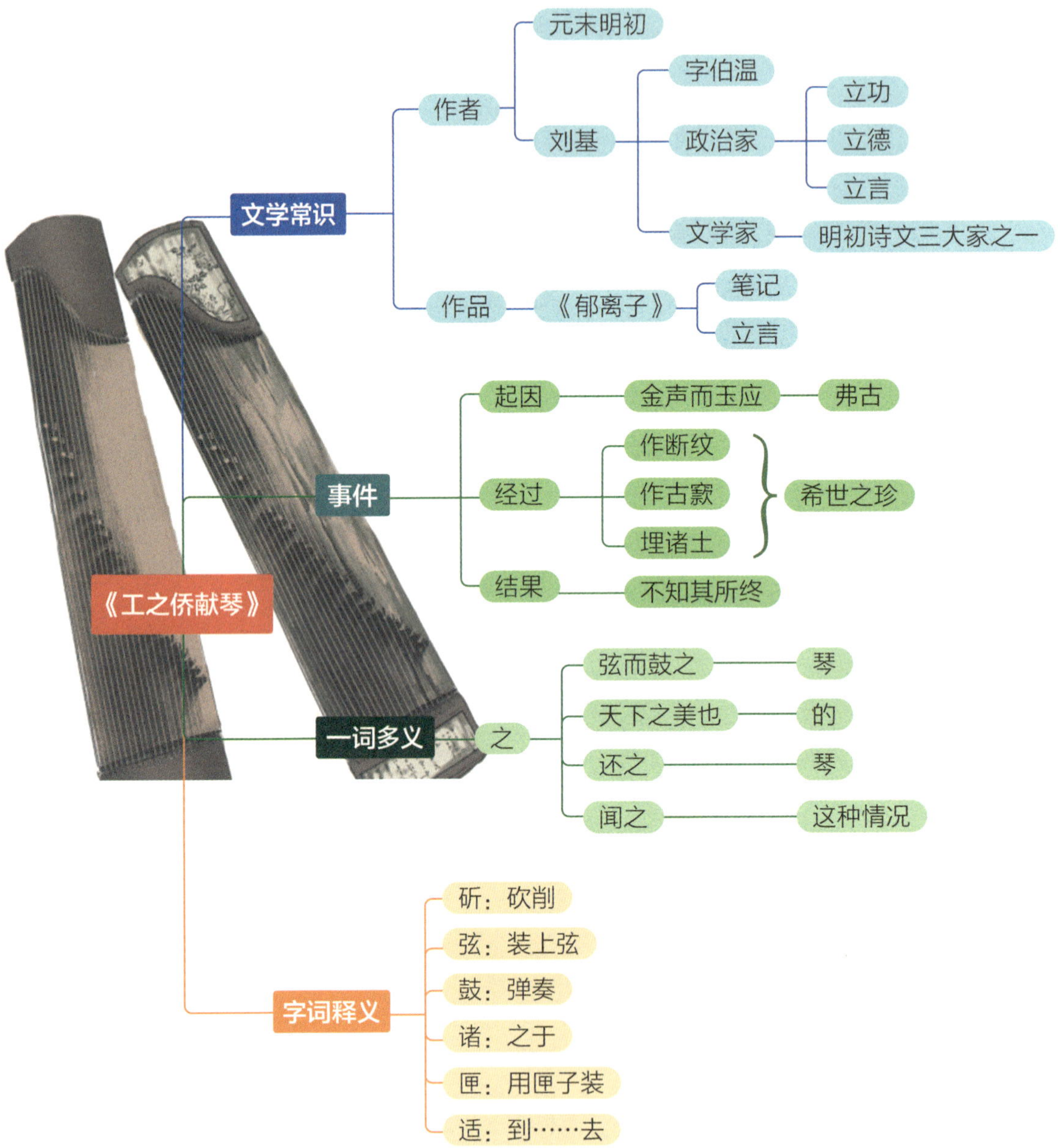

- 《工之侨献琴》
  - 文学常识
    - 作者
      - 元末明初
      - 刘基
        - 字伯温
        - 政治家
          - 立功
          - 立德
          - 立言
        - 文学家
          - 明初诗文三大家之一
    - 作品
      - 《郁离子》
        - 笔记
        - 立言
  - 事件
    - 起因
      - 金声而玉应
        - 弗古
    - 经过
      - 作断纹
      - 作古窾
      - 埋诸土
      - （以上三项）希世之珍
    - 结果
      - 不知其所终
  - 一词多义
    - 之
      - 弦而鼓之：琴
      - 天下之美也：的
      - 还之：琴
      - 闻之：这种情况
  - 字词释义
    - 斫：砍削
    - 弦：装上弦
    - 鼓：弹奏
    - 诸：之于
    - 匣：用匣子装
    - 适：到……去

扫码听音频

22. 陆象山[1]观棋

［宋］罗大经

陆象山少年时，常坐临安市肆[2]观棋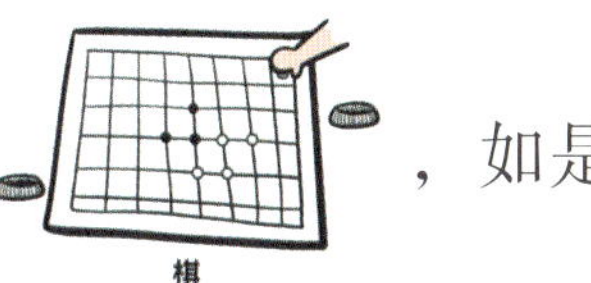

，如是者累日。棋工曰：“官人日日来看，必是高手，愿求教一局。”象山曰：“未也，三日后却来。”乃买棋局一副，归而悬之室中。卧而仰视之者两日，忽悟曰：“此《河图》[3]数也。”遂往与棋工对，棋工连负二局。乃起谢曰：“某[4]是临安第一手棋，凡来著者，皆饶一先[5]。今官人之棋，反饶得某一先，天下无敌手矣。”象山笑而去。其聪明过人如此。

——《鹤林玉露》

字词解析

①［陆象山］南宋哲学家。②［肆］店铺。③［《河图》］介绍占卜等内容的书。④［某］我。⑤［一先］一子。

文言译栈

陆象山少年的时候，常常坐在临安的市井中看别人下棋，这样连续看了好几天。棋工对他说：“官人每天来看，一定是高手，我愿意向您请教一局。”象山说：“还不行，三天后再来。”于是，他买了一副棋盘，回到家后悬挂在家里，躺下来仰面看了两天，忽然醒悟说：“这是河图的路数道理啊。”于是前往与棋工对弈，棋工连输两局。棋工起身敬佩地说：“我是临安下棋第一高手，凡是来和我下棋的，我都先让对方一子。今天与您对弈，反而是我被让了一子，您天下无敌了。”象山笑着走了，他就是这样聪明过人。

“棋”字的演变

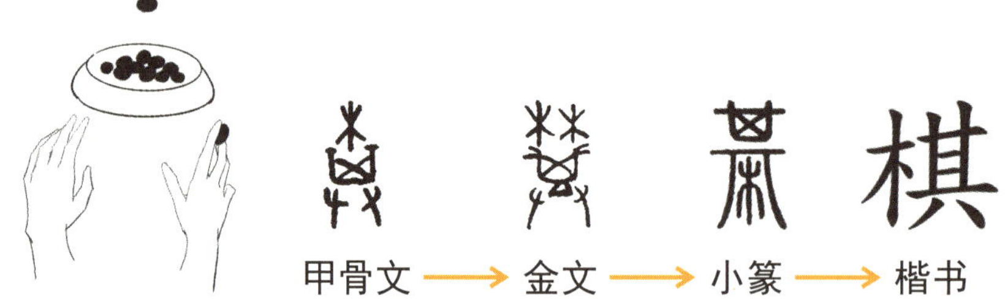

“棋”属形声字。甲骨文字形上面是“木”，像树木的形状；中间是“其”，像簸箕；下面是“手”，像双手供奉之形。合起来像双手持箕筐抛开小木块的样子。“棋”的本义指棋子，引申为棋类、象棋等。含“棋”的成语有：星罗棋布、举棋不定、琴棋书画等。请读一读，写一写。

围棋

古时称围棋为“弈”，起源于西周时期，到了春秋战国时期已经发展成熟。在《弈秋》中有记载“专心致志”的故事，可见当时围棋已发展成了一门专门技艺，并出现了“弈秋”这样的高手。魏晋南北朝时期建立了“棋品”制度，以“棋”来设官职，齐武帝与梁武帝执政期间还举办全国规模的比赛，授予棋士相应的“品格”。

牛刀小试

1.选一选。文言虚词“也”在句中表示不同语气。

①判断语气；②感叹语气；③解释语气。

（1）城北徐公，齐国之美丽者也。（　　）

（2）雷霆乍惊，宫车过也。（　　）

（3）呜呼！灭六国者六国也，非秦也。族秦者秦也，非天下也。（　　）

2.读了这个故事，你觉得陆象山棋艺大有进步的原因是什么？画出文中的动词。

答案：1.（1）①　（2）③　（3）②
2.陆象山棋艺大有进步的原因：善于观察，善于知识迁移，善于思考领悟。
动词：买、悬、仰视。

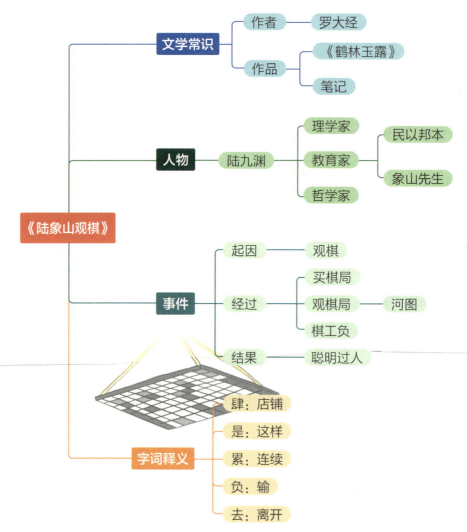

- 《陆象山观棋》
  - 文学常识
    - 作者
      - 罗大经
    - 作品
      - 《鹤林玉露》
      - 笔记
  - 人物
    - 陆九渊
      - 理学家
      - 教育家
        - 民以邦本
        - 象山先生
      - 哲学家
  - 事件
    - 起因
      - 观棋
    - 经过
      - 买棋局
      - 观棋局
        - 河图
      - 棋工负
    - 结果
      - 聪明过人
  - 字词释义
    - 肆：店铺
    - 是：这样
    - 累：连续
    - 负：输
    - 去：离开

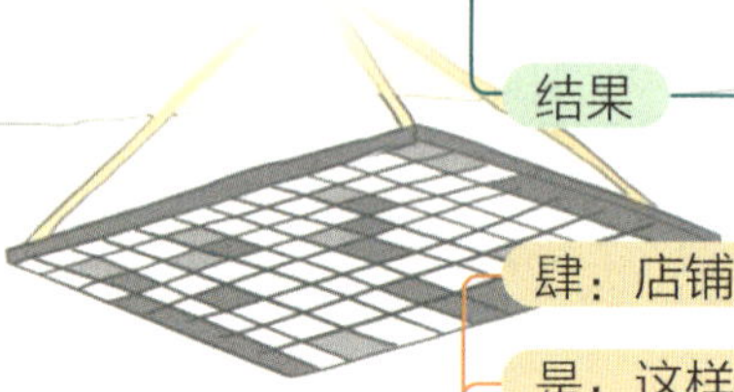

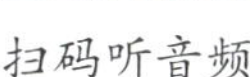

23. 王羲之学书

［唐］张怀瓘

晋王羲之，字逸少，旷[①]子也。七岁善书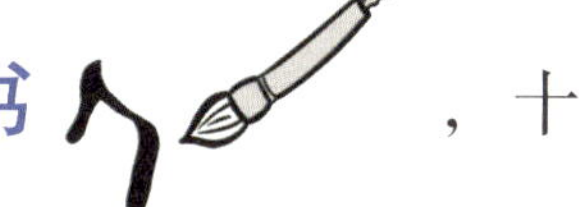，十二见前代《笔说》于其父枕中，窃而读之。父曰："尔何来窃吾所秘[②]？"羲之笑而不答。母曰："尔看用笔法。"父见其小，恐不能秘之。语(yù)羲之曰："待尔成人，吾授也。"羲之拜请："今而用之。使待成人，恐蔽儿之幼令[③]也。"父喜，遂与之。不盈期月，书便大进。

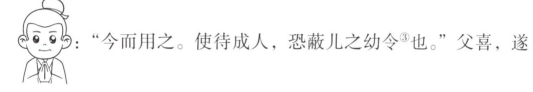

——《书断》

字词解析

①［旷］王旷，王羲之的父亲。②［秘］所珍藏的书。③［幼令］幼年时的美好年华。

文言译栈

晋朝王羲之，字逸少，是王旷的儿子。七岁就擅长书法，十二岁时他在父亲的枕中看见前代的《笔说》，就偷偷拿走读。父亲说："你为什么要偷我珍藏的书？"王羲之笑而不答。母亲说："他在看用笔的方法。"父亲看他年龄还小，担心他不能领悟才把书藏了起来。他告诉王羲之："等你长大成人，我再教你吧。"王羲之诚恳地请求说："现在就让我看这书吧，若等到我长大成人了再看，恐怕就埋没了孩儿幼年的才华。"父亲听了很高兴，于是把书给了他。还不到一个月时间，王羲之的书法便大有长进。

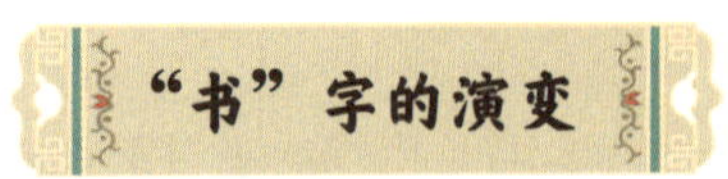

"书"字的演变

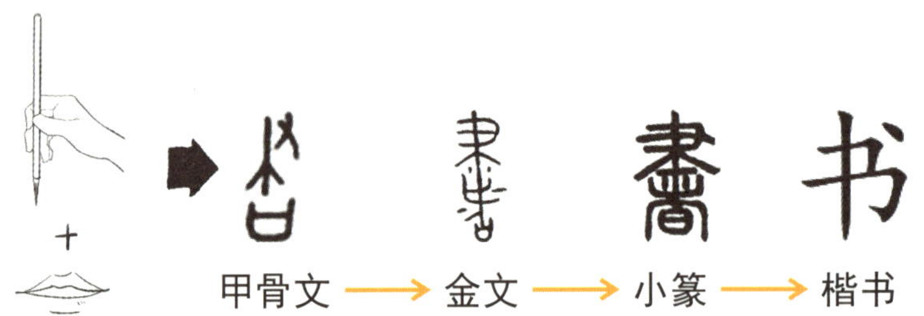

"书"属会意字。甲骨文字形上边是"聿"（yù），是手持笔的形状，下边的"口"表示"说"，即用笔写下所说的内容。"书"的本义为书写、记载，引申为书籍、文字等。含"书"的成语有：博览群书、罄竹难书、书声琅琅等。请读一读，写一写。

入木三分

有一家店铺，生意不错，扩大门面后，招牌也想换个新的。凑巧，有人找来了一块曾经用来祭神的木板，木板上写满了祭祀的文字。于是店家打算把木板上的字擦掉。擦了一会儿，木板上的毛笔字不仅没有被擦掉，反而更清晰了。后来，木板被刨了两层，笔迹还能看见。一位懂书法的老先生一看，立即惊叹道："这是大书法家王羲之的笔迹啊！这字如此深刻有力，真是入木三分啊！"

1.连一连。

（1）子不语怪力乱神。　　A.告诉

（2）语曰："唇亡则齿寒。"　　B.议论

（3）居，我语（yù）汝。　　C.谚语

2.议一议。

传说王羲之笔法有力，在板上写字，木工刻字时发现字迹透入木板有三分深，可见王羲之的笔力雄劲。对此你有哪些感想？

答案：1.（1）子不语怪力乱神。　A.告诉
（2）语曰："唇亡则齿寒。"　B.议论
（3）居，我语（yù）汝。　C.谚语

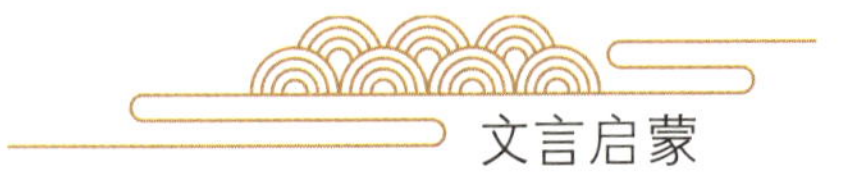

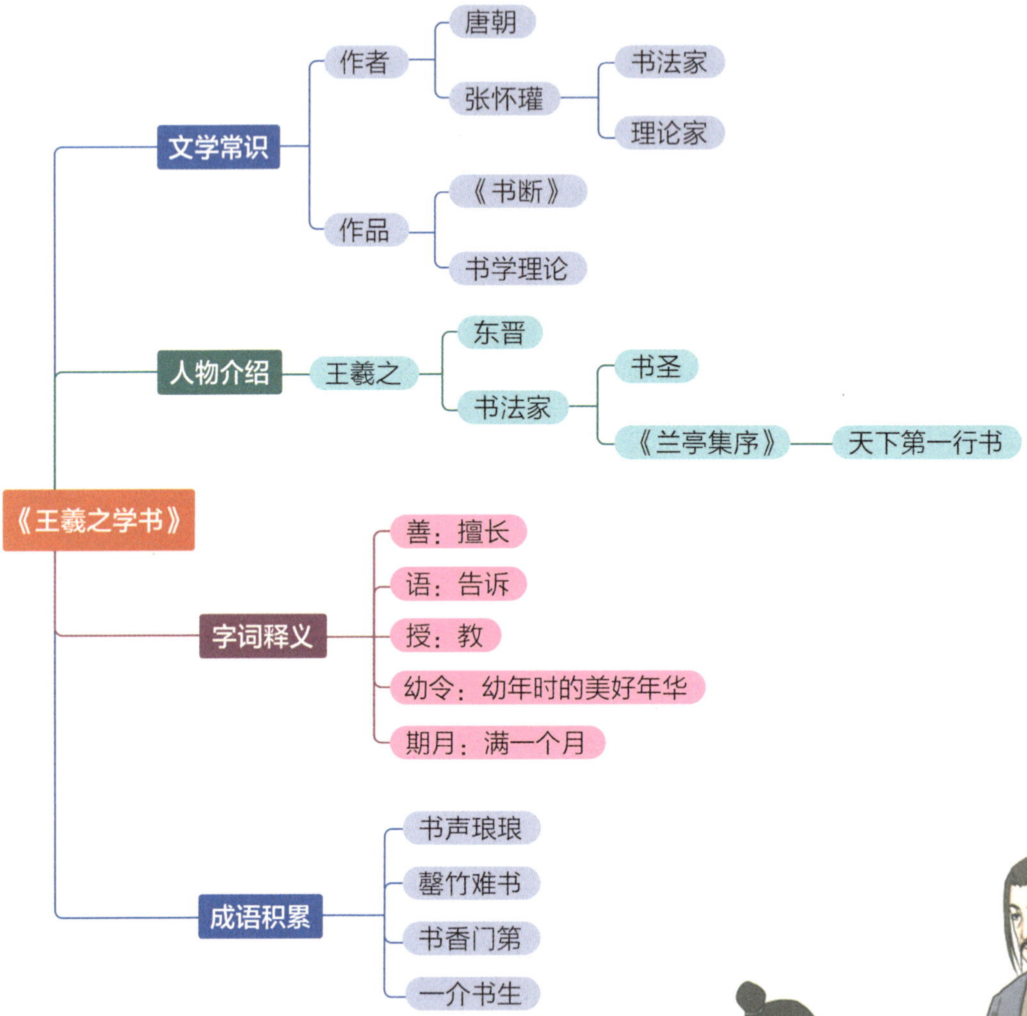

- 《王羲之学书》
  - 文学常识
    - 作者
      - 唐朝
      - 张怀瓘
        - 书法家
        - 理论家
    - 作品
      - 《书断》
      - 书学理论
  - 人物介绍
    - 王羲之
      - 东晋
      - 书法家
        - 书圣
        - 《兰亭集序》——天下第一行书
  - 字词释义
    - 善：擅长
    - 语：告诉
    - 授：教
    - 幼令：幼年时的美好年华
    - 期月：满一个月
  - 成语积累
    - 书声琅琅
    - 罄竹难书
    - 书香门第
    - 一介书生

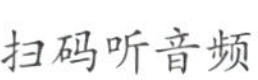

24. 东坡书扇

［宋］陈宾

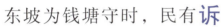

东坡为钱塘守时，民有诉扇肆负[①]债二万者。逮至，则曰："天久雨且寒，有扇莫售

，非不肯偿也。"公令以[②]扇二十来。就判字笔随意作行草及枯木竹石以付之。才出门，人竞以千钱取一扇，所持立尽，遂悉[③]偿所负。

——《桃源手听》

①［负］亏欠。②［以］拿来。③［悉］全，都。

苏轼担任钱塘太守的时候，有百姓前来告状，说卖扇子的人欠了自己两万钱，卖扇子的人被抓来后说：“天一直下雨，并且天气严寒，有扇子也卖不掉，不是不肯偿还债务。”苏轼就叫他拿二十把扇子过来，然后苏轼拿起桌上判案所用的笔，在扇子上用行书、草书写了几个字，并画了枯木和竹石交给他。卖扇子的人刚刚出门，人们争相以一千钱买一把扇子，他拿来的扇子全都卖光了。于是卖扇子的人把所欠的钱全部还清了。

“画”字的演变

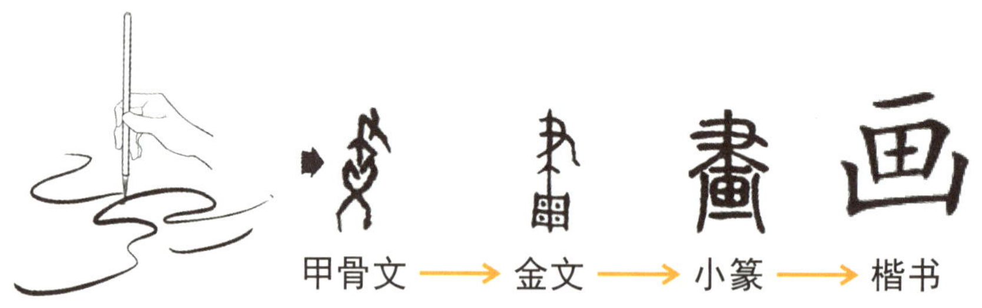

“画”属会意字。甲骨文字形上部是一只手拿着一支笔，下面是规尺，合起来就是手握笔作图。“画”的本义是“作图”，引申为刻写、签署等。含“画”的成语有：诗情画意、画龙点睛、画饼充饥等。请读一读，写一写。

东坡肉

宋哲宗元祐四年，苏轼来到阔别15年的杭州任知州。他帮助这一带人民度过了最困难的时期。过年时，杭州的老百姓感谢苏轼的恩德，抬猪担酒，来给他拜年。苏轼收到老百姓的礼物后让家人将肉切成方块，烧得红酥，然后分给参加疏浚西湖的民工们吃，大家吃后无不称奇，更敬重苏东坡清正廉明、爱民如子的品德，就把这肉亲切地称为“东坡肉”。

牛刀小试

1.文言积累。文言实词“有”处在数目之间，表示整数和零数的关系。

（1）吾十有五而志于学。

（2）必有寝衣，长一身有半。

（3）二十有八载。

（4）三百有六旬有六日。

2.例句：天久雨且寒，有扇莫售，非不肯偿也。

仿写：天久干且旱，有（　　　　），非（　　　　）也。

答案：略

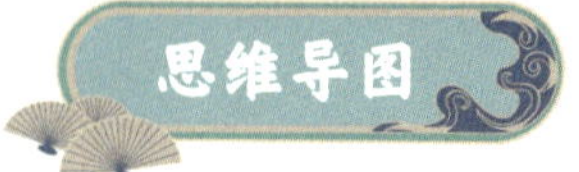

思维导图

《东坡书扇》

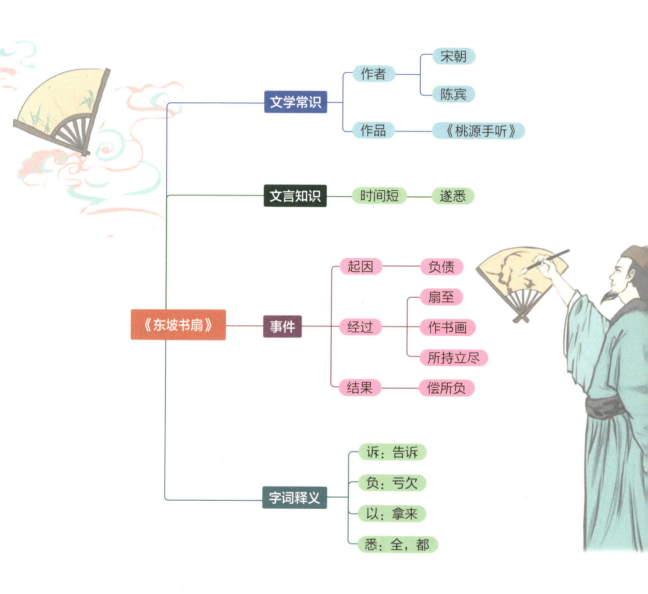

- 文学常识
  - 作者
    - 宋朝
    - 陈宾
  - 作品
    - 《桃源手听》
- 文言知识
  - 时间短
    - 遂悉
- 事件
  - 起因
    - 负债
  - 经过
    - 扇至
    - 作书画
    - 所持立尽
  - 结果
    - 偿所负
- 字词释义
  - 诉：告诉
  - 负：亏欠
  - 以：拿来
  - 悉：全，都

扫码听音频

25. 赵广拒画

［南宋］陆游

赵广，合肥人，本李伯时家小史[①]。伯时作画，每使侍[②]左右，久之遂善画，尤工[③]作马，几能乱真。建炎中陷贼。贼闻其善画，使图[④]所掳（lǔ）妇人。广毅然辞以实不能画，胁以白刃，不从，遂断右手拇指遣去。

——《老学庵笔记》

字词解析

①［史］大官的助手。②［侍］服侍。③［工］擅长。④［图］画。

赵广是合肥人，本来是李伯时家的书童。李伯时作画的时候，经常让他侍奉在左右，时间长了他就擅长画画，尤其擅长画马，几乎和李伯时所画的一样。建炎年间，他落入敌人手中。敌人听说他擅长画画，就让他画抢来的妇女。赵广以自己并不擅作画为由毅然推辞。敌人用刀威胁，赵广不服从，于是砍断他的右手拇指，打发他离开了。

“工”字的演变

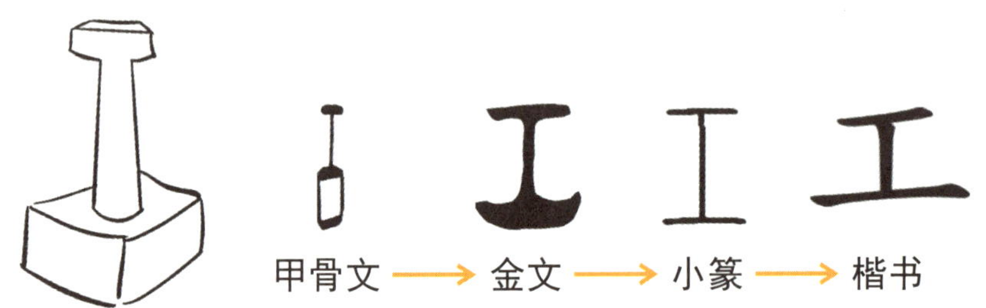

“工”属象形字。甲骨文字形中上端有一木质横把，下端是一石质杵头。“工”的本义指夯杵的工具，引申为各种生产劳作之人、建筑工匠。含“工”的成语有：巧夺天工、鬼斧神工、能工巧匠等。请读一读，写一写。

国画

古时中国画以“丹青”著称，以中国特有的毛笔、水墨和颜料为工具，画在绢、宣纸、帛上，并装裱起来。根据使用材料和表现手法的不同，中国画分为水墨、重彩、浅绛、工笔、写意、白描等；从题材来看，有山水画、花鸟画等。历史上出现了许多著名的画家，其中包括吴道子、徐悲鸿等。《清明上河图》是北宋时期的一幅卷轴风俗画，是中国绘画史上的经典之作。

牛刀小试

1.圈一圈。中国古代语言丰富多彩，往往同一个意思可以用不同的词语来表示。

（1）君子生非异也，善假于物也。

（2）吾射不亦精乎？

（3）试用于昔日，先帝称之曰能。

（4）术业有专攻。

（5）遂通五经，贯六艺。

2.续写。

金兵去，广（　　　），绘（　　　），笑（　　　）。

答案：1.（1）善　（2）精　（3）能　（4）专　（5）通　贯

2.略

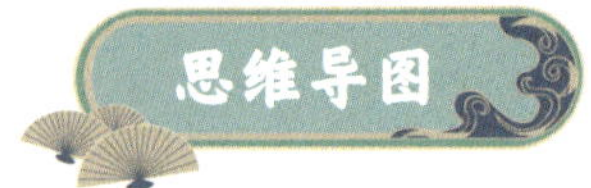

- 《赵广拒画》
  - 文学常识
    - 作者
      - 南宋
      - 陆游
        - 文学家
        - 史学家
        - 爱国诗人
    - 作品
      - 《老学庵笔记》
  - 事件
    - 起因
      - 尤工作马
    - 经过
      - 陷贼
      - 图所掳妇人
      - 广辞
    - 结果
      - 断右手拇指
    - 品质
      - 威武不屈
      - 大义凛然
  - 字词释义
    - 每：常常
    - 侍：侍候
    - 遂：于是
    - 善：擅长
    - 使：命令
    - 图：画
  - 成语积累
    - 巧夺天工
    - 异曲同工
    - 鬼斧神工
    - 偷工减料

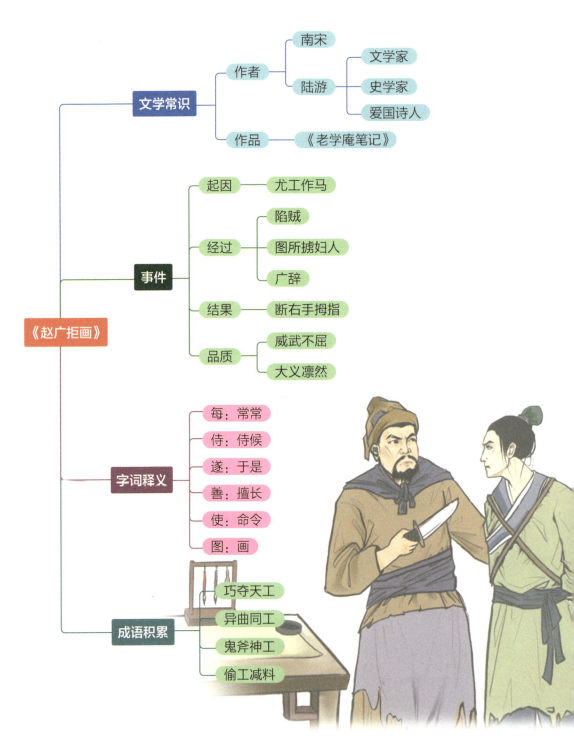

第六单元　梅兰竹菊

春兰兮秋菊，长无绝兮终古。

——屈原《离骚》

扫码听音频

26. 记超山梅花（节选）

［清］林纾

里许，遵(zūn)陆[1]至香海楼[2]，观宋梅。梅身半枯，侧立水次；古干诘(jí)屈[3]，苔蟠(pán)[4]其身，齿齿[5]作鳞甲。年久，苔色幻为铜青。旁列十余树，容伯言皆明产也。景物凄黯无可纪，余索然将返。容伯导余过唐玉潜祠[6]下，花乃大盛：纵横交纠[7]，玉雪一色；步武[8]高下，沿梅得径。远馥林麓，近偃(yǎn)陂(pō)陀(tuó)[9]；丛芬[10]积缟(gǎo)[11]，弥满山谷。

——《畏庐文集》

字词解析

①［遵陆］指沿着溪边山路前行。②［香海楼］超山风景区建筑。③［古干诘屈］形容宋梅枝干曲折多姿。④［蟠］通“盘”。⑤［齿齿］形容排列齐整。⑥［唐玉潜祠］宋隐士唐珏的祠堂。⑦［交纠］交错。⑧［步武］犹言漫步。⑨［陂陀］山坡倾斜之状。⑩［丛芬］指茂密的花枝。⑪［积缟］借喻梅花重重叠叠，犹如堆积着的洁白绢匹。

文言译栈

再经过大约一里地的光景，沿着溪边小路行至香海楼，观赏了著名的宋梅。梅树已经半枯，斜立于水边；苍老古拙的枝干曲折多姿，树身密布着青苔，排列齐整地犹如鱼鳞一样。因为年代久远，青苔全变成了青铜色。宋梅旁边还有十几棵梅树，容伯告诉我说都是明代之物。我见四周景物阴冷而无光彩，不由兴致索然而准备回返。容伯却领着我向前走过唐玉潜祠，见到了梅花竞放的盛况：梅树纵横交错，一片雪白；高低山坡，遍植密布。大家漫步于梅林雪海，梅花香气馥郁，弥漫山林，犹如重重叠叠的素绢铺满山谷。

“齿”字的演变

“齿”属象形字。甲骨文字形像口中有牙之形。“齿”的本义指牙齿，引申为门牙、齿状物等。含“齿”的成语有：不足挂齿、唇亡齿寒、咬牙切齿等。请读一读，写一写。

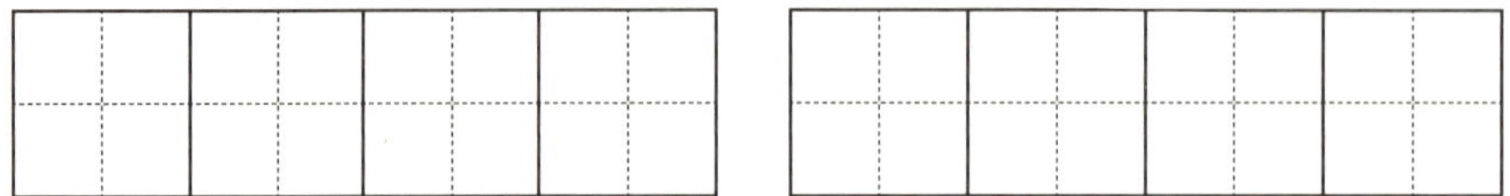

拓展阅读

和“梅花”有关的诗句

墙角数枝梅，凌寒独自开。——王安石《梅花》

零落成泥碾作尘，只有香如故。——陆游《卜算子·咏梅》

不经一番寒彻骨，怎得梅花扑鼻香。

——黄蘖（niè）禅师《上堂开示颂》

已是悬崖百丈冰，犹有花枝俏。——毛泽东《卜算子·咏梅》

牛刀小试

1. 中国是礼仪之邦，代表“我”的称谓在古代有很多。请把下面句中表示相同意思的字词圈出来。

（1）景物凄黯无可纪，余索然将返。

（2）某是临安第一手棋，凡来著者，皆饶一先。

（3）语羲之曰：“待尔成人，吾授也。”

2. 选一选，说一说。

超山的梅花已有千年历史。超山北坡方圆数里，都是梅林，素有“超山梅花天下奇”之誉。文中的“宋梅”是什么样子的？

A. 已经半枯　　B. 青苔是青铜色　　C. 树叶排列得像鱼鳞

D. 树身密布青苔　　E. 枝干苍老、多姿　　F. 花正盛开

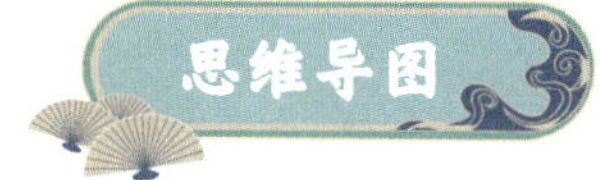

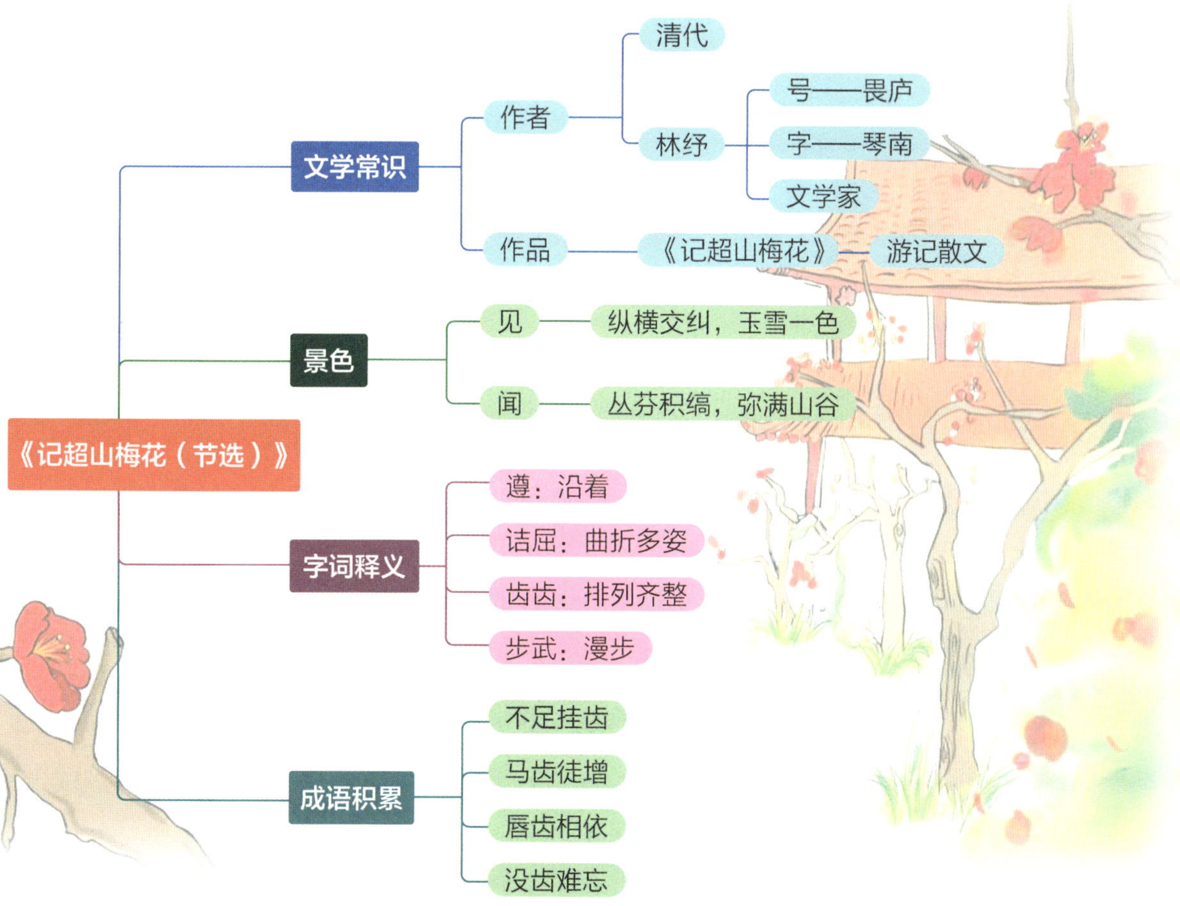

《记超山梅花（节选）》
- 文学常识
  - 作者
    - 清代
    - 林纾
      - 号——畏庐
      - 字——琴南
      - 文学家
  - 作品
    - 《记超山梅花》——游记散文
- 景色
  - 见——纵横交纠，玉雪一色
  - 闻——丛芬积缟，弥满山谷
- 字词释义
  - 遵：沿着
  - 诘屈：曲折多姿
  - 齿齿：排列齐整
  - 步武：漫步
- 成语积累
  - 不足挂齿
  - 马齿徒增
  - 唇齿相依
  - 没齿难忘

答案：1.（1）余　（2）其　（3）吾
2.ABCDE

扫码听音频

27. 君子慎处

[三国] 王肃

与善人[1]居[2]，如入芝兰之室[3]，久而不闻其香，即与之化[4]矣。与不善人居，如入鲍鱼之肆(sì)[5]，久而不闻其臭，亦与之化矣。丹之所藏者赤，漆之所藏者黑，是以[6]君子必[7]慎[8]其所与处者焉。

——《孔子家语》

字词解析

①［善人］指品德高尚的人。②［居］交往。③［芝兰之室］有芝兰等香草的屋子，比喻美好的环境。④［化］同化。⑤［鲍鱼之肆］卖咸鱼的店铺，比喻恶劣环境。⑥［是以］所以，因此。⑦［必］一定，必定。⑧［慎］谨慎。

和品德高尚的人交往，就好像进入了有香草的房间，时间长了就闻不到香味，这是因为和香味融为一体。和品行低劣的人交往，就像进入了卖咸鱼的店铺，时间长了就闻不到咸鱼的臭味，这是因为与臭味融为一体。装朱砂的容器时间长了会变成红色，装漆的容器会变成黑色。因此，有道德修养的人要谨慎选择与自己相处的人。

“家”字的演变

“家”属会意字。甲骨文上面是“宀（mián）”，像棚屋之形，下面是“豕”，像豭（jiā，公猪）的样子。为公猪居于棚屋之意。家的本义指养猪棚，引申为家庭住所、家庭等。含“家”的成语有：成家立业、四海为家、国破家亡等。请读一读，写一写。

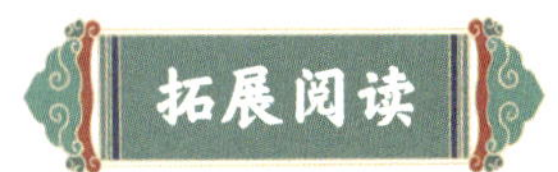

拓展阅读

花中四君子

花中四君子，分别指梅花、兰花、翠竹、菊花，其品质分别是傲、幽、淡、逸。花中四君子成为中国人借物喻志的象征，也是咏物诗文和艺人字画中常见的题材。其文化寓意为：梅，不畏严寒，高洁志士；兰，深谷幽香，世上贤达；竹，高风亮节，谦谦君子；菊，凌霜飘逸，世外隐士。

牛刀小试

1. 写一写。根据文中“丹之所藏者赤，漆之所藏者黑”，把君子要“慎其所处”的原因概括成一个八字成语，写在下面横线上。

____

2. 仿写句子。

与君子居，如入__________之室；与小人居，如入__________之室。

答案：1.近朱者赤，近墨者黑 2.略

思维导图

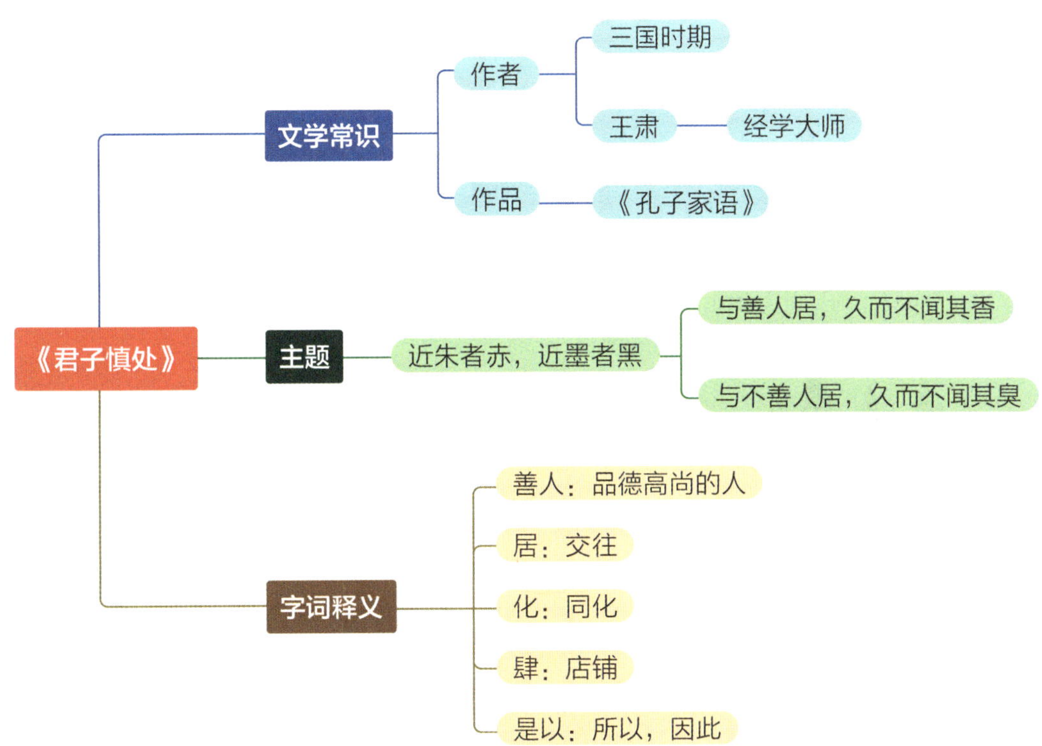
《君子慎处》
文学常识
作者
三国时期
王肃
经学大师
作品
《孔子家语》
主题
近朱者赤，近墨者黑
与善人居，久而不闻其香
与不善人居，久而不闻其臭
字词释义
善人：品德高尚的人
居：交往
化：同化
肆：店铺
是以：所以，因此

扫码听音频

28. 幽兰赋（节选）

［唐］韩伯庸

阳和布气兮，动植齐光；惟彼幽兰兮，偏含国香。吐秀乔林之下，盘根众草之旁。虽无人而见赏，且得地而含芳。于是嫩叶旁开，浮香外袭。

——《幽兰赋》

文言译栈

惠风和畅，阳光灿烂；大地万物，一派生机盎然。只有偏僻角落里的兰草，馥郁盈盈，姿态端庄。高大的树木遮不住它的秀美，丛丛杂草反衬得它更加绚艳。虽然没有人来欣赏，沃土滋养得它脱俗超凡。它撑开片片绿叶，香气浸染了四面八方。

“幽”字的演变

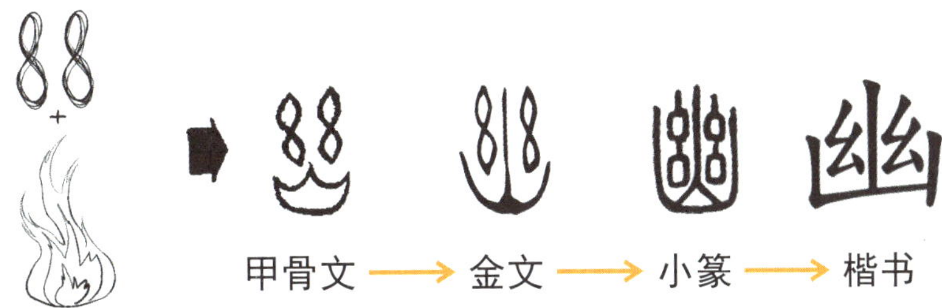

“幽”属会意字。甲骨文字形上面是“幺”（yōu），两束丝，很微小，看不清楚；下面是“火”，用来照明。上下合起来表示昏暗。“幽”的本义为昏暗，引申为阴暗、隐秘、僻静等。含“幽”的成语有：洞幽察微、寻幽探胜、洞幽烛微等。请读一读，写一写。

兰花

《楚辞》中多以兰花来比喻君子高洁的品质。兰花叶态优美，花朵清雅芳香，花质素洁，自古就深受人们的喜爱。以兰花为素材构成的吉祥图案很多，如兰花图、五瑞图、君子之交、兰桂齐芳等。

牛刀小试

1.请用“/”划分停顿，有感情地读一读，感受“赋”的韵律美。

阳和布气兮，动植齐光；惟彼幽兰兮，偏含国香。吐秀乔林之下，盘根众草之旁。虽无人而见赏，且得地而含芳。

2.连一连。

（1）司马相如	A.《二京赋》
（2）扬雄	B.《两都赋》
（3）班固	C.《子虚赋》
（4）张衡	D.《河东赋》

答案：1.阳和/布气/兮，动植/齐光；惟/彼幽兰/兮，偏含/国香。吐秀/乔林之下，盘根/众草之旁。虽/无人而见赏，且/得地而含芳。

2.（1）司马相如　A.《二京赋》
（2）扬雄　B.《两都赋》
（3）班固　C.《子虚赋》
（4）张衡　D.《河东赋》

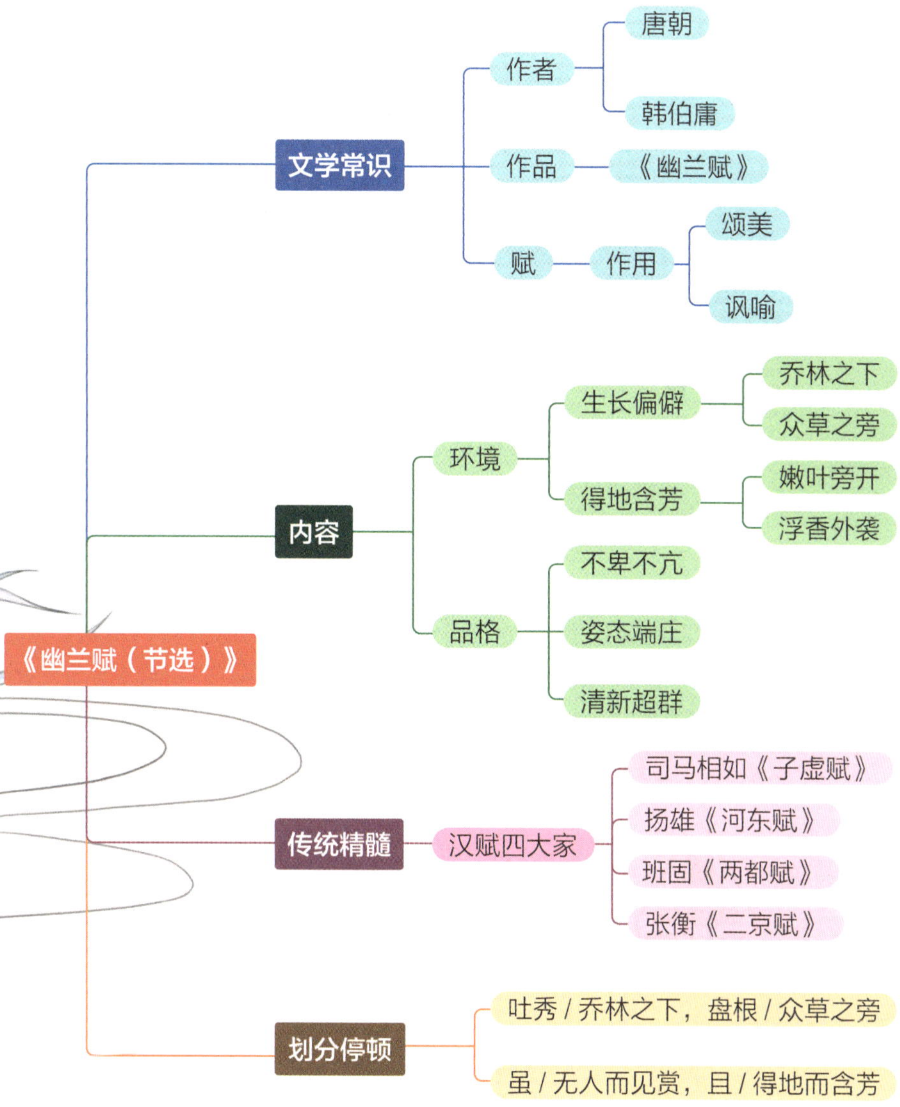

- 《幽兰赋（节选）》
  - 文学常识
    - 作者
      - 唐朝
      - 韩伯庸
    - 作品
      - 《幽兰赋》
    - 赋
      - 作用
        - 颂美
        - 讽喻
  - 内容
    - 环境
      - 生长偏僻
        - 乔林之下
        - 众草之旁
      - 得地含芳
        - 嫩叶旁开
        - 浮香外袭
    - 品格
      - 不卑不亢
      - 姿态端庄
      - 清新超群
  - 传统精髓
    - 汉赋四大家
      - 司马相如《子虚赋》
      - 扬雄《河东赋》
      - 班固《两都赋》
      - 张衡《二京赋》
  - 划分停顿
    - 吐秀 / 乔林之下，盘根 / 众草之旁
    - 虽 / 无人而见赏，且 / 得地而含芳

扫码听音频

29. 养竹记（节选）

［唐］白居易

竹似贤，何哉？竹本①固②，固以树③德；君子见其本，则思善建不拔者。竹性直，直以立身；君子见其性，则思中立不倚（yǐ）④者。竹心空，空以体道⑤；君子见其心，则思应用虚受⑥者。竹节贞⑦，贞以立志；君子见其节，则思砥砺（dǐ lì）⑧名行⑨，夷险一致者。夫如是，故君子人多树之为庭实焉。

——《白氏长庆集》

字词解析

①［本］根。②［固］稳固。③［树］树立。④［倚］偏颇。⑤［体道］体察天地之道。⑥［虚受］虚心接受。⑦［贞］坚定。⑧［砥砺］磨炼，锻炼。⑨［名行］名誉操行。

竹子像贤人一样，这是为什么呢？竹子的根很稳固，根稳固才能树立品德，君子看见竹子的根，就想到要培养坚定不移的品格。竹子的秉性直，挺直方能立身，君子看见竹子的秉性，就想到要正直无私，不趋炎附势。竹子的心空，虚空方能体悟君子之道，君子看见竹子的心，就想到要虚心接受一切有用的东西。竹子的节坚定，坚定方能确立志向，君子看见竹子的节，就想到要磨炼自己的品行，不管一帆风顺还是遇到危险，都坚定志向。正因为如此，君子都喜欢在庭院中种植竹子。

“养”字的演变

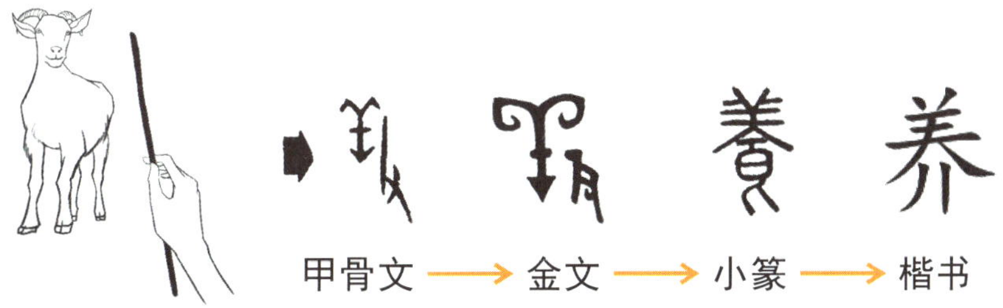

“养”属形声字。甲骨文字形左边是“羊”，右边是“攴”(pū)，像手持鞭子或棍棒等器具。“养”的本义指饲养，引申为抚养、教养、修养等。小篆在“羊”下加“食”字，表示给羊食物吃。含“养”的成语有：养尊处优、休养生息、养精蓄锐等。请读一读，写一写。

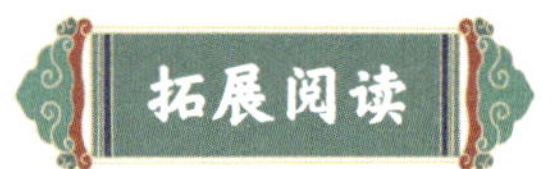

竹意

人们“宁可食无肉，不可居无竹”。“竹”的吉祥图案在生活中比比皆是。比如：岁寒三友——松、竹、梅的纹图；五清图——松、竹、梅、月和水的纹图。用于祝贺结婚的吉祥图案有“竹梅双喜”。在生活中，代表美好寓意的对联有：“昔日同窗竹马青梅谈理想，今宵合卺（jǐn）高山流水话知音”“青梅竹马男偕女，海誓山盟女嫁男”等。

牛刀小试

1.“夫”作助词时，在句中所处的位置不同，作用也不一样。请连一连。

（1）夫大国难测也，惧有伏焉。　　A.感叹

（2）岱宗夫如何？　　B.引出议论

（3）子在川上曰：逝者如斯夫。　　C.补充音节

2.仿写句子。

仿写：（　）性（　），（　）以立身；君子见其性，则思（　）者。

答案：1.（1）夫大国难测也，惧有伏焉。（2）岱宗夫如何？（3）子在川上曰：逝者如斯夫。　A.感叹　B.引出议论　C.补充音节
（连线：（1）—B，（2）—C，（3）—A）

2.略

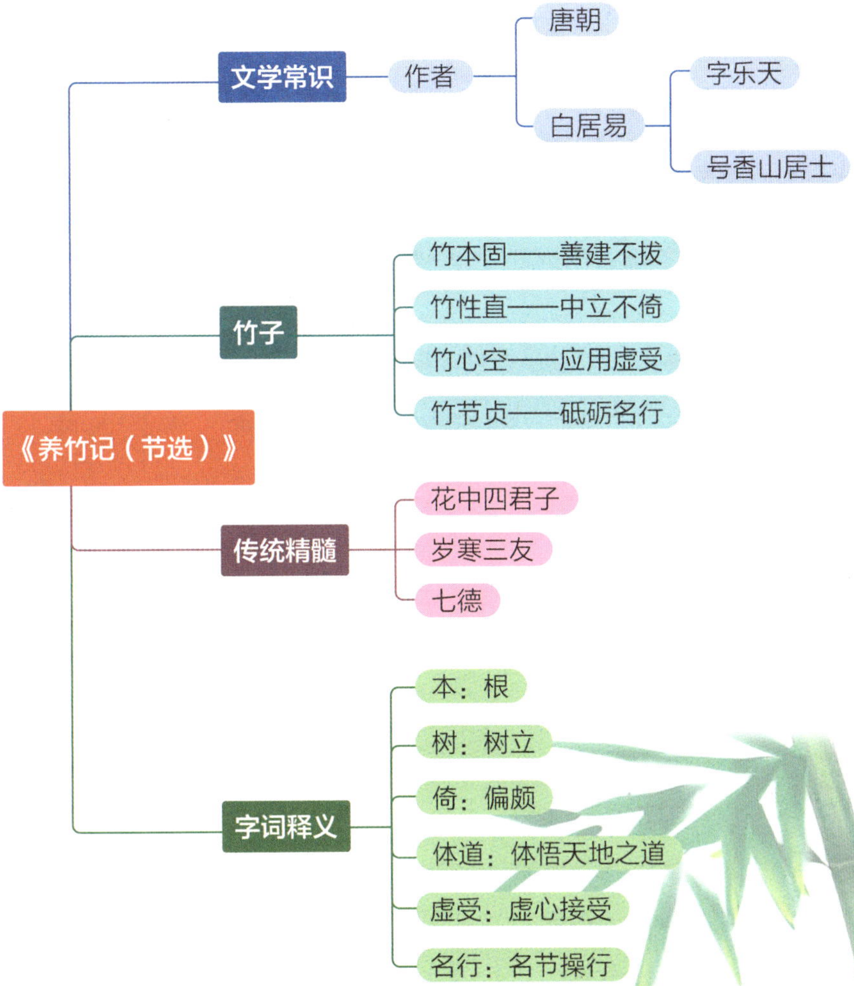

《养竹记（节选）》
- 文学常识
  - 作者
    - 唐朝
    - 白居易
      - 字乐天
      - 号香山居士
- 竹子
  - 竹本固——善建不拔
  - 竹性直——中立不倚
  - 竹心空——应用虚受
  - 竹节贞——砥砺名行
- 传统精髓
  - 花中四君子
  - 岁寒三友
  - 七德
- 字词释义
  - 本：根
  - 树：树立
  - 倚：偏颇
  - 体道：体悟天地之道
  - 虚受：虚心接受
  - 名行：名节操行

扫码听音频

30. 菊

菊花盛开，清香四溢[1]。其[2]瓣如丝，如爪。其色或黄、或白、或赭(zhě)[3]、或红，种类繁多。性耐寒，严霜既降，百花零落，惟[4]菊独盛。

①［溢］这里是流出、散发出的意思。②［其］它的。③［赭］红褐色、赤红色。④［惟］只有。

菊花盛开时，清淡的香味向四周散发出来。它的花瓣像丝，又像鸟的爪子。它的颜色有黄色、白色、红褐色，还有红色，种类很多。

菊花生性耐寒，当严霜降临的时候，其他的花都凋谢了，只有菊花独自盛开。

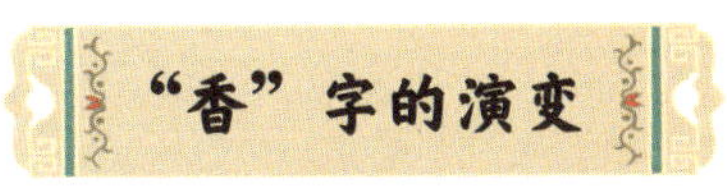

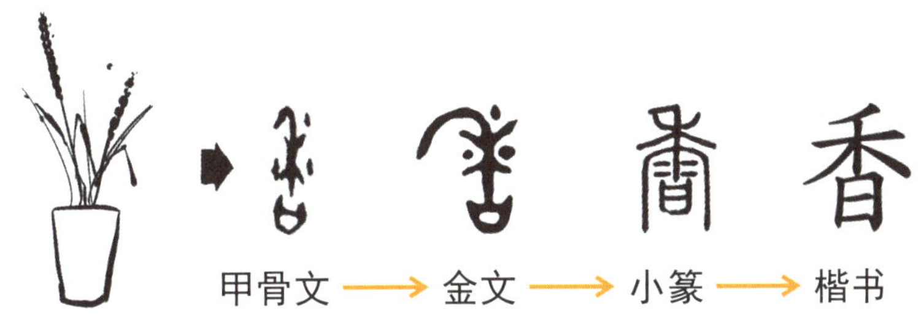

“香”属会意字。甲骨文字形上面是“来”，像麦子的形状，两侧的点表示颗粒成熟而脱落；下面是“口”，表示装麦子的器皿。“香”的本义指粮食散发出的馨香，引申为气味芳香、味道好、受欢迎等。含“香”的成语有：古色古香、书香门第、国色天香等。请读一读，写一写。

菊花

根据记载，我国栽培菊花的历史已有3000多年。菊花在百花凋谢时

依然开放，诗人常常用它象征高洁的品格或者表现脱俗的境界，如陶渊明的诗句“采菊东篱下，悠然见南山”。我国有重阳节赏菊和饮菊花酒的习俗，如唐代诗人孟浩然的佳句“待到重阳日，还来就菊花”。菊花还被赋予了吉祥、长寿的含义，宋代苏辙有诗为证：“南阳白菊有奇功，潭上居人多老翁。”

牛刀小试

1. 文言积累。“其”作为虚词，常常用在动词、形容词前面。

（1）击鼓其镗，踊跃用兵。

（2）北风其凉，雨雪其雱（pāng）。

2. 仿写。

葡萄成熟，清香四溢。其果如（　　）。其色或（　　）、或（　　）、或（　　）、或（　　）。

答案：略

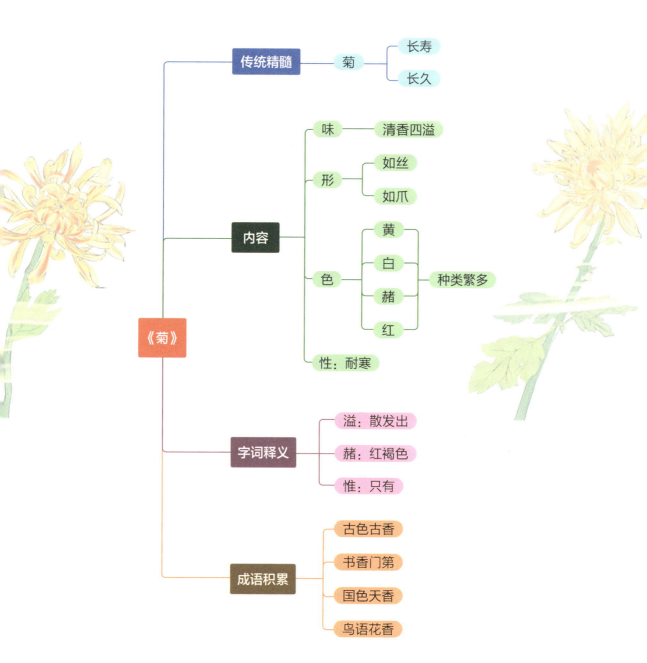

《菊》
- 传统精髓
  - 菊
    - 长寿
    - 长久
- 内容
  - 味
    - 清香四溢
  - 形
    - 如丝
    - 如爪
  - 色
    - 黄
    - 白
    - 赭
    - 红
    - 种类繁多
  - 性：耐寒
- 字词释义
  - 溢：散发出
  - 赭：红褐色
  - 惟：只有
- 成语积累
  - 古色古香
  - 书香门第
  - 国色天香
  - 鸟语花香

第七单元　饮食文化

口腹之欲，何穷之有。每加节俭，亦是惜福延寿之道。

——［宋］苏轼

扫码听音频

31. 食不厌精

食不厌精，脍（kuài）[1]不厌细。食饐（yì）[2]而餲（ài）[3]，鱼馁（něi）[4]而肉败[5]，不食。色恶，不食。臭恶，不食。失饪（rèn）[6]，不食。不时[7]，不食。割不正[8]，不食。不得其酱，不食。肉虽多，不使胜食气（xì）[9]。唯酒无量，不及乱[10]。沽酒市脯（fǔ）[11]，不食。不撤姜食，不多食。

——《论语·乡党》

字词解析

①［脍］切细的鱼、肉。②［饐］腐烂变臭。食物放置时间长了。③［餲］变味。④［馁］鱼腐烂。⑤［败］肉腐烂。⑥［饪］烹调制作饭菜。⑦［时］应时，时鲜。⑧［割不正］切割方法不正确，刀法不好。⑨［气］同“饩”，指粮食。⑩［乱］神志昏乱。⑪［脯］熟肉干。

粮食尽可能精细，鱼和肉尽可能切细。食物发霉变质，鱼和肉腐烂、变味了，都不吃。食物变了颜色，不吃。气味难闻，不吃。食物没煮熟或煮得过久，不吃。不到该吃的时候，不吃。不是按一定方法切割的肉，不吃。没有合适的蘸料，不吃。席上肉虽多，但吃的量不超过主食的量。只有酒不限量，但不能喝醉。买来的酒和肉干，不吃。饭后撤席，姜不从席上撤去，但不多吃。

“食”字的演变

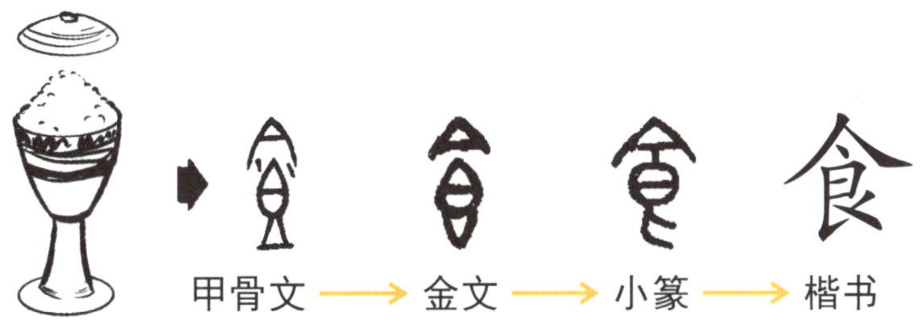

“食”属会意字。甲骨文字形上面像食器之盖，下似盛满饭食的器皿，中间的点表示食粒或溢香。“食”的本义是食物，指张嘴吃饭，引申为喂养、俸禄等。含“食”的成语有：节衣缩食、废寝忘食等。请读一读，写一写。

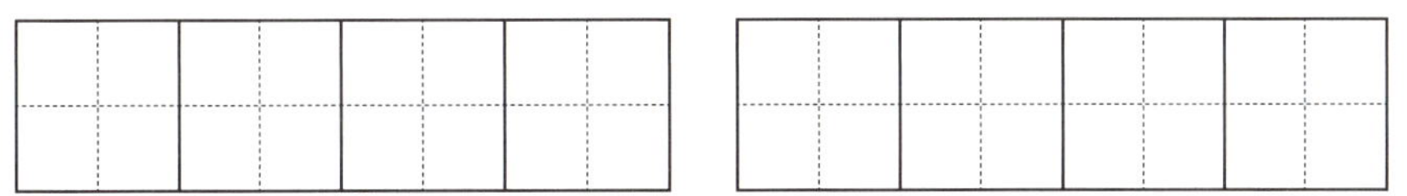

拓展阅读

废寝忘食

孔子在64岁那年，来到了楚国沈诸梁的封地叶邑。沈诸梁向孔子的学生子路打听孔子的为人。后来，孔子知道了这事，就对子路说："你为什么不这样回答他呢：'孔子的为人呀，努力学习而不厌倦，甚至于忘记了吃饭；津津乐道于授业传道，而从不担忧受贫受苦；自强不息，甚至忘记了自己的年纪。'"这就是"废寝忘食"这个成语的由来。

牛刀小试

1.选一选。文言虚词"而"有不同意思，请选择序号填在括号里。

①却　②并且　③又　④就

（1）蟹六跪而二螯。（　　）

（2）君子博学而日参省乎己。（　　）

（3）余方心动欲还，而大声发于水上。（　　）

（4）青，取之于蓝，而青于蓝。（　　）

2.对于孔子提出的"八不食"，放在当前的食品卫生环境下，依然适用吗？和同学交流一下自己的看法。

答案：1.（1）③　（2）②　（3）④　（4）①
2.略

思维导图

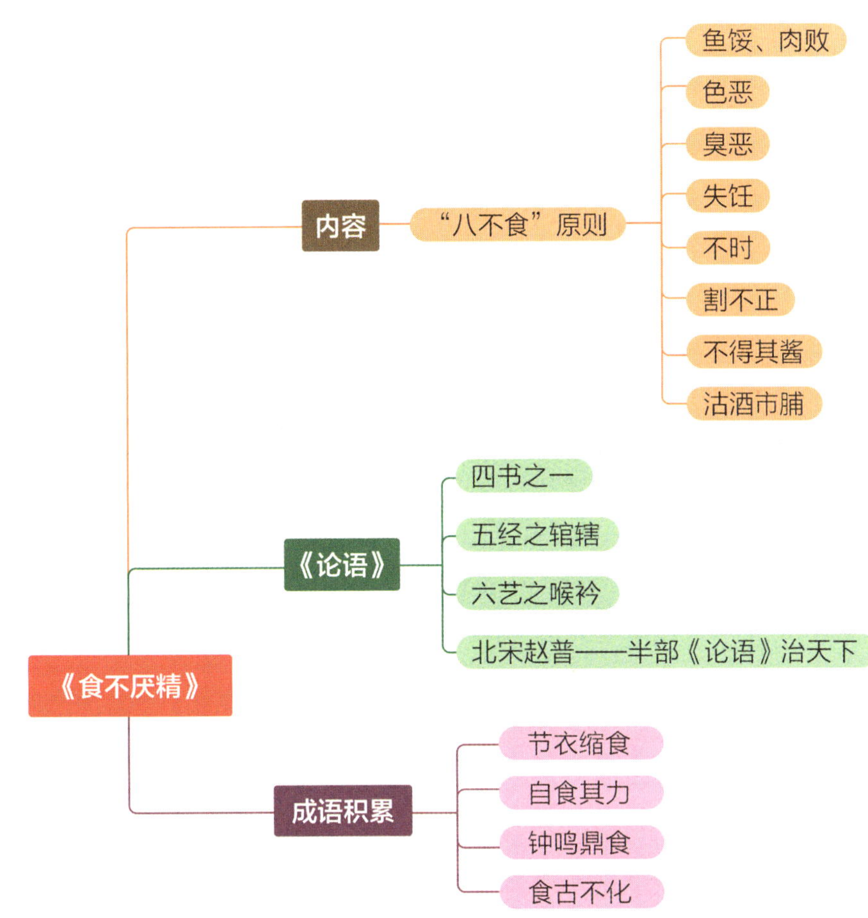
《食不厌精》
内容
“八不食”原则
鱼馁、肉败
色恶
臭恶
失饪
不时
割不正
不得其酱
沽酒市脯
《论语》
四书之一
五经之錧鎋
六艺之喉衿
北宋赵普——半部《论语》治天下
成语积累
节衣缩食
自食其力
钟鸣鼎食
食古不化

酒

扫码听音频

32. 鹿鸣

呦呦(yōu yōu)①鹿鸣，食野之苹②。我有嘉宾，鼓瑟吹笙(shēng)。吹笙鼓簧(huáng)③，承筐是将(jiāng)④ 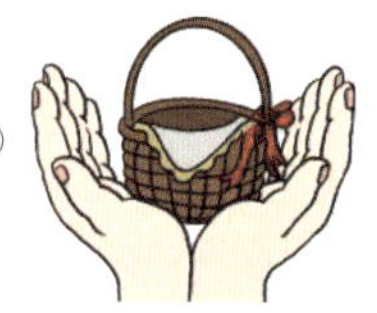 。人之好(hào)我，示我周行(háng)⑤。

呦呦鹿鸣，食野之蒿(hāo)⑥。我有嘉宾，德音⑦孔⑧昭。视⑨民不恌(tiāo)⑩，君子是则⑪是效。我有旨⑫酒 

，嘉宾式⑬燕⑭以敖(áo)⑮。

呦呦鹿鸣，食野之芩(qín)⑯。我有嘉宾，鼓瑟鼓琴。鼓瑟鼓琴  ，和乐(lè)且湛(dān)⑰。我有旨酒，以燕乐(lè)嘉宾之心。

——《诗经·小雅》

字词解析

①［呦呦］鹿的叫声。②［苹］蒌蒿。③［簧］笙上的簧片。④［承筐

是将］指奉上礼品。承，双手捧着。将，送，献。⑤［周行］大道，引申为大道理。⑥［蒿］又叫青蒿、香蒿。⑦［德音］美好的品德声誉。⑧［孔］很。⑨［视］通“示”。⑩［恌］通“佻”，轻薄、轻浮。⑪［则］法则。⑫［旨］甘美。⑬［式］语气助词。⑭［燕］通“宴”。⑮［敖］通“遨”，游逛。⑯［芩］草名，蒿类植物。⑰［湛］深厚。

一群鹿发出呦呦的叫声，呼唤同伴啃食蒌蒿。我召集来尊贵的宾客，奏瑟吹笙欢乐融融。吹奏起笙管鼓动着笙簧，赠送那整筐的礼物助兴。宾客们对我满怀着善意，教我大道理。

野鹿呦呦的叫声多么悠长，召唤同伴共享野蒿的清香。我请来了这些尊贵的客人，他们美好的声誉早已显扬。给百姓显示了做人的忠厚，君子做出了榜样，我这里早备下醇香的美酒，请贵客们欢乐地畅饮。

野鹿呦呦的叫声多么悠长，招呼着同伴把野芩共享。我诚心请来尊贵的宾客，弹奏琴瑟乐声多么悠扬。琴瑟的演奏是如此美妙，客人们快活尽兴同欢笑。我这里不乏美味的陈酒，让贵客的心灵得到长久的快乐。

“有”字的演变

“有”属象形兼会意字。甲骨文字形像牛头形状，以拥有牛表示占有财富。“有”的本义是“持有”，引申为存在、丰收等。金文字形上部是“又”，下面加“月”，表示肉，合起来为以手持肉，表示持有。含“有”的成语有：井井有条、有的放矢、有口皆碑等。请读一读，写一写。

酒以成礼

先秦时，只有在祭祀等重大典礼上才可以按照一定规矩饮酒。饮前先献给鬼神，成为礼的一部分。周公告诫臣属“饮惟祀，德将无醉”，意思是只有祭祀时才可以喝酒，但是绝不允许喝醉。“君子之饮酒也，受一爵而色洒如也，二爵而言言斯，礼已三爵而油油以退。”在严肃的礼仪场合饮酒不得过三爵，饮酒不能乱德。君子曰：“酒以成礼，不继以淫，义也。”这是酒礼的根本原则。

牛刀小试

1. 用原文诗句填空。

《鹿鸣》是早期的宴会乐歌，描绘了君王和群臣嘉宾举行宴会的和乐盛况。按照当时的礼仪，整个宴会上必须奏乐，即______________，酒宴上还要献礼馈赠，即______________。然后主人又向嘉宾致辞______________。

2. 写出下列加点字的通假字。

（1）视民不恌，君子是则是效。（　　　　　　　　）

（2）我有旨酒，嘉宾式燕以敖。（　　　　　　　　）

答案：1. 鼓瑟吹笙　承筐是将　人之好我，示我周行

2.（1）视：通“示”。恌：通“佻”。　（2）燕：通“宴”。敖：通“遨”。

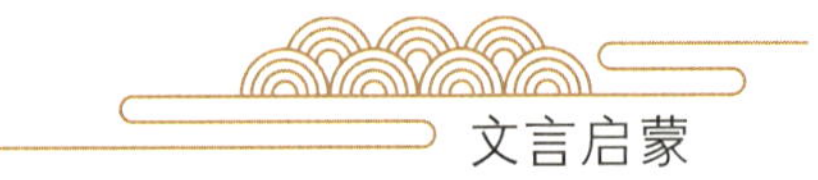

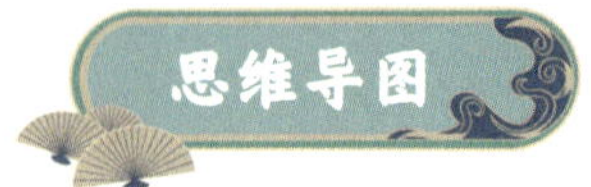

思维导图

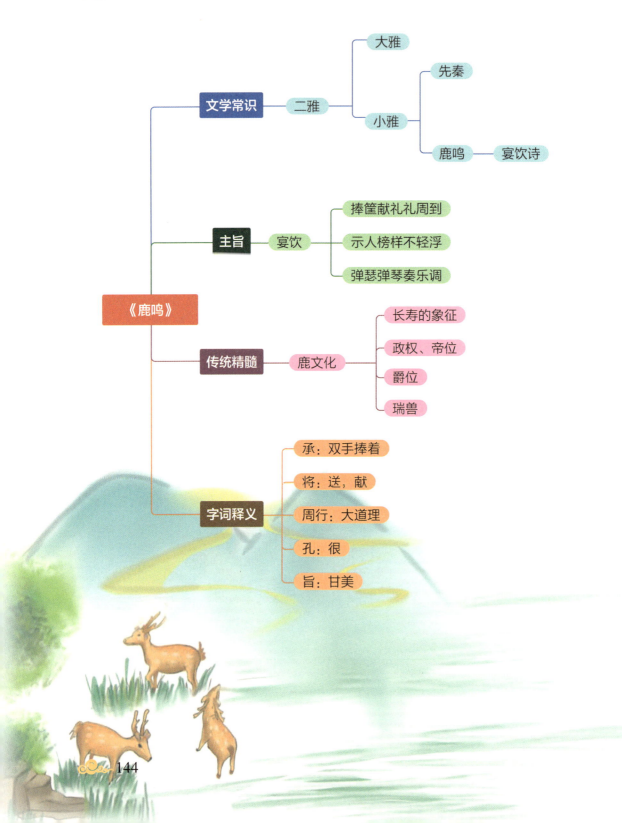

- 《鹿鸣》
  - 文学常识
    - 二雅
      - 大雅
      - 小雅
        - 先秦
        - 鹿鸣
          - 宴饮诗
  - 主旨
    - 宴饮
      - 捧筐献礼礼周到
      - 示人榜样不轻浮
      - 弹瑟弹琴奏乐调
  - 传统精髓
    - 鹿文化
      - 长寿的象征
      - 政权、帝位
      - 爵位
      - 瑞兽
  - 字词释义
    - 承：双手捧着
    - 将：送，献
    - 周行：大道理
    - 孔：很
    - 旨：甘美

扫码听音频

33. 七月（节选）

六月食郁及薁(yù)①，七月亨葵及菽(shū)②。八月剥③枣，十月获稻。为此春酒④，以介眉寿⑤。七月食瓜，八月断壶⑥，九月叔苴(jū)⑦，采荼薪樗(chū)⑧，食我农夫。

——《诗经·豳风》

字词解析

①［郁及薁］郁，果实像李子，赤色。薁，果实大如桂圆。②［菽］豆的总名。③［剥］打。④［春酒］冬天酿酒经春始成，叫作春酒。⑤［以介眉寿］介，祈求。眉寿，长寿。⑥［壶］葫芦。⑦［叔苴］叔，拾。苴，麻籽，可以吃。⑧［薪樗］采樗木为薪。

文言译栈

六月里吃李子和野葡萄，七月里煮葵和豆子。八月打枣当粮食，十月才能收稻谷。稻米用来做春酒，春酒祭祀求长寿。七月还有瓜可吃，八月摘下青葫芦。九月地里拾麻籽，采来苦菜砍臭椿，养活众农夫。

“获”字的演变

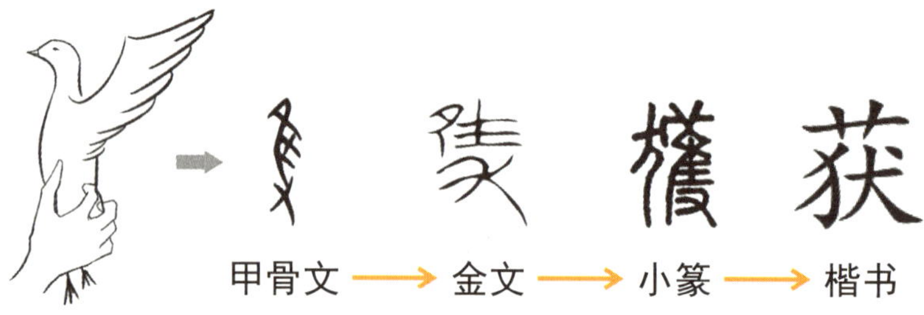

“获”属形声字。甲骨文字形上部是一只头朝上、嘴巴向左的鸟形，下部是一只手，合起来表示用手抓住了一只鸟。“获”的本义是捕获，引申为得到、取得。小篆在鸟头上增加了两个羽冠，并在左边增加了一只犬，表示捕获禽兽。含“获”的成语有：不劳而获、如获至宝、获兔烹狗等。请读一读，写一写。

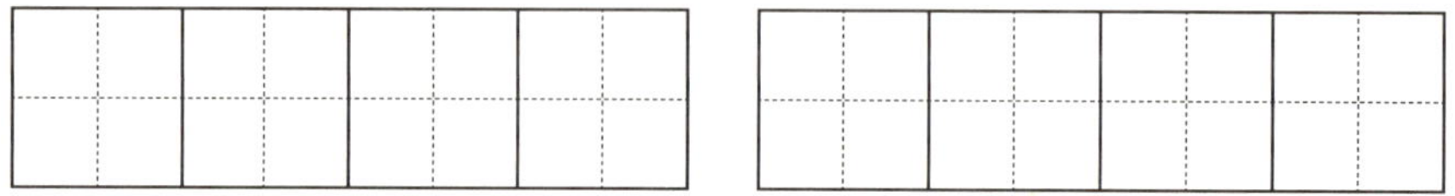

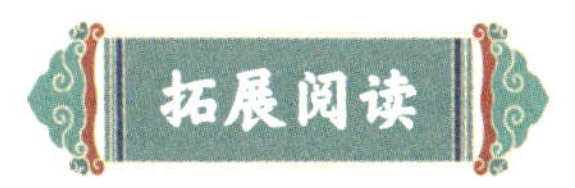

筵席

筵席，又叫酒席、宴席。祭祀是古代的主要活动，祭品分给祭祀者食用，也就是说先侍神后侍人，逐渐形成了长幼尊卑、等级分明、食用有序等约定俗成的规矩。“筵席”原本指宴饮时铺在地上的坐具。孙诒（yí）让在《周礼正义》中说：“筵铺陈于下，席在上，为人所坐藉。”“席”比“筵”要小一点儿。座位设在席子上，食品放在席前的筵上，人们席地而坐，这就是所谓的“筵席”了。

牛刀小试

1.选一选。文言虚词“于”有不同意思，请填在括号里。

①到　②从　③在　④向

（1）子路宿于石门。（　　）

（2）海运则将徙于南冥。（　　）

（3）青，取之于蓝，而青于蓝。（　　）

（4）己所不欲，勿施于人。（　　）

2.连一连。请把文中的农产品和它们成熟的时间连起来。

薁　　葵　　枣　　稻　　瓜　　壶　　苴

A.六月　　B.七月　　C.八月　　D.九月　　E.十月

答案：1.（1）③　（2）①　（3）②　（4）④

2.薁　葵　枣　稻　瓜　壶　苴

A.六月　B.七月　C.八月　D.九月　E.十月

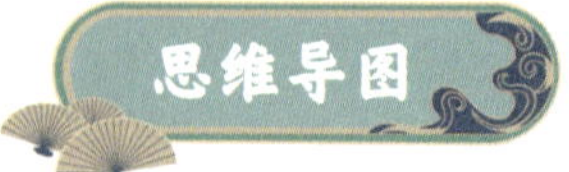

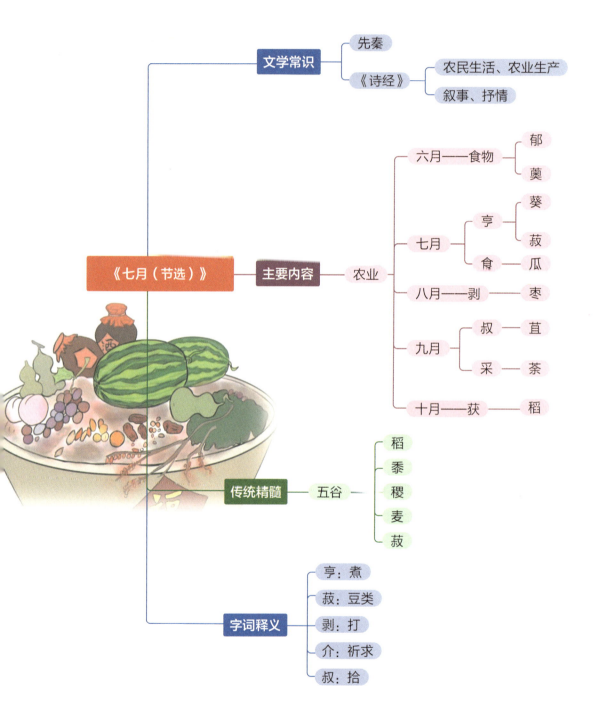

- 《七月（节选）》
  - 文学常识
    - 先秦
    - 《诗经》
      - 农民生活、农业生产
      - 叙事、抒情
  - 主要内容
    - 农业
      - 六月——食物
        - 郁
        - 薁
      - 七月
        - 亨
          - 葵
          - 菽
        - 食 —— 瓜
      - 八月——剥 —— 枣
      - 九月
        - 叔 —— 苴
        - 采 —— 荼
      - 十月——获 —— 稻
  - 传统精髓
    - 五谷
      - 稻
      - 黍
      - 稷
      - 麦
      - 菽
  - 字词释义
    - 亨：煮
    - 菽：豆类
    - 剥：打
    - 介：祈求
    - 叔：拾

34. 碧萝春[①]

［清］俞樾

洞庭山出茶叶，名碧萝春。余寓[②]苏久，数有以馈(kuì)[③]者，然佳者亦不易得。屠君石巨居山中，以《隐梅庵图》属题，饷(xiǎng)一小瓶，色味香俱清绝。余携至诂(gǔ)经精舍，汲[④]西湖水，瀹(yuè)[⑤]碧萝春，叹曰："穷措大口福，被此折尽矣！"

——《春在堂随笔》

字词解析

①［碧萝春］即"碧螺春"，清朝称"碧萝春"。②［寓］心中想要。③［馈］馈赠，赠送。④［汲］汲取。⑤［瀹］煮。

文言译栈

洞庭山盛产一种名为碧螺春的茶叶。我一直想得到它，也曾多次有人赠送我碧螺春茶叶，可是上好的碧螺春茶叶不容易得到。屠石巨先生住在山中，以《隐梅庵图》为题请我作诗一首，赠送我一小瓶碧螺春，色香味都好极了。我携酒来到了诂经精舍，主人汲取西湖水烹上一杯上好的碧螺春，饮完感叹道："我所有的口福都在此享尽了！"

"春"字的演变

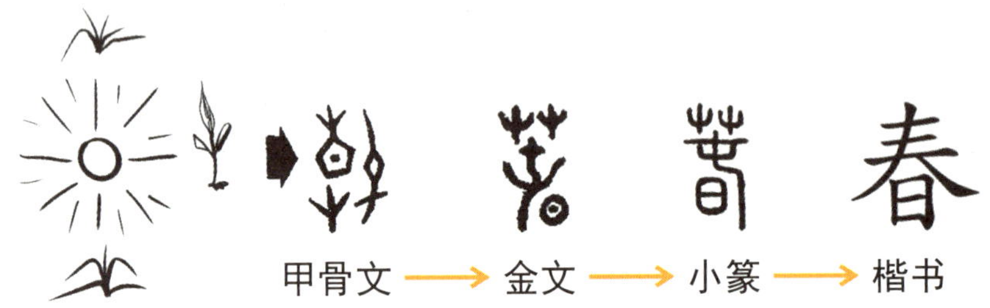

"春"属会意字。甲骨文字形左边是"草"和"日"，表示大地回春；右边像草木破土而生的形状，会意为草木在温暖的阳光下新生了。"春"的本义指春季、春天，引申为生机、春光。含"春"的成语有：春华秋实、春意盎然、妙手回春等。请读一读，写一写。

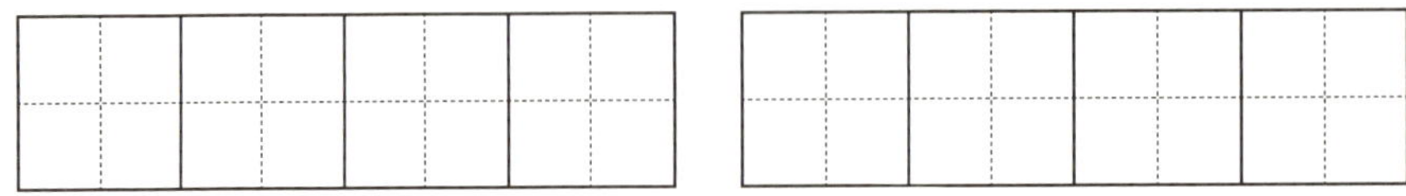

西山兰若试茶歌

［唐］刘禹锡

山僧后檐茶数丛，春来映竹抽新茸。
宛然为客振衣起，自傍芳丛摘鹰嘴。
斯须炒成满室香，便酌砌下金沙水。
骤雨松声入鼎来，白云满碗花徘徊。
悠扬喷鼻宿酲散，清峭彻骨烦襟开。
阳崖阴岭各殊气，未若竹下莓苔地。
炎帝虽尝未解煎，桐君有箓那知味？
新芽连拳半未舒，自摘至煎俄顷余。
木兰坠露香微似，瑶草临波色不如。
僧言灵味宜幽寂，采采翘英为嘉客。
不辞缄封寄郡斋，砖井铜炉损标格。
何况蒙山顾渚春，白泥赤印走风尘。
欲知花乳清泠味，须是眠云跂石人。

这首茶歌，从茶品、植茶、采茶、炒茶、水泉、候汤、煎茶、品茶、饮境、茶具、藏茶、茶功等方面都做了恰切、周到的叙述，可谓一首有韵之茶经。

牛刀小试

1. 文言积累。在文言文中，古今异义是普遍现象，“虽然”在古代当“虽然如此”讲。

（1）对曰：“臣不任受怨，君亦不任受德，无怨无德，不知所报。”王曰：“虽然，必告不穀（gǔ）。”

（2）虽然，每至于族，吾见其难为，怵然为戒，视为止，行为迟。

2. 请查阅资料，和同学交流你知道的中国名茶及其产地。

	中国名茶	产地
（1）		
（2）		
（3）		
（4）		
（5）		
（6）		
（7）		
（8）		
（9）		
（10）		

答案：略

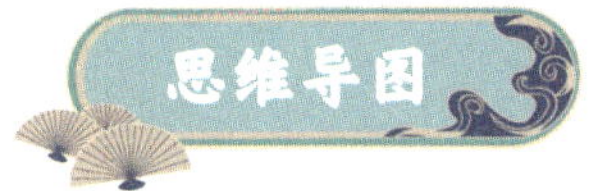

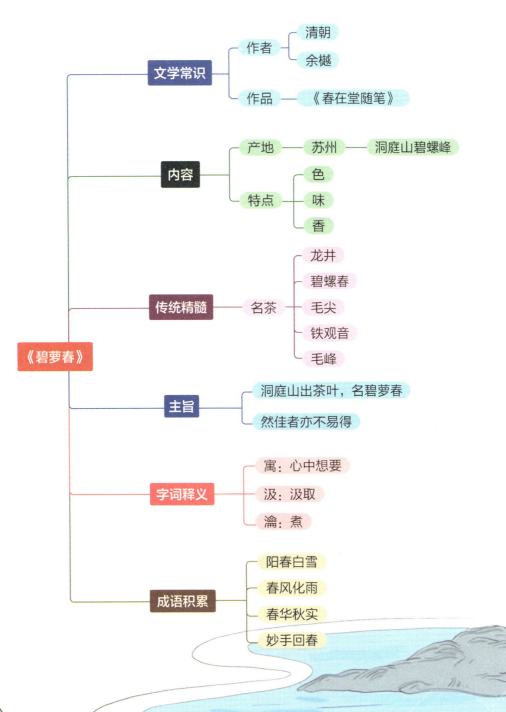

- 《碧萝春》
  - 文学常识
    - 作者
      - 清朝
      - 余樾
    - 作品
      - 《春在堂随笔》
  - 内容
    - 产地
      - 苏州
        - 洞庭山碧螺峰
    - 特点
      - 色
      - 味
      - 香
  - 传统精髓
    - 名茶
      - 龙井
      - 碧螺春
      - 毛尖
      - 铁观音
      - 毛峰
  - 主旨
    - 洞庭山出茶叶，名碧萝春
    - 然佳者亦不易得
  - 字词释义
    - 寓：心中想要
    - 汲：汲取
    - 瀹：煮
  - 成语积累
    - 阳春白雪
    - 春风化雨
    - 春华秋实
    - 妙手回春

35. 西瓜

西瓜，春时种  之。茎蔓生。花黄色。瓜形浑圆。熟时，大者重可十余斤。盛暑[1] 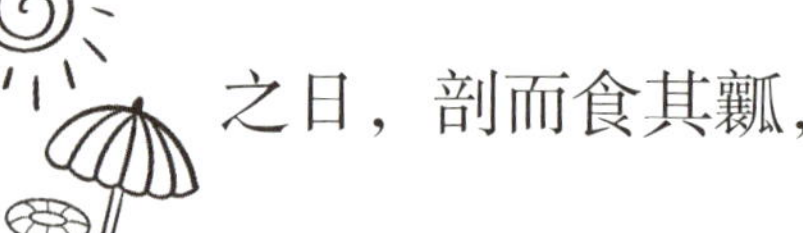 之日，剖而食其瓤，汁多味甜。瓜中有子，炒熟之，可去壳而食其仁。

字词解析

①［盛暑］夏季炎热之际。

文言译栈

西瓜，春天播种，生出茎蔓，长出黄色的小花。瓜的形状浑圆。成熟时，大的西瓜可以重达十多斤。夏季炎热，剖开它吃里面的瓜瓤，汁多味甜。瓜中有籽，把它炒熟，可以剥开它的壳吃里面的瓜子仁。

“瓜”字的演变

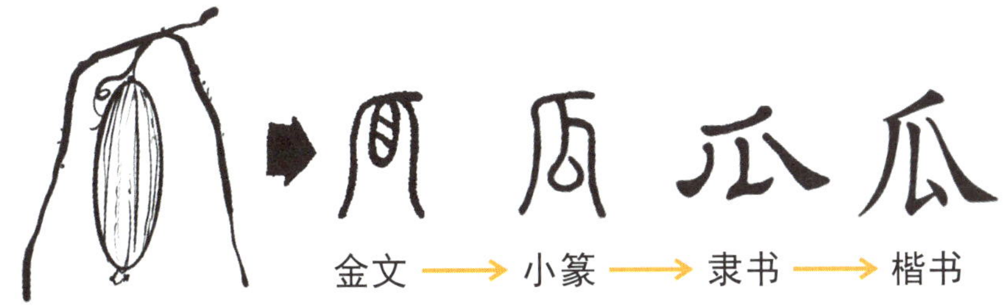

“瓜”属象形字。金文字形外像藤蔓，内像茎、果，合起来像在藤蔓之间长出一个椭圆形瓜的样子。“瓜”的本义指葫芦科植物。含“瓜”字的成语：瓜熟蒂落、滚瓜烂熟、瓜田李下等。请读一读，写一写。

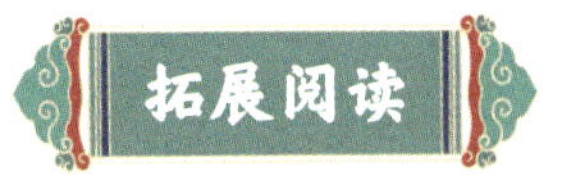

拓展阅读

瓜

瓜有果瓜、蔬瓜两种。瓜结实，结籽多，藤蔓绵长，被老百姓认为是吉祥物。《诗经·大雅·绵》曰：“绵绵瓜瓞（dié），民之初生，自土沮漆。”大瓜、小瓜累累结在绵长的藤蔓上，是世代绵长、子孙万代的绝妙象征。俗话说：“大者曰瓜，小者曰瓞。”许多地方有中秋“摸秋”的习俗，所偷摸的对象大多是瓜。

牛刀小试

1.仿照例句写一写。

西瓜，春时种之。茎蔓生。花黄色。瓜形浑圆。

__________，__________时种之。叶__________。花__________。果形__________。

2.议一议。

《君子行》：“君子防未然，不处嫌疑间；瓜田不纳履，李下不正冠。”古人强调正人君子要远离一些有争议的人和事。你是如何看待的？

答案：1.略

2.要注意自己的言谈举止，风度礼仪。除此之外，还要主动避嫌，远离一些有争议的人和事。（仅供参考）

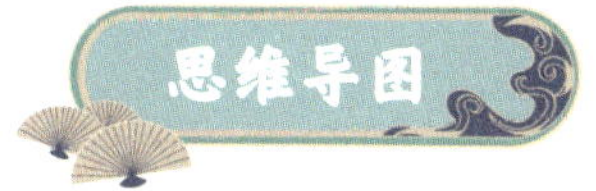

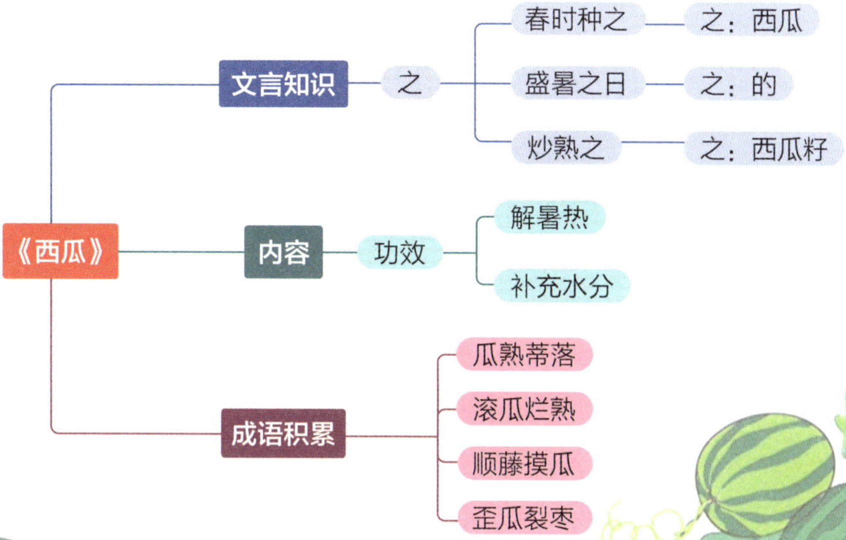

《西瓜》
- 文言知识
  - 之
    - 春时种之 —— 之：西瓜
    - 盛暑之日 —— 之：的
    - 炒熟之 —— 之：西瓜籽
- 内容
  - 功效
    - 解暑热
    - 补充水分
- 成语积累
  - 瓜熟蒂落
  - 滚瓜烂熟
  - 顺藤摸瓜
  - 歪瓜裂枣

第八单元　读书明智

立身以立学为先，立学以读书为本。

——［宋］欧阳修

扫码听音频

36.《论语》五则

发愤忘食，乐以忘忧，不知老之将至云尔。

——《论语·述而》

知之者不如好之者，好之者不如乐之者。

——《论语·雍也》

学而不思则罔(wǎng)[1]，思而不学则殆(dài)[2]。

——《论语·为政》

学而时习之，不亦说(yuè)[3]乎？

——《论语·学而》

温故而知新，可以为师矣。

——《论语·为政》

字词解析

①［罔］迷惑、糊涂。②［殆］疑惑、危险。③［说］通“悦”，愉快、高兴。

发愤读书时忘了吃饭，高兴得忘了忧愁，不晓得衰老即将到来，如此而已。

懂得它的人不如喜爱它的人，喜爱它的人又不如以它为乐趣的人。

只读书学习而不认真思考，就会感到迷惑而无所适从；只空想而不读书学习，就会疑惑而无所得。

学了知识，然后按时温习，不是很愉快吗？

在温习旧知识时，能有新体会、新发现，就可以当老师了。

“忘”字的演变

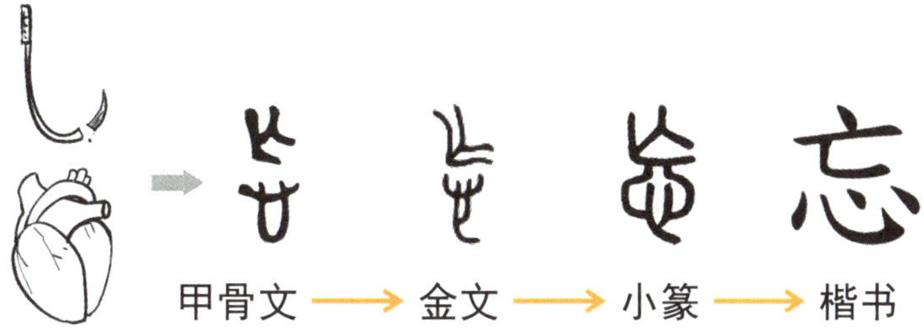

“忘”是形声兼会意字。甲骨文字形上面像一个断裂的钩子，下面像一颗心，合起来表示失去记忆。“忘”字本义是记忆消失。含“忘”的成语有：废

寝忘食、流连忘返、过目不忘等。请读一读，写一写。

“三余”读书法

汉代著名学者董遇提倡利用“三余”时间读书。他说：“冬者岁之余，夜者日之余，雨者晴之余。”意思是说，冬天，没有什么农活，这是一年中的空余时间；夜间，天黑不能出去活动，这是一天中的空余时间；雨天，不能下地劳作，也是可利用的空余时间。董遇的“三余”读书法，提醒青少年要合理、高效地利用时间。

牛刀小试

1.给加点的字注音，并写出它的意思。

（1）好之者。（音：________ 义：________）

（2）乐之者。（音：________ 义：________）

（3）不亦说乎？（音：________ 义：________）

2.孔子说：“学而不思则罔，思而不学则殆。”你是怎样看待“学”与“思”关系的？

答案：1.（1）hào 爱好 （2）lè 以……为乐 （3）yuè 愉快、高兴
2.略

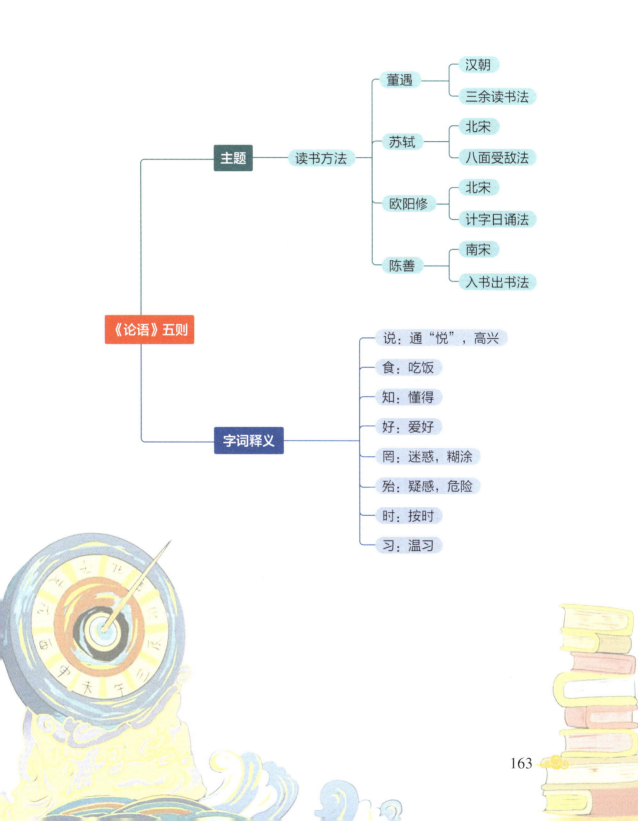

- 《论语》五则
  - 主题
    - 读书方法
      - 董遇
        - 汉朝
        - 三余读书法
      - 苏轼
        - 北宋
        - 八面受敌法
      - 欧阳修
        - 北宋
        - 计字日诵法
      - 陈善
        - 南宋
        - 入书出书法
  - 字词释义
    - 说：通“悦”，高兴
    - 食：吃饭
    - 知：懂得
    - 好：爱好
    - 罔：迷惑，糊涂
    - 殆：疑惑，危险
    - 时：按时
    - 习：温习

扫码听音频

37. 读书有“三到”

［南宋］朱熹

凡[①]读书，须[②]整顿几(jī)案，令洁净端正，将书册齐整顿放，正身体，对书册，详缓看字，仔细分明读之。须要读得字字响亮，不可误一字，不可少一字，不可多一字，不可倒一字，不可牵强(qiān qiǎng)[③]暗记。只是要多诵遍数，自然上口，久远不忘。古人云，“读书千遍，其义自见”。谓熟读，则不待解说，自晓其义也。余尝谓读书有三到，谓心到，眼到，口到。心不在此，则眼不看仔细，心眼既不专 ·，却只漫浪诵读，决不能记，记亦不能久也。三到之中，心到最急。心既到矣，眼口岂不到乎？

——《训学斋规》

字词解析

①［凡］凡是。②［须］必须。③［牵强］勉强。

文言译栈

凡是读书，必须先整理好读书用的桌子，使桌子干净平稳，把书册整齐地放在桌子上，然后身体坐正，面对书册，从容地看清书上的文字，仔细清楚地朗读文章。读书，每个字都必须读得很响亮，不可以读错一个字，不可以少读一个字，不可以多读一个字，不可以读颠倒一个字，不可以勉强硬记。只要多读几遍，就能自然而然地脱口而出，即使时间久了也不会忘记。古人说：“书[illegible]了，它的意思自然会显现出来。”就是说书读熟了，不依靠别人的解释说明，自然会明白书中的意思了。我曾经说过：“读书要‘三到’，就是心到、眼到、口到。”心不在书本上，那么眼睛就不会仔细看，思想不集中，只能随随便便地诵读，那一定不能记住，即使记住了也不能长久。“三到”之中，心到最重要。思想集中了，眼会看不仔细，嘴会读不正确吗？

“册”字的演变

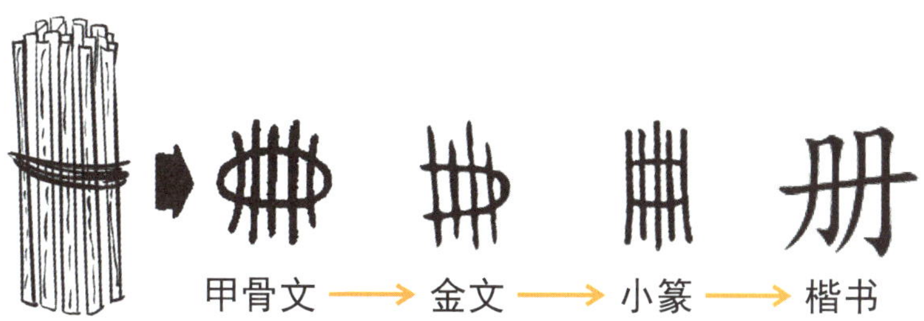

“册”属象形字。甲骨文字形中间的五条竖线表示刻有文字的竹简或木简，周围的扁圆形为编串竹简或木简的绳索。“册”的本义是书简，引申为帝

王诏书、赐封等。含“册”的成语有：梵册贝叶、高文典册、连篇累册等。请读一读，写一写。

朱子读书法

朱熹概括了教育弟子读书的方法，提出了读书六法，世称“朱子读书六法”，即循序渐进、熟读精思、虚心涵泳、切己体察、着紧用力、居敬持志。朱熹强调读书要深入思考，结合自己的生活实际，不断努力，提高自己的道德修养和知识理解能力。我们不妨试一试。

牛刀小试

1.连一连。文言虚词“乎”在句中、句末表达不同感情，请连线。

（1）心既到矣，眼口岂不到乎？　　A.表示感叹

（2）善哉乎鼓琴，巍巍乎若太山。　　B.表示推测

（3）其“恕”乎！己所不欲，勿施于人。　　C.表示疑问

2.“读书千遍，其义自见。”这句话强调了反复诵读对于理解文本内容的重要作用。你平时是怎么读书的？和同学交流一下。

- 《读书有"三到"》
  - 文学常识
    - 作者
      - 南宋
      - 朱熹
        - 思想家——程朱学派
        - 哲学家
        - 理学家
        - 教育家——《四书章句集注》
    - 作品
      - 《童蒙须知》
  - 传统精髓
    - 朱子读书法
      - 循序渐进
      - 熟读精思
      - 虚心涵泳
      - 切己体察
      - 着紧用力
      - 居敬持志
  - 内容
    - 字字响亮
      - 不可误
      - 不可少
      - 不可多
      - 不可倒
      - 不可牵强暗记
  - 字词释义
    - 须：必须
    - 几案：桌子
    - 对：面对
    - 牵强：勉强

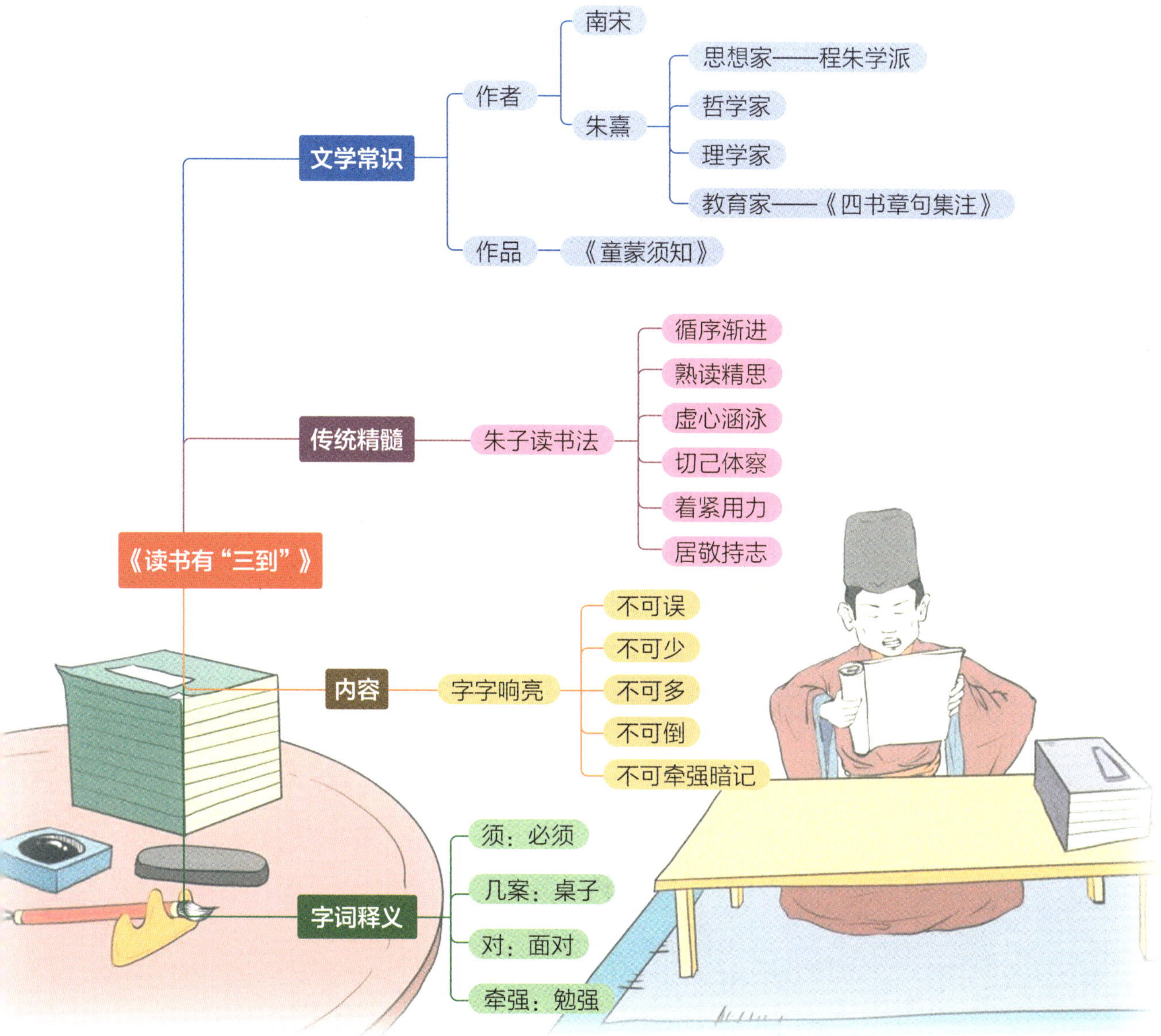

答案：1.（1）心既到矣，眼口岂不到乎？

（2）善哉乎鼓琴，巍巍乎若太山。

（3）其"恕"乎！己所不欲，勿施于人。

A.表示感叹

B.表示推测

C.表示疑问

2.略

扫码听音频

38. 读书要"三有"

［清］曾国藩

盖士人读书，第一要有志，第二要有识，第三要有恒。有志则断不甘为下流；有识则知学问无尽，不敢以得白足，如河伯之观海，如井蛙之窥（kuī）天，皆无识者也；有恒则断无不成之事。此三者缺一不可。

——《曾国藩家书》

文言译栈

士人读书，第一要有志气，第二要有见识，第三要有恒心。有志向则自己不甘心为下流；有见识则知道学无止境，不敢稍有心得就自满自足，比如用河伯的眼光看大海，以井底之蛙的角度来窥测天空，这都是没有见识的；有恒心则必然没有办不成的事情。这三个方面缺一不可。

“恒”字的演变

“恒”属会意字。甲骨文字形上下有“二横”，上表示天，下表示地；中间像弯月之形。可会意天地之间从弯月到满月，满月到弯月，亘古不变。“恒”的本义指月亮亘古不变，引申为连续不断、横贯、长久等。含“恒”的成语有：持之以恒、日升月恒、酣歌恒舞等。请读一读，写一写。

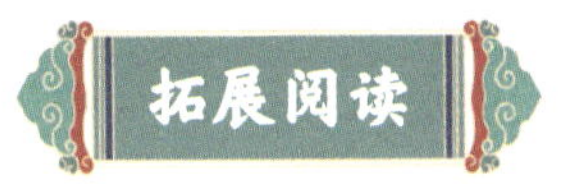

拓展阅读

曾国藩家教

曾国藩说过：“子弟之贤否，六分本于天生，四分由于家教。”他把为人处世之道、修身养性的方法，直接地教导、告诫子弟。他常把对子弟的一些要求通过警句和隽语的形式加以概括，以引起子弟的重视。他以身试教，对自己的言行进行剖析，作为曾门子弟的借鉴。

牛刀小试

1.读一读，用“/”给下列句子画出停顿。

（1）有志则断不甘为下流。

（2）有恒则断无不成之事。

2.文言虚词“盖”在文言文中有不同的意思，在括号中填合适的序号。

①盖子　②大概　③伞盖　④遮盖　⑤胜过

（1）庭有枇杷树，吾妻死之年所手植也，今已亭亭如盖矣。（　　）

（2）日初出大如车盖。（　　）

（3）天似穹庐，笼盖四野。（　　）

（4）况刘豫州王室之胄，英才盖世，众士慕仰。（　　）

（5）盖其又深，则其至又加少矣。（　　）

答案：1.（1）有志/则断不甘/为下流。（2）有恒/则断无/不成之事。

2.（1）③（2）①（3）④（4）⑤（5）②

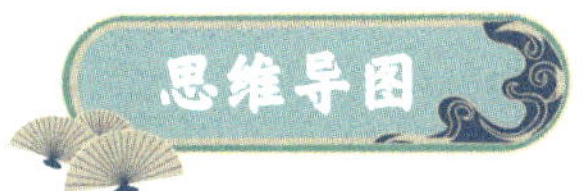
思维导图

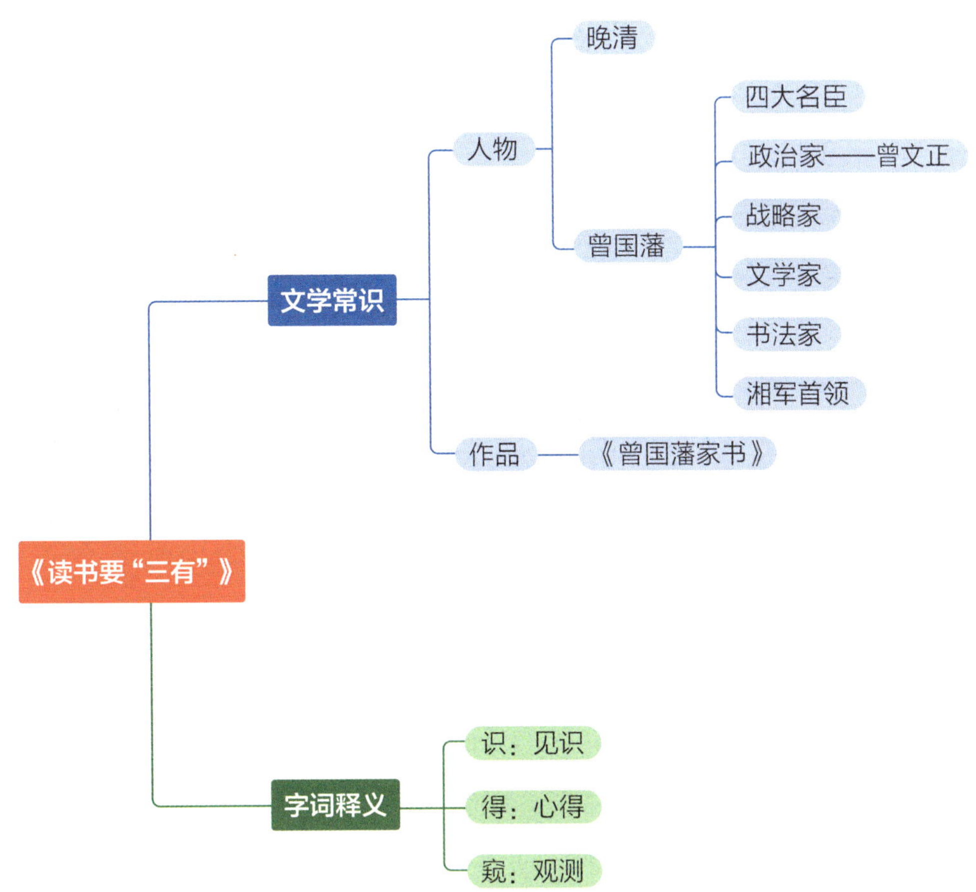
《读书要“三有”》
文学常识
人物
晚清
曾国藩
四大名臣
政治家——曾文正
战略家
文学家
书法家
湘军首领
作品
《曾国藩家书》
字词释义
识：见识
得：心得
窥：观测

志向
见识
恒心
功成

扫码听音频

39. 劝学（节选）

［战国］荀子

（一）君子[①]曰：学不可以已[②]。青，取之于蓝[③]，而青于蓝；

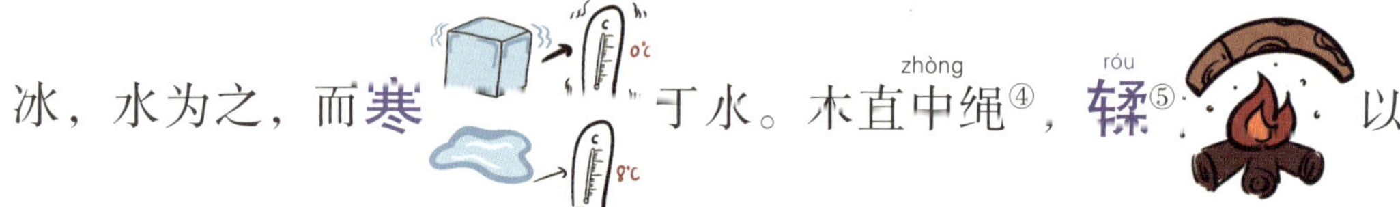

冰，水为之，而寒于水。木直中(zhòng)绳[④]，輮(róu)[⑤]以为轮，其曲中规[⑥]。虽有槁暴(yòu gǎo pù)[⑦]，不复挺[⑧]者，輮使之然也。故木受绳[⑨]则直，金就砺则利[⑩]，君子博学[⑪]而日参省(xǐng)乎己(zhì)[⑫]，则知明而行无过[⑬]矣。

（二）不积跬(kuǐ)步[⑭]，无以至千里；不积小流，无以成江海。

——《荀子·劝学篇》

字词解析

①［君子］这里指有学问、有修养的人。②［学不可以已］学习是不可以停止的。③［青，取之于蓝］靛青是从蓝草中提取的。青，靛青，一种染

料。蓝，草名，叶子可以提取靛青。④［中绳］（木材）合乎拉直的墨线。绳，墨线。⑤［𫐓］通“煣”，用火烤木材使之弯曲。⑥［规］圆规。⑦［虽有槁暴］即使又晒干了。有，通“又”。槁，枯。暴，通“曝”，晒干。⑧［挺］直。⑨［受绳］用墨线量过。⑩［金就砺则利］金，指金属制的刀斧等。就砺，拿到磨刀石上去磨。就，动词，接近，靠近。砺，磨刀石。⑪［博学］广泛地学习。⑫［日参省乎己］每天对照反省自己。日，每天。省，省察。⑬［知明而行无过］知，通“智”，智慧。明，明达。行无过，行为没有过错。⑭［跬步］古代称跨出一脚为“跬”，跨出两脚为“步”。

（一）君子说：学习是不可以停止的。靛青是从蓼蓝中提取的，但它比蓼蓝的颜色更青；冰是由水凝结成的，但它比水更冷。木材直得符合拉直的墨线，如果用火烘烤使它弯曲制成车轮，那么木材的弯度就合乎圆规。即使又被风吹日晒而干枯了，木材也不会再挺直，这是因为经过烘烤加工使它成为这样的。所以木材经过墨线比量就直了，金属制成的刀斧在磨刀石上磨过就能变得锋利。君子广泛地学习并且每天检验反省自己，那么他就会智慧明达而且行为没有过失。

（二）不积累每一小步，就不能远达千里；不汇聚细流，就不能形成江海。

“取”字的演变

“取”属会意字。甲骨文字形右边是“又”，像手形；左边是“耳”，像耳朵之形。会意手持被割下的耳朵。“取”的本义指割左耳，引申为捕取、夺取等。含“取”的成语有：取长补短、咎由自取、舍生取义等。请读一读，写一写。

荀子箴言

学无止境。

学者非必为仕，而仕者必如学。

积土成山，风雨兴焉；积水成渊，蛟龙生焉。

君子博学而日叁省乎己，则知明而行无过矣。

不登高山，不知天之高也；不临深溪，不知地之厚也。

牛刀小试

1.解释句子，并根据这句话写出一个八字成语。

青，取之于蓝，而青于蓝。

____

成语：______________________________

2.写出加点字的通假字及其意思。

（1）虽有槁暴，不复挺者，輮使之然也。

有：________ 暴：________ 輮：________

（2）则知明而行无过矣。

知：________

答案：1.靛青是从蓼蓝中提取的，但它比蓼蓝的颜色更青。
成语：青出于蓝而胜于蓝。
2.（1）有：通"又"，连词。暴：同"曝"，晒干。輮：通"煣"，用火烘烤木材使之弯曲。
（2）知：通"智"，智慧。

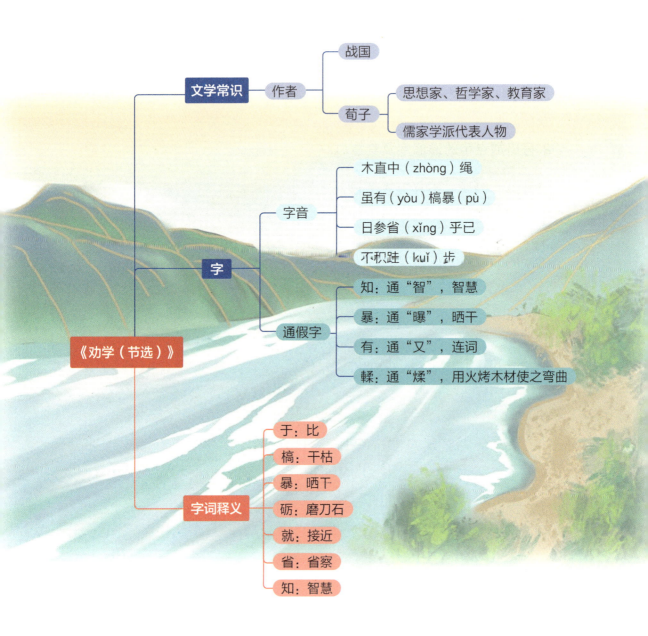

- 《劝学（节选）》
  - 文学常识
    - 作者
      - 战国
      - 荀子
        - 思想家、哲学家、教育家
        - 儒家学派代表人物
  - 字
    - 字音
      - 木直中（zhòng）绳
      - 虽有（yòu）槁暴（pù）
      - 日参省（xǐng）乎己
      - 不积跬（kuǐ）步
    - 通假字
      - 知：通“智”，智慧
      - 暴：通“曝”，晒干
      - 有：通“又”，连词
      - 輮：通“煣”，用火烤木材使之弯曲
  - 字词释义
    - 于：比
    - 槁：干枯
    - 暴：晒干
    - 砺：磨刀石
    - 就：接近
    - 省：省察
    - 知：智慧

扫码听音频

40. 善学者

［西汉］戴圣

善学者，师逸①而功②倍，又从而庸③之。不善学者，师勤而功半，又从而怨之。善问者如攻④坚木，先其易者，后其节目⑤，及其久也，相说(yuè)⑥以解。不善问者反此。善待问者如撞钟，叩之以小者则小鸣，叩之以大者则大鸣；待其从容，然后尽其声。不善答问者反此。此皆进学之道也。

——《礼记·学记》

字词解析

①［逸］安闲，这里指费力小。②［功］效果。③［庸］功劳。④［攻］治，指加工处理（木材）。⑤［节目］树木枝干交接的地方称为“节”，树木纹理纠结不顺的地方称为“目”。⑥［说］通“悦”，高兴。

文言译栈

善于学习的人，老师费力小且其学习效果好，归功于老师教导有方；不善于学习的人，老师费力大而他自己的收获却很少，反而埋怨老师。善于提问的人就像加工处理坚硬的木材，先从容易处理的地方下手，然后再对结疤和纹理不顺的地方进行加工，时间长了，问题就迎刃而解；不善于提问的人与此相反。善于回答问题的老师，就像撞钟一样，轻轻敲击则钟声较小，重重敲击则钟声洪亮，待钟声响起之后，让它的声音响完，不善于回答问题的老师与此相反。这些都是增进学问的方法。

“从”字的演变

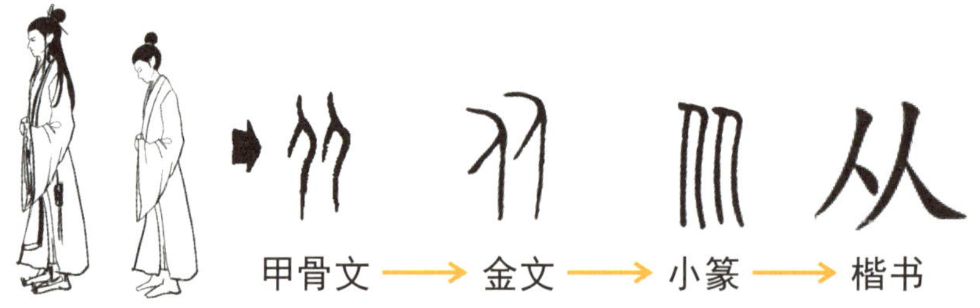

“从”属会意字。甲骨文字形像两个人面朝同一方向，后者跟随前者。“从”的本义指从行，引申为顺从、追随等。含“从”的成语有：从长计议、唯命是从、从善如流等。请读一读，写一写。

开笔礼

在古代，学童会在开学的第一天早早来到学堂，由启蒙老师讲授人生最基本、最简单的道理，然后参拜孔子像，才可以入学读书。这一仪式俗称“开笔礼”，也叫“破蒙”。开笔礼仪程序：拜请老师—净仪—正衣冠—游泮（pàn）入学—许愿祈福—行四拜礼—诵读经典—朱砂启智—击鼓鸣志—启蒙描红—感念师恩—感恩父母。开笔礼是古代读书人人生四大礼之一。

牛刀小试

1.被动句式是文言文中常见的句式，请用“——”画出来。

（1）故内惑于郑袖，外欺于张仪。

（2）吾不能举全吴之地，十万之众，受制于人。

（3）秦城恐不可得，徒见欺。

2.仿照例句写一写。

例句：善问者如攻坚木，先其易者，后其节目，及其久也，相说以解。

仿写：不善问者如攻____，先其____，后其____，及其久也，相____不解。

答案：1.（1）于郑袖　于张仪　（2）于人　（3）见欺
2.略

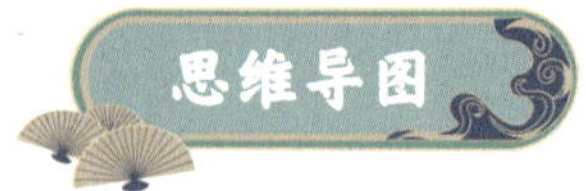

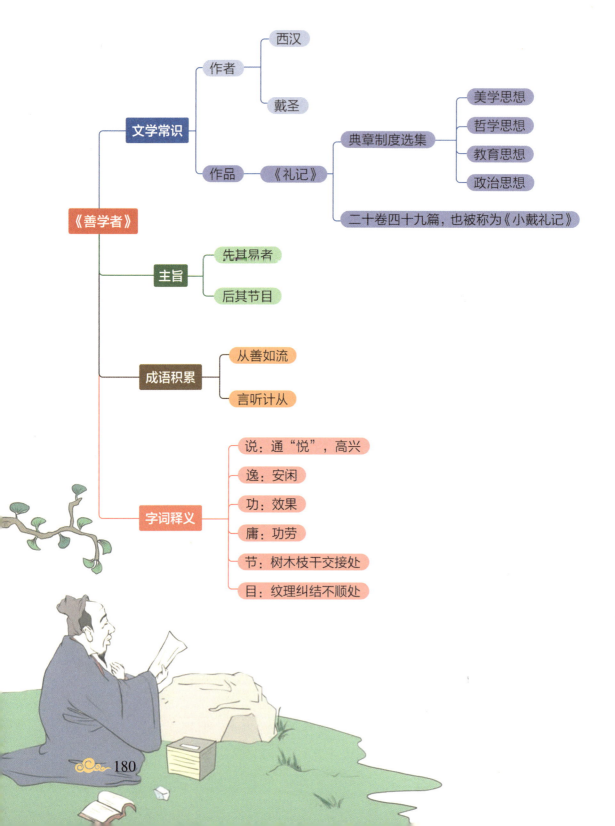

- 《善学者》
  - 文学常识
    - 作者
      - 西汉
      - 戴圣
    - 作品
      - 《礼记》
        - 典章制度选集
          - 美学思想
          - 哲学思想
          - 教育思想
          - 政治思想
        - 二十卷四十九篇，也被称为《小戴礼记》
  - 主旨
    - 先其易者
    - 后其节目
  - 成语积累
    - 从善如流
    - 言听计从
  - 字词释义
    - 说：通“悦”，高兴
    - 逸：安闲
    - 功：效果
    - 庸：功劳
    - 节：树木枝干交接处
    - 目：纹理纠结不顺处

文言启蒙

下册

程乔夏 主编

文心出版社
·郑州·

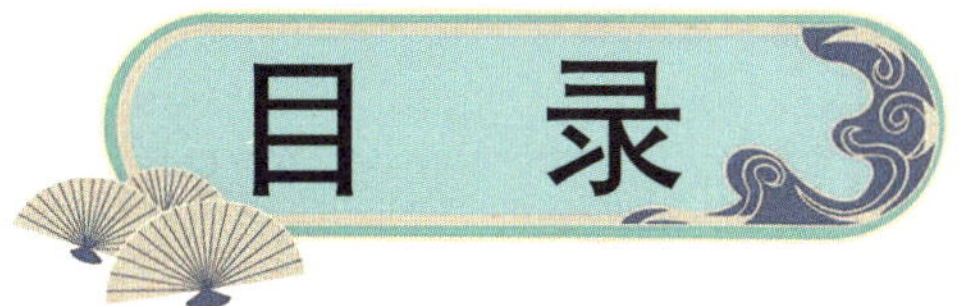

下 册

第一单元　惜时勤学

盛年不重来，
一日难再晨。
及时当勉励，
岁月不待人。

——［东晋］陶渊明

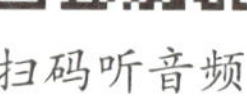
扫码听音频

1. 司马光勤学

［南宋］朱熹

司马温公[①]幼时，患记问不若人。群居讲习，众兄弟既成诵，游息矣；独下帷绝编[②]，迨(dài)[③]能倍[④]诵乃止。用力多者收功远，其所精诵，乃终身不忘也。温公尝言："书不可不成诵。或在马上，或中夜不寝时，咏其文，思其义，所得多矣。"

——《三朝名臣言行录》

字词解析

①［司马温公］司马光死后被追封为"温国公"，故称司马温公。②［下帷绝编］指专心勤奋地读书。下帷，原指汉代董仲舒下帷讲学，三年不看窗外。这里指读书专心。绝编，原指孔子读《易经》时反复翻阅，多次把穿简册的牛皮绳子翻断。这里指读书勤奋。③［迨］等到。④［倍］通"背"，背诵。

文言译栈

司马光幼年时，担心自己记诵诗书以备应答的能力不如别人。大家在一起学习，别的兄弟已经会背诵了，去玩耍休息了；司马光却独自留下来，专心刻苦地读书，一直到能够熟练地背诵才停止。由于读书时下的功夫多，收获大，所以他所精读和背诵过的书，就能终身不忘。司马光曾说："读书不能不背诵。当你在骑马走路的时候，或在半夜睡不着觉的时候，吟咏读过的文章，再想想它的意思，收获就会非常多。"

"问"字的演变

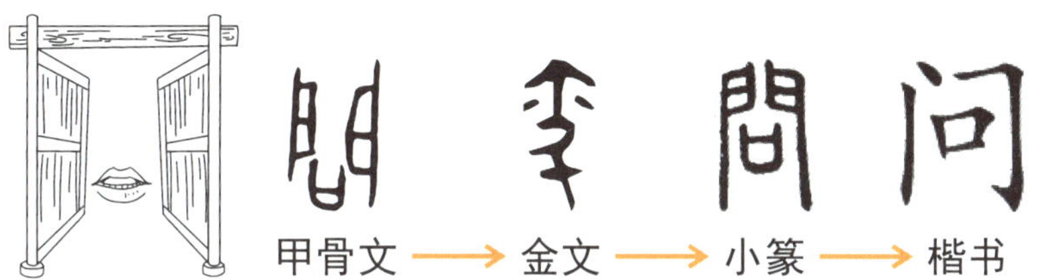

"问"是形声字。甲骨文字形看上去像一个人站在门外，张开口对着门内喊话。"问"的本义为就不知道或不明白的事求教于人，请求回答或解答，引申为问候、追问等。含"问"的成语有：不耻下问、兴师问罪等。请读一读，写一写。

温公警枕

司马光是宋代著名的政治家。他从小聪明过人，被誉为神童，但他并不因此而骄傲。为了每天能够早起读书，他请人用圆木做了一个枕头。用这个枕头睡觉，睡熟后头只要一转就会从枕头上滑下来，磕在床板上，人就会惊醒，爬起来读书。就这样，司马光孜孜不倦，夜以继日，学业不断长进，事业也取得了很高的成就，死后被追封为“太史温公”。“温公警枕”的故事也成为勤奋学习的典范。

牛刀小试

1.用“/”标出下面句子的停顿，并用自己的话说说句子的意思。

（1）咏其文，思其义，所得多矣。

（2）用力多者收功远，其所精诵，乃终身不忘也。

2.选一选。文中“独下帷绝编”的意思是只有司马光独自苦读。有一个成语意思和它相近，形容孔子勤读《周易》，即（　　）。

A.牛角挂书　B.韦编三绝　C.学而不厌　D.孜孜不倦

答案：1.（1）咏/其文，思/其义，所得/多矣。

（2）用力多者/收功远，其所精诵，乃/终身不忘也。

2.B

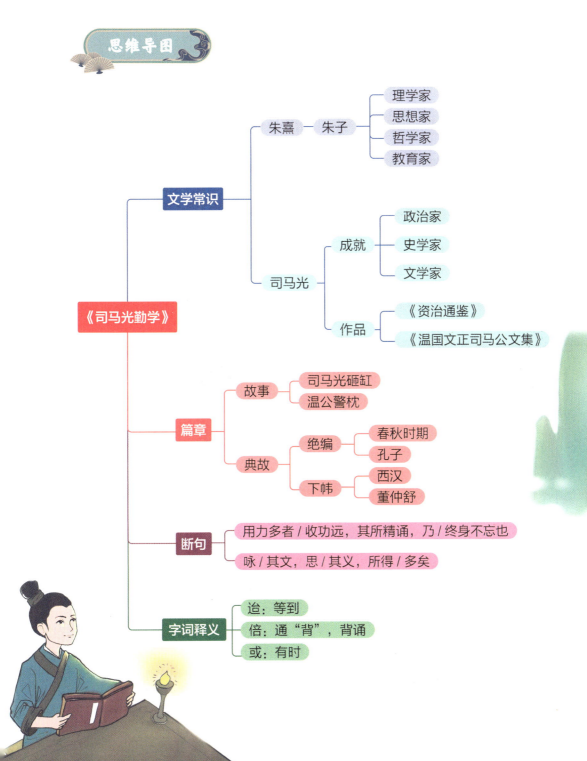

- 《司马光勤学》
  - 文学常识
    - 朱熹 — 朱子
      - 理学家
      - 思想家
      - 哲学家
      - 教育家
    - 司马光
      - 成就
        - 政治家
        - 史学家
        - 文学家
      - 作品
        - 《资治通鉴》
        - 《温国文正司马公文集》
  - 篇章
    - 故事
      - 司马光砸缸
      - 温公警枕
    - 典故
      - 绝编
        - 春秋时期
        - 孔子
      - 下帷
        - 西汉
        - 董仲舒
  - 断句
    - 用力多者 / 收功远，其所精诵，乃 / 终身不忘也
    - 咏 / 其文，思 / 其义，所得 / 多矣
  - 字词释义
    - 迨：等到
    - 倍：通“背”，背诵
    - 或：有时

扫码听音频

2. 苏秦[1]刺股

［西汉］刘向

说(shuì)秦王书十上而说不行。黑貂之裘敝，黄金百斤尽，资用乏绝，去秦而归。羸縢(léi téng)[2]履蹻(juē)[3]，负书担橐(tuó)，形容枯槁，面目犁黑，状有归色[4]。归至家，妻不下纴[5]，嫂不为炊，父母不与言。苏秦喟叹曰：“妻不以我为夫，嫂不以我为叔，父母不以我为子，是皆秦之罪也。”乃夜发书，陈箧(qiè)[6]数十，得太公阴符之谋，伏而诵之，简练以为揣摩。读书欲睡，引锥自刺其股，血流至足。曰：“安有说人主不能出其金玉锦绣，取卿相之尊者乎？”期(jī)年，揣摩成，曰：“此真可以说当世之君矣。”

——《战国策·秦策》

字词解析

①［苏秦］战国时期纵横家，洛阳人。②［羸縢］羸，一作“赢”，缠绕。縢，绑腿布。③［蹻］草鞋。④［状有归色］脸上显得很惭愧。“归”通“愧”。⑤［纴］织布帛的丝缕。这里指织布机。⑥［箧］箱子。

文言译栈

苏秦劝说秦王的奏折多次呈上，而苏秦的主张始终未被采纳。他穿的黑貂皮大衣破旧了，带来的一百斤黄金也用完了，钱财一点儿不剩，只得离开秦国，返回家乡。他缠着绑腿布，穿着草鞋，背着书箱，挑着行李，神情憔悴，面色黄黑，一脸羞愧之色。回到家里，妻子不下织机，嫂子不去做饭，父母不与他说话。苏秦长叹道：“妻子不把我当丈夫，嫂子不把我当小叔，父母不把我当儿子，这都是我的过错啊！”于是半夜取出藏书，摆开几十个书箱，找到了姜太公的兵书，埋头诵读，选择精要处研习、体会。当读书困倦、昏昏欲睡时，他就拿针刺自己的大腿，鲜血一直流到脚跟。他说：“哪有去游说国君，而不能让他拿出金玉锦绣，取得卿相之尊的人呢？”满一年，苏秦研究成功，说：“这下真的可以去游说当代国君了。”

“刺”字的演变

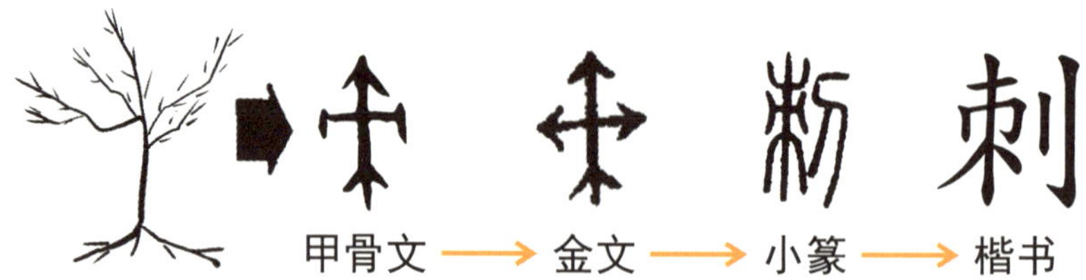

“刺”是会意兼形声字。“朿”是“刺”的初文。甲骨文、金文的“朿”都像树木有芒刺之形。小篆在右面加了“刀”，就变成“刺”，从朿，从刀。“刺”的本义是带刺的树木，引申为尖利像针的东西、刺杀等。含“刺”的成语有：寒风刺骨、芒刺在背、锥心刺骨等。请读一读，写一写。

拓展阅读

巧对楚王

当年苏秦来到楚国，等了三个月才见到楚王，交流了一会儿便向楚王辞行。楚王说：“我听到您的大名，就像听到古代圣贤一样。现在先生不远千里来见我，为什么不肯多待一些日子呢？我多么希望听到您的建议。”苏秦不紧不慢地回答：“楚王，您还不知道啊，楚国的粮食比玉还贵，楚国的柴禾比桂树还贵，通报人员像鬼一样难见，大王您更像天帝一样难得一见。”楚王听后惭愧不已，赶忙说道：“请先生到客馆住下吧，我听从您的教诲。”

1.仿照例句写一写。

例句：安有说人主不能出其金玉锦绣，取卿相之尊者乎？

仿写：安有说________________，______________________者乎？

2.议一议。你是如何看待“读书欲睡，引锥自刺其股，血流至足”的？

答案：1.略
2.当今社会，重视生命健康教育，学习累了困了可以采取其他方法保持清醒，这种方法不可取。

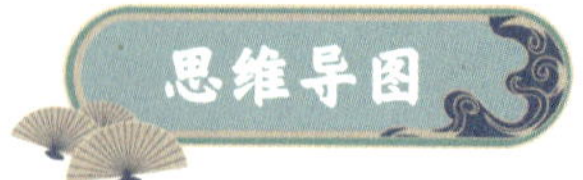

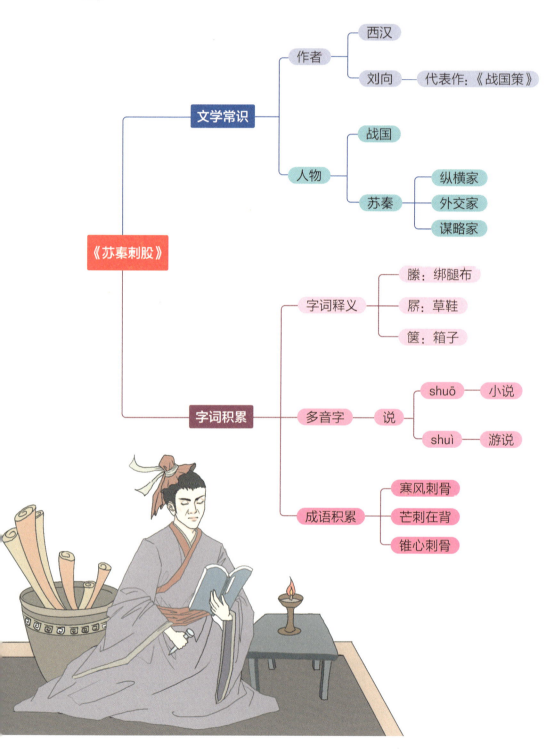

- 《苏秦刺股》
  - 文学常识
    - 作者
      - 西汉
      - 刘向 —— 代表作：《战国策》
    - 人物
      - 战国
      - 苏秦
        - 纵横家
        - 外交家
        - 谋略家
  - 字词积累
    - 字词释义
      - 縢：绑腿布
      - 屩：草鞋
      - 箧：箱子
    - 多音字
      - 说
        - shuō —— 小说
        - shuì —— 游说
    - 成语积累
      - 寒风刺骨
      - 芒刺在背
      - 锥心刺骨

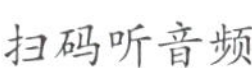

3. 李密[1]挂角

［北宋］欧阳修、宋祁等

以蒲鞯（jiān）[2]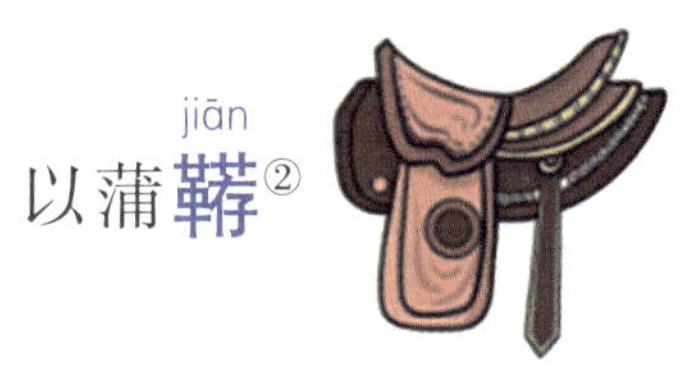乘牛，挂汉书一帙[3]角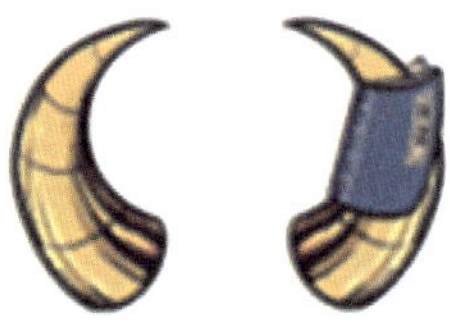上，行且读。越国公杨素适见于道，按辔[4]蹑[5]其后，曰："何书生勤如此？"密识素，下拜。问所读，曰："项羽传。"因与语，奇之。归谓子玄感曰："吾观密识度，非若等辈。"玄感遂倾心结[6]纳。

——《新唐书·李密传》

字词解析

①［李密］字玄邃，一字法主，隋末参与杨玄感起兵反隋，后降唐。北周名将李弼的曾孙。②［鞯］衬托马鞍的垫子。③［帙］书套，用布帛制成。故谓书一套为一帙。④［按辔］勒紧马的缰绳。⑤［蹑］追随。⑥［结］结交。

文言译栈

李密用蒲草做鞯，骑在牛背上，在牛角上挂一卷《汉书》，一边走一边看书。越国公杨素正巧在路上看见他，慢慢地跟在他后面，问："哪来的书生这般勤奋？"李密认出是杨素，从牛背上下来参拜。杨素问他读的是什么书，他回答说："《项羽传》。"杨素于是和他交谈，对他的学识感到很惊奇。回家后，杨素对儿子杨玄感说："我看李密的见识气度，不是你们能比的。"玄感因此倾心结交李密。

"角"字的演变

"角"是象形字。甲骨文字形外面像牛角的边缘，里面像纹理。"角"的本义为兽角，引申为像角的事物、角落、人民币辅币单位等。含"角"的成语有：凤毛麟角、崭露头角等。请读一读，写一写。

韦编三绝

春秋时期，人们用竹子做成竹简，在上面写字，一根竹简上少则写八九个字，多则几十个字。若要成书，需先在大量竹简上写出内容，再用绳子之类的东西按照顺序编连成册。其中，用丝线编连简册叫“丝编”，用麻绳编连简册叫“绳编”，用熟牛皮绳编连简册叫“韦编”。孔子晚年把《周易》读了许多遍，编连简册的牛皮带子都被磨断了多次，可以看出孔子读书是多么勤奋刻苦，“韦编三绝”的典故由此流传于世。

牛刀小试

1.想一想下面各句中省略了哪些内容，将其补充完整，并用自己的话说说它们的意思。

（1）问（　　）所读。

（2）因与（　　）语。

（3）（　　　）归谓子玄感。

2.把下列句子变换语序写一写。

何书生勤如此？

答案：1.（1）李密　（2）李密　（3）杨素

2.何书生如此勤？

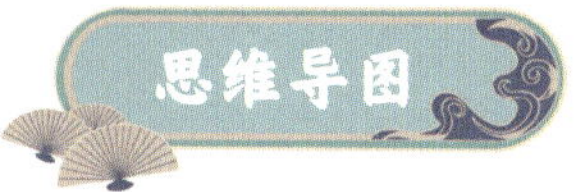

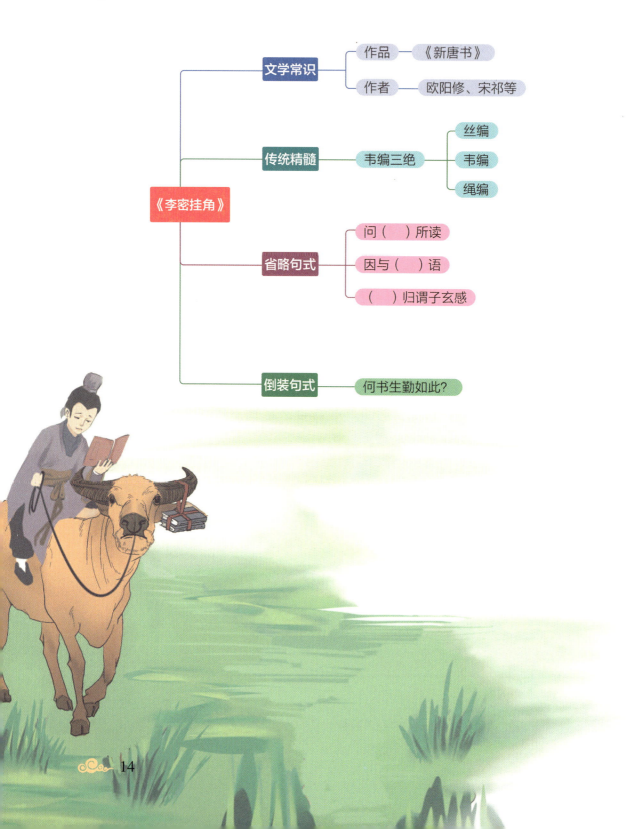

《李密挂角》

- 文学常识
  - 作品——《新唐书》
  - 作者——欧阳修、宋祁等
- 传统精髓
  - 韦编三绝
    - 丝编
    - 韦编
    - 绳编
- 省略句式
  - 问（　　）所读
  - 因与（　　）语
  - （　　）归谓子玄感
- 倒装句式
  - 何书生勤如此?

扫码听音频

4. 画荻教子

［北宋］欧阳发等

先公[①]四岁而孤[②]，家贫无资，太夫人[③]以荻[④]画地，教以书字，多诵古人篇章，使学为诗。及其稍长，而家无书读，就闾（lǘ）里[⑤]士人家[⑥]借而读之，或因[⑦]而抄录，抄录未毕，而已能诵其书。以至昼夜忘寝食，惟读书是务[⑧]。自幼所作诗赋文字，下笔已如成人。

——《先公事迹》

字词解析

①［先公］指欧阳修。②［孤］幼年丧父。③［太夫人］指欧阳修的母亲。④［荻］多年生草本植物，与芦苇相似。⑤［闾里］街坊，乡里，民间。⑥［士人家］读书人家。⑦［因］借……机会。⑧［惟读书是务］只致力于读书。

文言译栈

欧阳修四岁时父亲就去世了，家境贫寒，家里没有钱供他读书，他的母亲用荻秆在沙地上教他写字，还教他诵读许多古人的诗文，又让他学习作诗。等到他年龄大些时，家里没有书可读，他便就近到读书人家去借书来读，有时一边读一边抄录，还未抄录完，就已经能背诵其内容。欧阳修读书到了夜以继日、废寝忘食的地步，只是专心读书。他幼年时写的诗、赋、文章，就已经有了成人的水平。

“贫”字的演变

“贫”既是一个会意字，又是一个形声字，从贝从分，表示钱财因被分掉而减少。因此，“贫”字的本义为贫穷，引申为缺少、不足等。含“贫”的成语有：贫困潦倒、劫富济贫、一贫如洗等。请读一读，写一写。

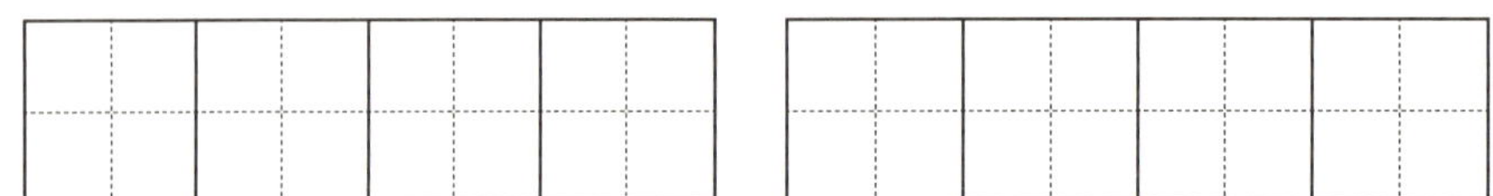

严谨的欧阳修

欧阳修是宋代文坛领袖，“唐宋八大家”之一，与韩愈、柳宗元、苏轼一起，被后人称为“千古文章四大家”。他的文章《醉翁亭记》《卖油翁》等，堪称古代散文中的佳作，现已被选入中学语文教材。晚年，他经常拿出自己年轻时写的文章来修改。他的夫人心疼地规劝他：“你都这么大岁数了，还费这个心，难道你还是个小孩子，怕先生骂你吗？”欧阳修笑道：“不畏先生嗔，却怕后生笑。”欧阳修的这种严谨的治学态度很值得我们学习。

牛刀小试

1. 文言积累。文言实词“因”有不同的意思，请积累下来。

A. 因人之力而敝之。　　（依靠，凭借）

B. 不如因而厚遇之，使归赵。　　（趁着，趁机）

C. 因为长句，歌以赠之。　　（于是，就）

D. 加之以师旅，因之以饥馑。　　（接续）

E. 于今无会因。　　（机会，原因）

2. 说一说。父母是孩子的第一任老师，孩子很多优秀品质的养成，都与父母的言传身教分不开，请把你从父母身上学到的好品质讲给同学听。

答案：略

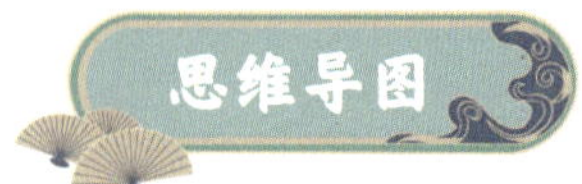

- 《画荻教子》
  - 文学常识
    - 人物：欧阳修
    - 朝代：北宋
    - 作品：《醉翁亭记》等
    - 主要成就
      - “唐宋八大家”之一
      - “千古文章四大家”之一
  - 重点句
    - 以荻画地，教以书字
    - 抄录未毕，而已能诵其书
  - 字词释义
    - 孤：幼年丧父
    - 荻：多年生草本植物，与芦苇相似
    - 闾里：街坊，乡里，民间
    - 士人家：读书人家
  - 成语积累
    - 贫困潦倒
    - 劫富济贫
    - 一贫如洗

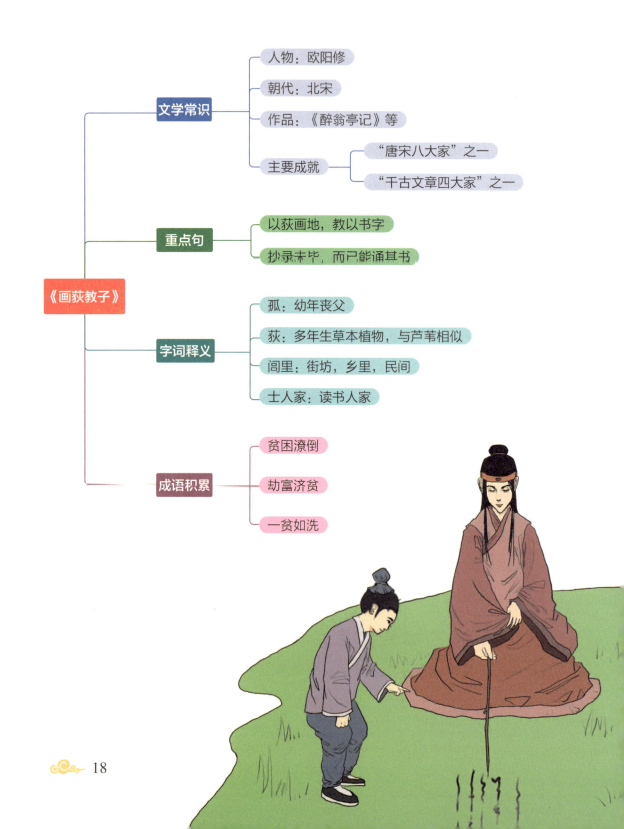

扫码听音频

5. 宋濂借书

［元末明初］宋濂

余幼时即嗜[①]学。家贫，无从致书[②]以观，每假[③]借于藏书之家，手自笔录，计[④]日以还。天大寒，砚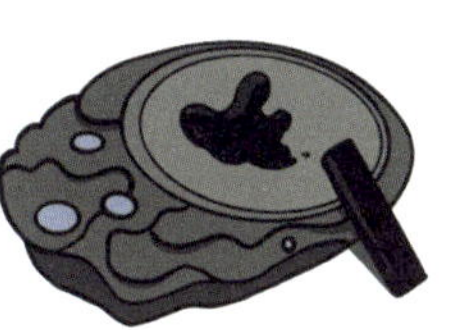冰坚，手指不可屈伸，弗之怠[⑤]。录毕，走送之，不敢稍逾约[⑥]。以是[⑦]人多以书假余，余因得遍观群书。

——《送东阳马生序》

字词解析

①［嗜］特别喜爱。②［致书］得到书。③［假］借。④［计］计算。⑤［怠］懈怠、放松。⑥［逾约］超过约定的期限。⑦［以是］因此。

文言译栈

我从小就非常喜欢读书。因为家境贫寒，没有办法得到书来读，便常常向藏书丰富的人家借书，亲手抄写书上的文字，再按照约定的日期归还原书。有时候天气特别寒冷，砚台里的墨汁都冻成了坚硬的冰，手指也冻得不能自主弯曲与伸展，但我从不因此懈怠。抄写完毕后，我就赶快把书送回去，一点也不敢超过约定的期限。因此，大多数人都愿意把书借给我，于是我能够遍观群书。

“幼”字的演变

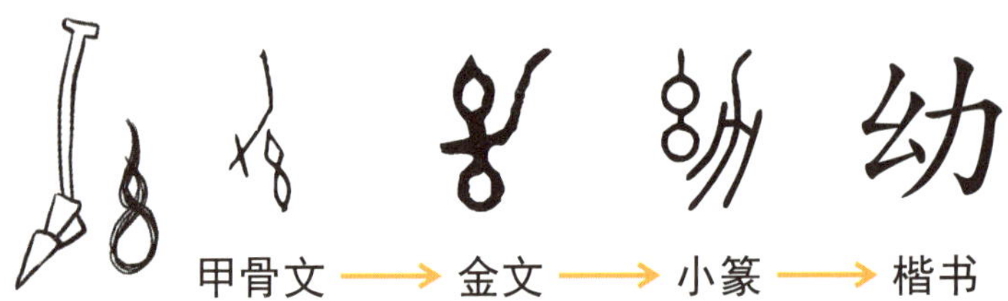

“幼”是会意字。甲骨文字形右边是“幺”（yāo），像细微的束丝形状；左边是“力”，像农具“耒”之形，可理解为力量像细丝一样微小、细弱。“幼”的本义为年龄小，引申为出生不久的、小孩儿等。含“幼”的成语有：扶老携幼、长幼有序、年幼无知等。请读一读，写一写。

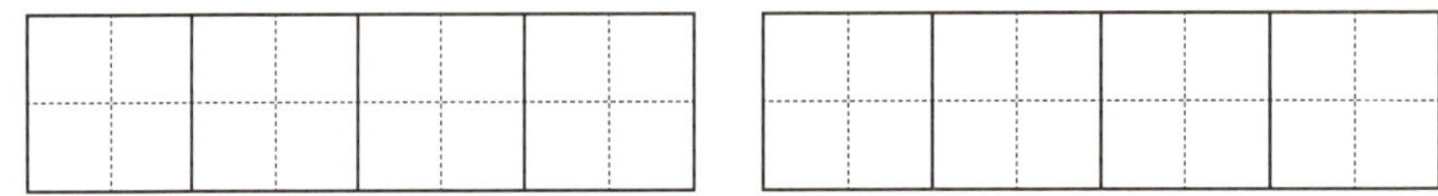

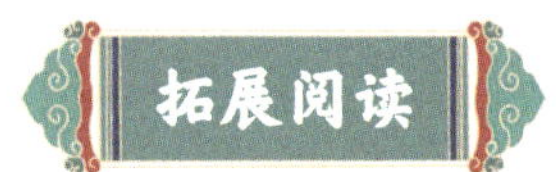

冒雪访师

宋濂被明太祖朱元璋赞誉为“开国文臣之首”。有一次，宋濂为了搞清楚一个问题，冒雪行走数十里，去请教已经不收学生的梦吉老师。老师不在家，宋濂并不气馁，几天后再次拜访老师，但老师还是没有见他。因为天冷，宋濂的脚指头都被冻伤了。第三次拜访老师时，他掉入了雪坑，幸被人救起。老师最终被宋濂的诚心所感动，耐心解答了他的问题。后来，宋濂不畏艰辛困苦，拜访了很多老师，最终成为著名的政治家、文学家。

牛刀小试

1. 用“/”标出下面句子的停顿，并用自己的话说说句子的意思。

以是人多以书假余，余因得遍观群书。

2. 填一填。

在宋濂借书的事例中，有两点很值得我们学习，第一点是“刻苦”，__________________；第二点是“守时”，__________________。（用文中的句子填空）

答案：1. 以是/人多以书假余，余/因得/遍观群书。
因此，大多数人都愿意把书借给我，于是我能够遍观群书。
2. 刻苦：天大寒，砚冰坚，手指不可屈伸，弗之怠
守时：录毕，走送之，不敢稍逾约

思维导图

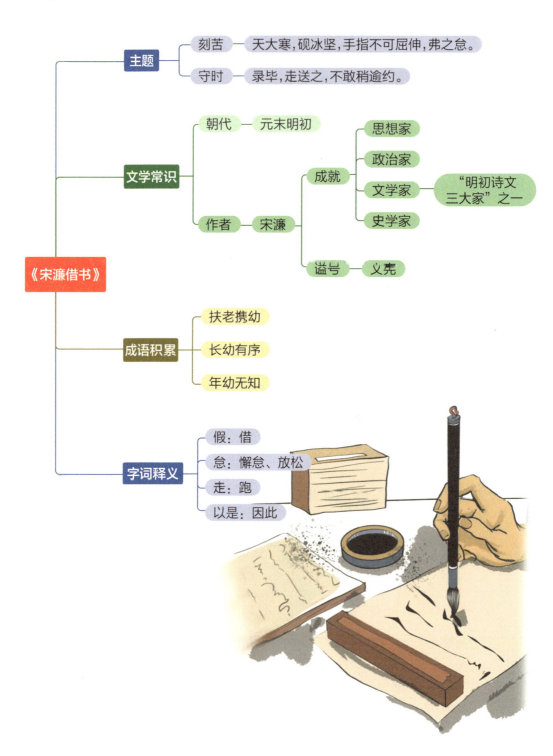

《宋濂借书》
- 主题
  - 刻苦——天大寒，砚冰坚，手指不可屈伸，弗之怠。
  - 守时——录毕，走送之，不敢稍逾约。
- 文学常识
  - 朝代——元末明初
  - 作者——宋濂
    - 成就
      - 思想家
      - 政治家
      - 文学家——“明初诗文三大家”之一
      - 史学家
    - 谥号——文宪
- 成语积累
  - 扶老携幼
  - 长幼有序
  - 年幼无知
- 字词释义
  - 假：借
  - 怠：懈怠、放松
  - 走：跑
  - 以是：因此

银烛秋光冷画屏，
轻罗小扇扑流萤。
天阶夜色凉如水，
坐看牵牛织女星。

——［唐］杜牧

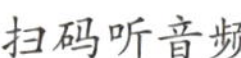
扫码听音频

6. 鲤鱼跳龙门

［东汉］辛氏

龙门山，在**河东**[①]  界。禹凿山断门一里余[②]，黄河自中流下，两岸不通车马……每岁季春[③]，有**黄鲤鱼**  ，自海及诸川[④]，争来赴之。一岁[⑤]中，登龙门者，不过七十二。初登龙门，即有云雨随之，天火自后**烧**  其尾，乃化为龙矣。

——《太平广记》引《三秦记》[⑥]

字词解析

①［河东］黄河以东。②［一里余］一作“阔一里余”。③［季春］暮春，阴历三月。④［川］河流。⑤［岁］年。⑥［《太平广记》引《三秦记》］《太平广记》是由北宋李昉等奉诏编纂的我国第一部文言小说总集。

《三秦记》是由汉代辛氏撰写的早期志书，主要记载了三秦（战国秦故地，项羽灭秦后分其地为雍、塞、翟三国）的地理、民情等内容。

龙门山，在黄河以东的地界。禹治理洪水来到这里，把山从中凿断，成为一扇门的形状，有一里多长。黄河水从中间汹涌地流下，两岸（陡峭无路，）连车马都不能通行……每年暮春三月，就有无数条黄色的鲤鱼，从江海和河川争先恐后地游到龙门来。一年当中，能够跳过龙门的，不过七十二尾。鲤鱼刚刚跳过龙门，就有云和雨伴随，天火又从后面烧它的尾巴，尾巴一烧掉，它就变成龙了。

“龙”字的演变

“龙”是象形字。甲骨文字形头上有冠有角，巨口，身曲，有爪、有尾。“龙”的本义指传说中能走、能飞、能游水、能兴云作雨的神异动物，引申为帝王、英才的象征，形状像龙或有龙形花纹图案的等。含“龙”的成语有：龙马精神、车水马龙、画龙点睛等。请读一读，写一写。

鲤鱼跳龙门

“鲤鱼跳龙门”的传说在我国由来已久。相传当年大禹与妻子涂山氏一起疏导洪水入海，途中被一座大山拦住去路，大禹挥起神斧，劈开四十余丈的豁口，形成了黄河“禹门”。从此以后，每逢暮春时节，就有金色鲤鱼结队洄游，个个奋力跳跃，有的鲤鱼跃过禹门化为巨龙而去。禹门因此被称为“龙门”。

牛刀小试

1.用“/”标出下面句子的停顿，并用自己的话说说句子的意思。

（1）禹凿山断门一里余。

（2）有黄鲤鱼，自海及诸川，争来赴之。

2.请选择下列加点字的正确意思并将其序号填在括号里。

①到……的时候；②比得上；③到，至

（1）疾在腠理，汤熨之所及也。（　　）

（2）郯子之徒，其贤不及孔子。（　　）

（3）及反，市罢。（　　）

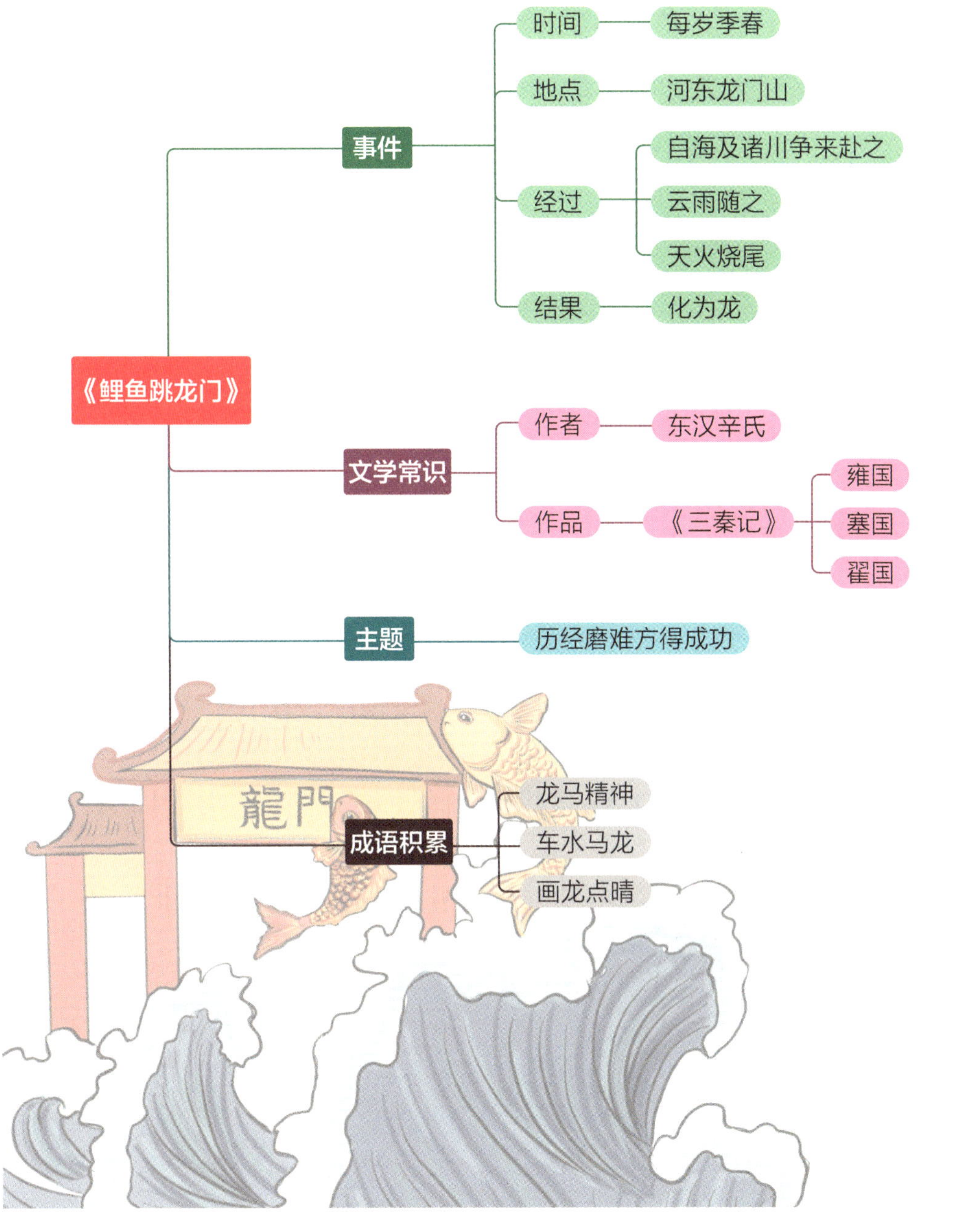

《鲤鱼跳龙门》
- 事件
  - 时间——每岁季春
  - 地点——河东龙门山
  - 经过
    - 自海及诸川争来赴之
    - 云雨随之
    - 天火烧尾
  - 结果——化为龙
- 文学常识
  - 作者——东汉辛氏
  - 作品——《三秦记》
    - 雍国
    - 塞国
    - 翟国
- 主题——历经磨难方得成功
- 成语积累
  - 龙马精神
  - 车水马龙
  - 画龙点睛

答案：1.（1）禹／凿山断门／一里余。
（2）有／黄鲤鱼，自／海及诸川，争来赴之。
2.（1）③　（2）②　（3）①

扫码听音频

7. 牛郎织女

天河之东有织女，天帝之子也，年年**机杼**[①]  劳役[②]，织成云锦天衣，容貌不暇整。帝怜其独处，许嫁河西**牵牛郎**   。嫁后遂废织纴[③]。天帝怒，责令归河东，但使一年一度相会。

——《月令广义·七月令》

涉秋[④]七日，鹊首无故皆髡（kūn）[⑤]，相传是日河鼓[⑥]与织女会于汉[⑦]东，役**乌鹊**  为梁[⑧]以渡，故毛皆脱去。

——《尔雅翼》

字词解析

①［机杼］指织布的梭子。②［劳役］辛苦劳作。③［织纴］织布。④［涉秋］入秋。⑤［髡］古代刑法之一，剃掉头发成秃头。此处引申为头发脱落。⑥［河鼓］星名，即牵牛星。⑦［汉］天汉，即银河。⑧［梁］桥。

天河的东边住着织女，她是天帝的女儿，她年年在织布机上劳作，织出锦绣天衣，没有空闲打扮自己。天帝可怜她独自生活，准许她嫁给天河西边的牵牛郎。织女出嫁后荒废了纺织的工作。天帝大怒，责令她回到天河东边，只许她和牛郎一年相会一次。

每年入秋的第七天，我们总会看见喜鹊的头顶突然秃去，相传这天牛郎和织女在银河的东岸相会，役使喜鹊做桥梁，从它们头顶走过去，所以喜鹊头上的毛都被踩掉了。

“女”字的演变

“女”是象形字。甲骨文字形像一位女子两手在胸前交叉、屈膝而跪的样子。“女”的本义就是女子、妇女。含“女”的成语有：女娲补天、儿女情长、郎才女貌等。请读一读，写一写。

拓展阅读

七夕节

七夕节在每年的农历七月初七，又名乞巧节、女儿节等，是中国的传统节日，该节日源自牛郎与织女的传说。

在古代，女子们每逢七夕节，都会向织女祈福，祈求自己心灵手巧，获得美满姻缘。人们还会在七夕节食用巧果，并进行穿针乞巧、喜蛛应巧、对月穿针、投针验巧等一系列乞巧活动。

牛刀小试

1. 文言虚词“也”用在句子末尾，表达不同的语气，请你连一连。

（1）吾上恐负朝廷，下恐愧吾师也。　　A. 疑问语气

（2）公子畏死邪？何泣也？　　B. 感叹语气

（3）君美甚，徐公何能及君也！　　C. 肯定语气

2. “天帝怒”的原因是（　　）

A.（织女）年年机杼劳役。　　B.（织女）织成云锦天衣。

C.（织女）容貌不暇整。　　D.（织女）嫁后遂废织纴。

答案：1.（1）吾上恐负朝廷，下恐愧吾师也。　　A.疑问语气

（2）公子畏死邪？何泣也？　　B.感叹语气

（3）君美甚，徐公何能及君也！　　C.肯定语气

2.D

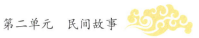

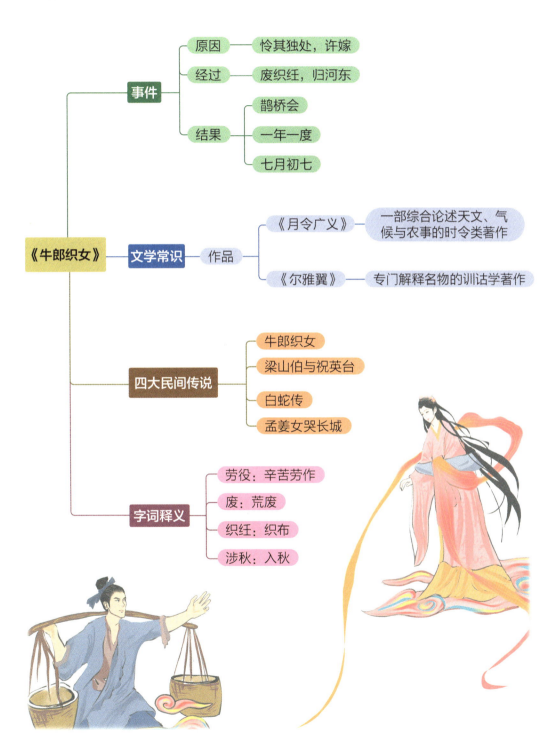

- 《牛郎织女》
  - 事件
    - 原因 — 怜其独处，许嫁
    - 经过 — 废织纴，归河东
    - 结果
      - 鹊桥会
      - 一年一度
      - 七月初七
  - 文学常识
    - 作品
      - 《月令广义》 — 一部综合论述天文、气候与农事的时令类著作
      - 《尔雅翼》 — 专门解释名物的训诂学著作
  - 四大民间传说
    - 牛郎织女
    - 梁山伯与祝英台
    - 白蛇传
    - 孟姜女哭长城
  - 字词释义
    - 劳役：辛苦劳作
    - 废：荒废
    - 织纴：织布
    - 涉秋：入秋

扫码听音频

8. 齐杞梁妻

［西汉］刘向

齐杞梁殖之妻也。庄公袭莒(jǔ)，殖战而死。庄公归，遇其妻，使使者吊之于路。杞梁妻曰："今殖有罪，君何辱命焉？若令殖免于罪，则贱妾有先人之弊庐在，下妾不得与郊吊。"于是庄公乃还车诣(yì)其室，成礼然后去。杞梁之妻无子，内外皆无五属之亲①。既无所归，乃枕其夫之尸于城下而哭，内诚②动人，道路过者莫不为之挥涕，十日而城为之崩。

——《列女传》

字词解析

①［五属之亲］指五服内的亲属。②［诚］诚心。

（杞梁妻）是齐国杞梁殖的妻子。齐庄公攻打莒国，杞梁殖战死。庄公率师回国，遇到前来迎回丈夫遗体的杞梁殖的妻子，便让使者在路上吊唁杞梁殖。杞梁殖的妻子说：“现在杞梁殖如果是有罪的人，君主何必吊唁一个有罪的人使自己的命令受辱呢？如果杞梁殖无罪，那么小女子有先人留下的破屋子在，小女子不能在城郊接受吊唁。”就这样，庄公驱车到了杞梁殖的家里，按照为国捐躯的人的礼仪规格举行了吊唁仪式后才离去。杞梁殖的妻子没有孩子，五服之内都没有什么亲属。既然无所归依，她就把丈夫的尸体移到城门下边，在那里痛哭，她的真诚让人感动，道路上经过的人没有不为她流泪的，这样过了十天，城门也因为她的缘故崩塌了。

“命”字的演变

“命”是会意字。甲骨文上方像屋顶之形，下方像跪跽之人。“命”的本义是发布命令，引申为指使、命运、寿命等。金文中又加了一个“口”字，

表示命令从口里发出。含“命”的成语有：安身立命、草菅人命、不辱使命等。请读一读，写一写。

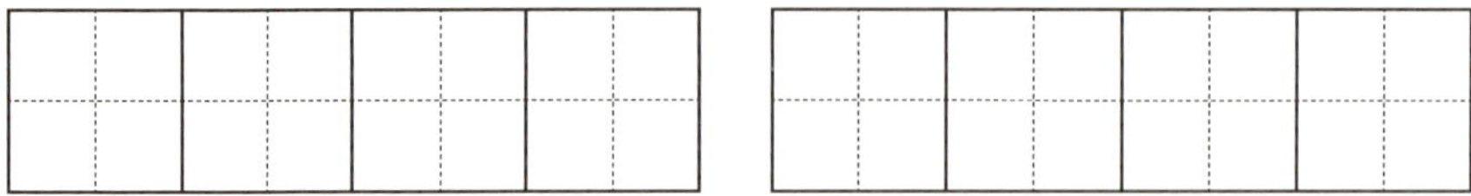

孙叔敖母

有一次，孙叔敖出去玩耍，看到一条长着两个头的蛇，很害怕，就把两头蛇打死并埋了起来。

回到家后，他向母亲哭诉道：“母亲，我听说看见长双头蛇的人就会死。今天，我出门看到了长着两个头的蛇。”

母亲问：“那条蛇在哪里？”孙叔敖回答：“我怕别人见了会死，把它打死后，就悄悄把它埋了！”母亲说：“你不会死掉，一个积阴德的人一定会得到善报。坚守道德的人可以战胜不祥，坚守仁义的人可以转祸为福。天虽在高处，却能看到低处之事。《尚书》有言‘皇天无亲，惟德是辅’，你不要担心，你将来一定能够有所作为。”孙叔敖长大后，果然成了楚国的名相。

牛刀小试

1.请写出下面句子中“之”字的意思。

（1）使使者吊之于路。　　　　（之：　　　　　）

（2）则贱妾有先人之弊庐在。　　　　（之：　　　　　）

（3）城为之崩。　　　　（之：　　　　　）

2.结合你知道的民族英雄的故事，谈谈你是如何理解“殖战而死”与“下妾不得与郊吊”的。

答案：1.（1）杞梁殖　（2）的　（3）杞梁殖的妻子
2.略

思维导图

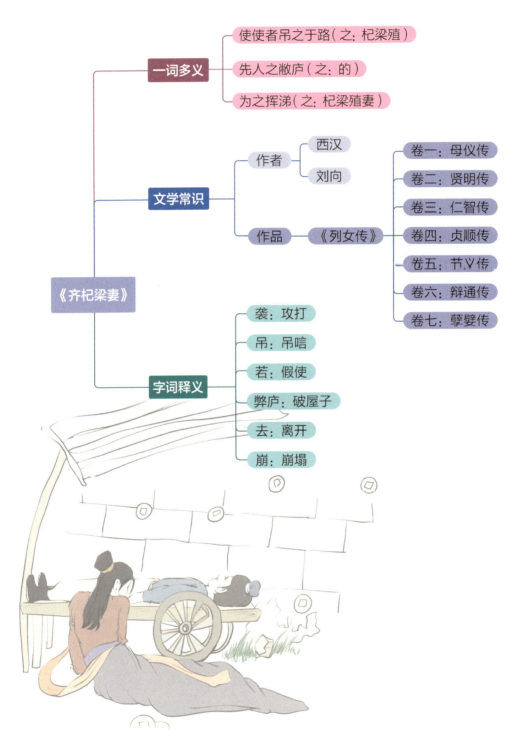

- 《齐杞梁妻》
  - 一词多义
    - 使使者吊之于路（之：杞梁殖）
    - 先人之敝庐（之：的）
    - 为之挥涕（之：杞梁殖妻）
  - 文学常识
    - 作者
      - 西汉
      - 刘向
    - 作品
      - 《列女传》
        - 卷一：母仪传
        - 卷二：贤明传
        - 卷三：仁智传
        - 卷四：贞顺传
        - 卷五：节义传
        - 卷六：辩通传
        - 卷七：孽嬖传
  - 字词释义
    - 袭：攻打
    - 吊：吊唁
    - 若：假使
    - 弊庐：破屋子
    - 去：离开
    - 崩：崩塌

扫码听音频

9. 梁山伯与祝英台

［清］翟灏

英台，上虞(yú)祝氏女。伪[①]为男装游学，与会稽(kuài jī)梁山伯者同肄(yì)业[②]  。山伯字处仁。祝先归，二年，山伯访之，方知其为女子，怅然如有所失。告其父母求聘，而祝已字[③]马氏子矣。山伯后为鄞(yín)[④]令，病死，葬鄮(mào)城西。祝适马氏，舟过墓所，风涛  不能进。问，知有山伯墓，祝登号恸(tòng)，地忽自裂，陷祝氏，遂并埋焉。晋丞相谢安，奏表[⑤]其墓曰义妇冢  。

——《通俗编》

字词解析

①［伪］假扮。②［肄业］修习课业。③［字］旧时称女子出嫁。④［鄞］鄞州，在今浙江省。⑤［表］给皇帝上的奏章。

英台是上虞地方祝家的女儿。她假扮成男子外出游学，与会稽一个叫梁山伯的男子一同学习。山伯字处仁。祝英台先于梁山伯回家，两年后，山伯拜访友人，才知道她是女子，闷闷不乐若有所失。山伯禀报父母去求亲，而祝英台已经许给马家的儿子了。山伯后来当了鄞令，生病而死，葬于鄮城的西面。祝英台去马家，行船经过墓地，风浪滔天不能前进。问了才知道此处是山伯的坟墓，祝英台登上岸，在墓前号啕痛哭，地面忽然裂开，祝英台陷落，与山伯一同埋葬于此。晋朝的丞相谢安上书请求将祝英台的墓称为义妇冢。

“字”字的演变

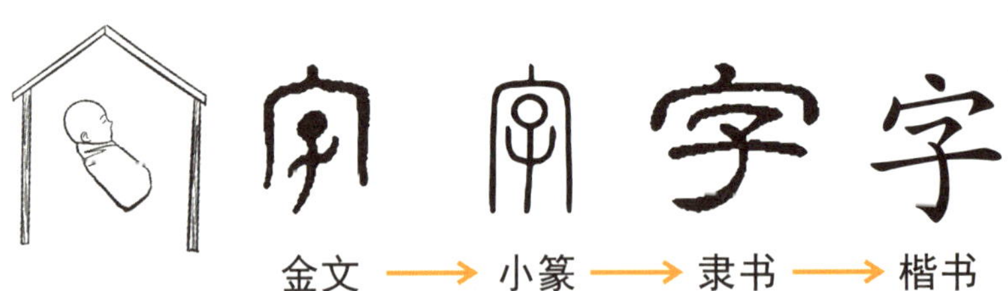

金文 → 小篆 → 隶书 → 楷书

“字”属于形声字。金文外面是“宀”（mián），指房屋，屋内是“子”，合起来，表示在屋内生孩子。“字”的本义为生育，后来引申为养育、许配女子。古代把依照事物形象所造的象形字称作“文”，把在此基础上滋生出来的字称作“字”，故“字”又引申为文字、字据、人的别名等。含“字”的成语有：字字珠玑、咬文嚼字、字斟句酌等。请读一读，写一写。

媒神

女娲是被中国民间广泛而长久崇拜的一位女性神，被看作是创世神和始祖神。她还被后世尊奉为“媒神”。女娲以黄土和水造出人后，考虑到人要繁衍不绝，必须以婚姻制度来保证，促使男女结婚并生儿育女，便担当起首位媒人的重任，因此被后世尊称为“媒神”。

另一位媒神，就是“月老”。传说，就算男女两家世代有仇或是贫富差距过大，只要月老用红线一拴，两人纵使在天涯海角，也一定会成为夫妻，于是便有了“千里姻缘一线牵”的说法。

牛刀小试

1. 请选择下列句子中加点字的正确意思并将其序号填在括号里。

①许嫁；②生育，生子；③文字；④养育，抚养；⑤给……取名

（1）女子贞不字，十年乃字。（　　）

（2）吾不知其名，字之曰道。（　　）

（3）邻女将字而孤，养视如己子，择对嫁之。（　　）

（4）盖依类象形，故谓之文；其后形声相益，即谓之字。（　　）

（5）而穆姜慈爱温仁，抚字益隆。（　　）

2. 仿照例句写一写。

例句：二年，山伯访之，方知其为女子，怅然如有所失。

仿写：______年，__________访之，方知__________________，__________然如有所失。

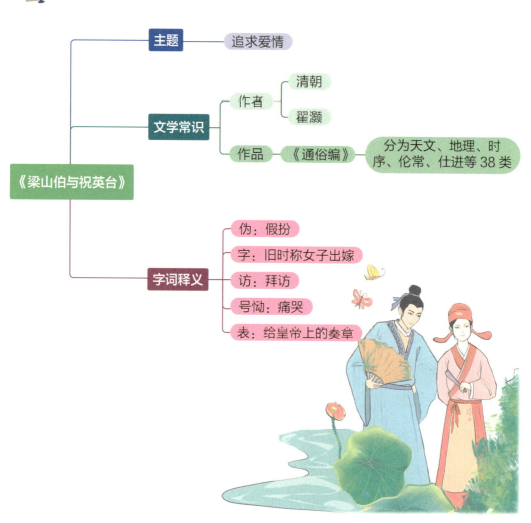

思维导图

- 《梁山伯与祝英台》
  - 主题
    - 追求爱情
  - 文学常识
    - 作者
      - 清朝
      - 翟灏
    - 作品
      - 《通俗编》
        - 分为天文、地理、时序、伦常、仕进等 38 类
  - 字词释义
    - 伪：假扮
    - 字：旧时称女子出嫁
    - 访：拜访
    - 号恸：痛哭
    - 表：给皇帝上的奏章

答案：1.（1）② （2）⑤ （3）① （4）③ （5）④
2. 略

扫码听音频

10. 白蛇记

［唐］郑还古

元和二年，陇西李黄，盐铁使逊之犹子[1]也。因调选次，乘暇于长安东市，瞥(piē)见一犊车，侍婢数人，于车中货易。李潜目车中，因见白衣之姝(shū)[2]，绰(chuò)约有绝代之色。李子求问，侍者

曰："娘子孀(shuāng)居[3]，袁氏之女，前事李家，今身依李之服。方除服，所以市此耳。"又询："可能再从人乎？"乃笑曰："不知。"李子乃出与钱帛(bó)，货诸锦绣。婢辈遂传言云："且贷钱

买之，请随到庄严寺左侧宅中，相还不晚[4]。"李子悦

。时已晚，遂逐[5]犊车而行。

——《博异志》

字词解析

①［犹子］侄子。②［姝］美丽的女子。③［孀居］守寡。④［不晚］不算晚。一作“不负”。⑤［逐］随，跟随。

文言译栈

唐宪宗元和二年，有一个陇西人叫李黄，他是盐铁使李逊的侄子。借着官员调动选拔的机会，李黄趁着闲暇时间来到长安的东市玩，刚好瞥见了一架由小牛拉着的车辆，几个侍女在车中买东西。李黄偷偷地瞧向车里，看到了一位穿白色衣服的美女，她体态柔美，有着当世无双的美貌。李黄上前询问，女郎的侍女说：“娘子是个寡妇，乃袁氏的女儿，之前嫁到李家，现在身上穿的是李家的丧服，刚刚结束服丧，所以来购买这些东西。”李黄又问：“女郎能不能再嫁人？”侍女只笑着说：“不知道。”李黄便出钱为她买布，买了许多鲜艳精美的绸缎。女郎便遣侍女传话：“暂且借钱买这些东西，请跟我们到庄严寺左侧的住宅中，把钱还给你也不算晚。”李黄很开心。此时天色已晚，于是李黄跟着小牛车走。

“蛇”字的演变

“蛇”是形声字。“蛇”的本字是“它”，甲骨文字形像蛇之形，小篆加“虫”写作“蛇”。“蛇”的本义指一种爬行动物。含“蛇”的成语有：笔走龙蛇、画蛇添足、打草惊蛇等。请读一读，写一写。

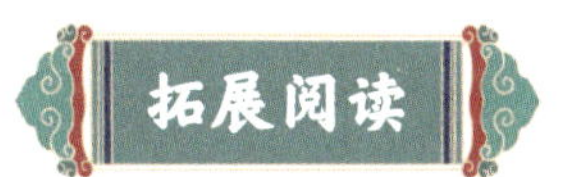

水漫金山寺

传说有一条白蛇修炼成人，名叫白娘子。白娘子嫁给了青年许仙，夫妻俩日子过得很甜美。金山寺法海和尚知道了这件事，就游说许仙出家，并把许仙藏匿在金山寺中。白娘子施法术，大水滚滚，水漫金山寺。法海慌忙以袈裟化为长堤拦水，水涨堤也长。法海又施法术将白娘子镇压在西湖雷峰塔下。后来白娘子之子祭塔，雷峰塔倒塌，终于一家团圆。

牛刀小试

1. 按要求写出下列古今异义词的意思。

（1）前事李家，今身依李之服。

古义：侍奉，服侍。

今义：__________

（2）所以市此耳。

古义：购买。

今义：＿＿＿＿＿＿

2.你知道中国古代民间四大爱情故事分别是什么吗？把它们的名称写在下面的括号里。

（　　　　　　　）（　　　　　　　）

（　　　　　　　）（　　　　　　　）

答案：1.（1）事情　（2）做买卖的地方；城市

2.牛郎织女　孟姜女哭长城　梁山伯与祝英台　白蛇传

《白蛇记》
- 事件
  - 时间：元和二年
  - 地点：长安东市
  - 主要人物：李黄、白衣之姝
  - 经过
    - 相遇
    - 买锦绣
    - 逐犊车而行
- 文学常识
  - 《博异志》——唐代的一部传奇志怪小说集
- 成语积累
  - 笔走龙蛇
  - 画蛇添足
  - 引蛇出洞
  - 打草惊蛇
- 字词释义
  - 犹子：侄子
  - 潜目：偷看
  - 市：购买
  - 遂：于是
  - 逐：跟随

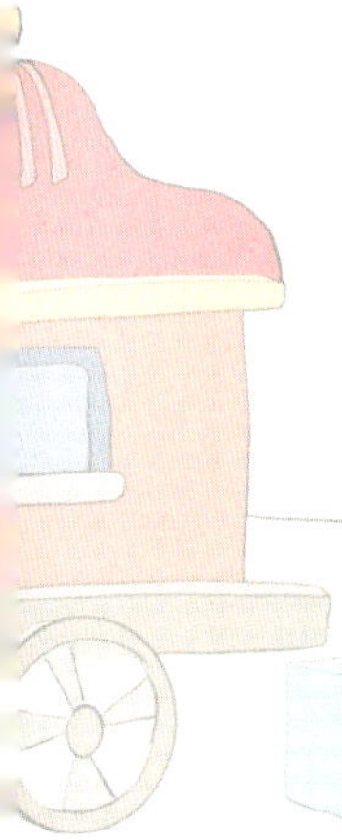

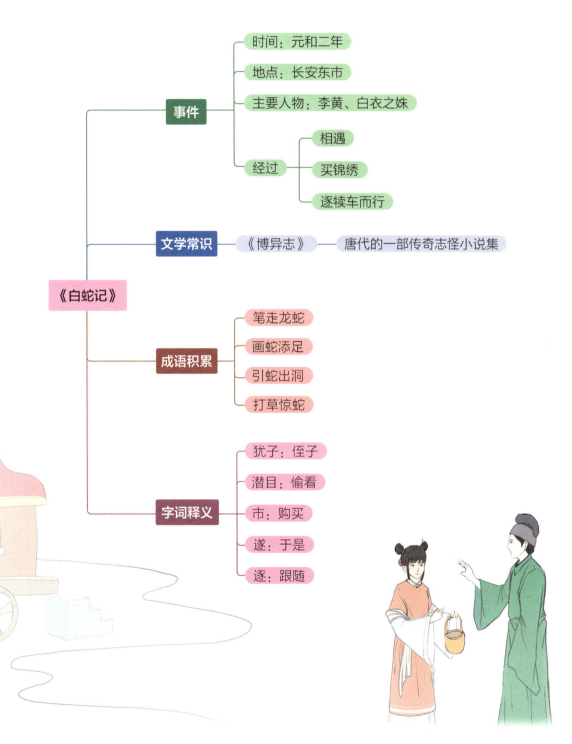

第三单元　英雄故事

诚既勇兮又以武，终刚强兮不可凌。身既死兮神以灵，魂魄毅兮为鬼雄。

——［战国］屈原

扫码听音频

11. 李寄斩蛇

［东晋］干宝

寄乃告请①好剑及咋(zé)蛇犬。至八月朝，便诣②庙中坐，怀剑，将犬，先将数石米糍(cí)③，用蜜麨(chǎo)灌之，以置穴口。蛇便出，头大如囷(qūn)④，目如二尺镜，闻糍香气，先啖食之。寄便放犬，犬就啮咋，寄从后斫(zhuó)得数创⑤。疮痛急，蛇因踊出，至庭而死。寄入视穴，得其九女髑髅(dú lóu)⑥，悉举出，咤⑦言曰："汝曹⑧怯弱，为蛇所食，甚可哀愍(mǐn)⑨！"于是寄女缓步而归。

——《搜神记》

字词解析

①［告请］请求。②［诣］到。③［糍］一种把糯米蒸熟捣碎后做成的食品。④［囷］圆形谷仓。⑤［创］伤口。⑥［髑髅］死人头颅。⑦［咤］感叹。⑧［汝曹］你们。⑨［哀愍］哀叹、怜悯。

文言译栈

于是，李寄就向官府请赐锋利的宝剑和咬蛇的猎狗。到了八月初祭祀那天，她便来到庙中坐下，抱着剑，牵着狗。她先拿着用几石米做的糍糕，用蜜麸拌好，放在蛇洞口。大蛇爬出洞外，头大得像个圆形谷仓，两只眼睛像两面二尺的铜镜子，蛇闻到糍糕的甜香气味，就先大口吞食起来。李寄立即放出猎狗，那狗冲上前去咬大蛇，李寄又从后边用宝剑砍伤了蛇好几处。蛇受不了伤口的剧痛，就猛然跃了出来，窜到庙中院子里死掉了。李寄进洞一看，发现了九个女孩子的头骨，她从洞中把这些头骨全拿出来，感叹地说："你们这些人胆小懦弱，结果都被蛇吃掉了，真是可怜！"说完，李寄姑娘就缓步回家了。

"斩"字的演变

“斩”是会意字。“斩”字由“车”和“斤”组成。在古代，“车”表示一种杀人的刑罚，叫“车裂”；而“斤”表示刀斧。“斩”的本义是古代的一种死刑，泛指砍杀，现引申为砍伐、砍断、断绝等。含“斩”的成语有：斩钉截铁、满门抄斩、披荆斩棘等。请读一读，写一写。

段翳

段翳精通《易经》，擅长通过五音与四方之风声来占卜吉凶。有一个学生跟他学了好几年，自以为已经掌握了关键的道术，便辞别师父回老家。段翳写了封信装在竹筒里，告诉这个学生：“碰上急事，就打开这个竹筒看看。”这个学生来到葭萌县，与官吏抢着渡河，争抢中，官吏打破了他随从的头。这个学生打开竹筒，拿出了那封信，上面写着：“到葭萌县，与官吏争斗，头被打破的人，就用这膏药敷在伤口上。”这个学生就按信上说的做，受伤的人很快就痊愈了。

李寄虽是一位少女，在斩蛇的过程中，却表现得沉着、机智、勇敢、从容自信，请说一说下列句子表现了她哪方面的性格特点。

（1）于是寄女缓步而归。　　　　　　　　　　（　　　　　　）

（2）诣庙中坐，怀剑，将犬。　　　　　　　　（　　　　　　）

（3）寄便放犬，犬就啮咋，寄从后斫得数创。　（　　　　　　）

（4）先将数石米糍，用蜜麨灌之，以置穴口。　（　　　　　　）

答案：（1）从容自信　（2）沉着　（3）勇敢　（4）机智

思维导图

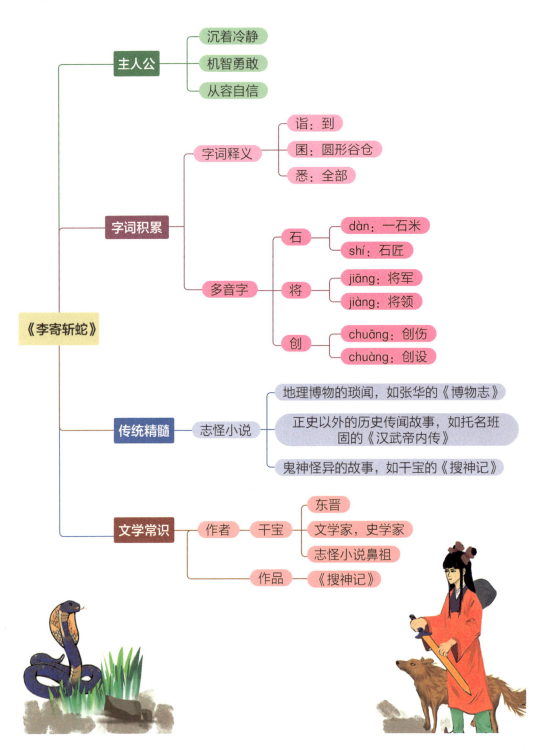

- 《李寄斩蛇》
  - 主人公
    - 沉着冷静
    - 机智勇敢
    - 从容自信
  - 字词积累
    - 字词释义
      - 诣：到
      - 囷：圆形谷仓
      - 悉：全部
    - 多音字
      - 石
        - dàn：一石米
        - shí：石匠
      - 将
        - jiāng：将军
        - jiàng：将领
      - 创
        - chuāng：创伤
        - chuàng：创设
  - 传统精髓
    - 志怪小说
      - 地理博物的琐闻，如张华的《博物志》
      - 正史以外的历史传闻故事，如托名班固的《汉武帝内传》
      - 鬼神怪异的故事，如干宝的《搜神记》
  - 文学常识
    - 作者
      - 干宝
        - 东晋
        - 文学家，史学家
        - 志怪小说鼻祖
    - 作品
      - 《搜神记》

扫码听音频

12. 荀崧小女灌

［唐］房玄龄等

荀崧(sōng)小女灌，幼有奇节[①]。崧为襄城太守，为杜曾所围，力弱食尽，欲求救于故吏平南将军石览，计无从出[②]。灌时年十三，乃率勇士数十人，逾(yú)[③]城突围夜出。贼追甚急，灌督厉[④]将士，且战且前[⑤]，得入鲁阳山获免[⑥]。自诣览乞师[⑦]，又为崧书[⑧]与南中郎将周访请援，仍结为兄弟，访即遣子抚率三千人会[⑨]石览俱救崧。贼闻兵至，散走，灌之力也[⑩]。

——《晋书·列女传》

字词解析

①［奇节］很高的气节。②［计无从出］商量再三，没办法出城。计，商量。③［逾］越过。④［督厉］勉励。厉，通“励”。⑤［且战且前］一边战斗一边前进。⑥［获免］没有被敌人追上。⑦［乞师］求救兵。乞，

求。⑧［书］这里指写信。⑨［会］会合。⑩［灌之力也］这是荀灌的功劳。力，功劳。

荀崧的小女儿荀灌，幼年时就有很高的气节。荀崧担任襄城太守的时候，曾被杜曾围攻，兵力薄弱，粮食也吃光了，打算向自己的老部下平南将军石览求救，商量再三，却没有办法出城。荀灌当时十三岁，就率领好几十名男士，晚上出城突围。敌人追赶得很急，荀灌督促激励官兵，一边交战一边前进，进入鲁阳山才甩掉了追兵。荀灌去见石览请求派兵救援，又替荀崧写信向南中郎将周访请求救援，表示愿意和他结为兄弟，周访立即派儿子周抚率领三千人会合石览一同救援荀崧。敌人听说救兵到了，分散逃走，这是荀灌的功劳。

“突”字的演变

“突”是会意字。甲骨文字形上面像洞穴，下面像犬。“突”的本义是犬从洞穴中突然而出，引申为突然、灶突等。含“突”的成语有：突飞猛进、

东冲西突、异军突起等。请读一读，写一写。

拓展阅读

女中豪杰

妇好是我国历史上有据可查的第一位女性军事统帅，同时也是一位杰出的女政治家，是商王武丁的妻子。妇好曾领兵1.3万人征讨羌方，俘获大批羌人。在与巴方的作战中，妇好率兵布阵设伏，切断敌军的退路，将其驱入伏地，予以歼灭。这是中国战争史上记载最早的伏击战。妇好还经常受命主持祭天、祭祖、祭神等各类祭典。她去世后，武丁悲痛不已，追谥曰“辛”。人们尊称她为“母辛”“后母辛”。

牛刀小试

1.读一读。用“/”标出下面句子的停顿。

（1）欲求救于故吏平南将军石览，计无从出。

（2）访即遣子抚率三千人会石览俱救崧。

2.仿照例子写一写文言文的判断句式。

（1）廉颇者，赵之良将也。

（　　　　　　　　）者，（　　　　　　　　）也。

（2）操虽托名汉相，其实汉贼也。

（　　　　　　　　　　　　　　），（　　　　　）也。

（3）四人者：庐陵萧君圭君玉，长乐王回深父，余弟安国平父、安上纯父。

（　　　　　　　）者，（　　　　　　　　　　　　　　　　　　　）。

（4）城北徐公，齐国之美丽者也。

（　　　　　　　），（　　　　　　　　　　　）者也。

答案：1.（1）欲/求救于/故吏平南将军石览，计/无从出。

（2）访/即遣子/抚/率三千人/会石览/俱救崧。

2.略

《荀崧小女灌》
- 人物形象
  - 幼有奇节
  - 智勇双全
- 事件
  - 起因
    - 襄城被围
    - 力弱食尽
  - 经过
    - 逾城突围
    - 自诣览
  - 结果
    - 书与周访
    - 贼散
- 一词多义
  - 为
    - 为：被（表示被动）　如：为杜曾所围
    - 为：替　如：又为崧书
- 文化常识
  - 作者 — 房玄龄等
  - 作品 — 《晋书》
- 字词释义
  - 逾：越过
  - 督厉：勉励
  - 计：商量
  - 力：功劳

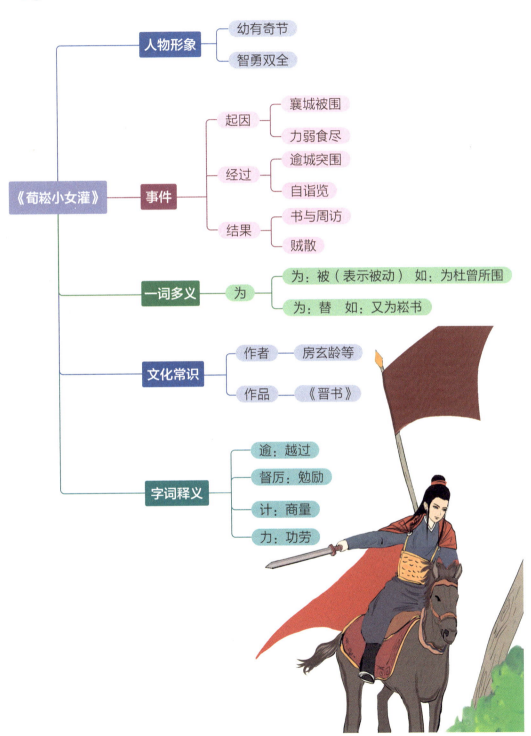

13. 破瓮救友

［元］脱脱等

光生七岁[①]，凛然[②]  如成人，闻讲左氏春秋，爱之，退[③]为家人讲，即了其大指[④]。自是手不释[⑤]书 ，至不知饥渴寒暑。群儿戏于庭，一儿登瓮（wèng）[⑥]，足跌没水中，众皆弃去[⑦]，光持石击瓮破[⑧]之，水迸[⑨] ，儿得活。

——《宋史·司马光传》

字词解析

①［光生七岁］司马光长到七岁。②［凛然］严肃庄重的样子。③［退］回家。④［大指］大意。指，通“旨”。⑤［释］放下。⑥［瓮］口小腹大的一种容器。⑦［弃去］逃走。⑧［破］打开，打破。⑨［迸］涌出。

文言译栈

司马光七岁时，严肃庄重，已经像成年人一样，特别喜欢听人讲《左氏春秋》，回来以后讲给家人听，已经了解其大意。从那以后，司马光对《左氏春秋》爱不释手，甚至读起书来忘记了饥渴和寒暑。一群小孩在庭院里面玩，一个小孩站在大缸上面，失足跌落缸中，被水淹没，其他小孩都（害怕得）跑掉了，司马光拿石头砸开了缸，水流出来，小孩子得以活命。

“友”字的演变

“友”是会意字。甲骨文字形像两只相同方向的右手并列在一起，表示志同道合、共同做事。“友”的本义指朋友，引申为相好、亲近、关系友好等。含“友”的成语有：狐朋狗友、访亲问友、良师诤友等。请读一读，写一写。

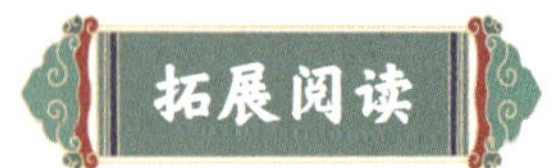

拓展阅读

司马光剥核桃皮

一天，司马光想吃青核桃，姐姐替他剥皮，却怎么也剥不开。姐姐走后，一个婢女把青核桃放在开水里烫了一下，皮很快就被剥下来了。姐姐回来一看，奇怪地问这是怎么回事，司马光挺直腰板说皮是自己剥的。但是事情的经过恰巧被父亲看见，父亲就严厉地训斥了他。这件事虽然很小，却给司马光留下了很深的印象。从此，无论是为人，还是做学问，司马光总是十分诚实，不敢有半点虚假。

牛刀小试

1.请选择下列加点字的正确意思，并将其序号填在括号里。

A.逃跑；B.往；C.失去；D.跑；E.泄漏

（1）夸父与日逐走。（　　）

（2）老翁逾墙走，老妇出门看。（　　）

（3）骊山北构而西折，直走咸阳。（　　）

（4）不是旧话儿走了风，却是甚的！（　　）

（5）沟不要深，则不走肥。（　　）

2.下面这些器具是古人盛东西的陶器，你能根据它们的形状来识别它们吗？请连线。

（1）瓯（ōu）：敞口小碗。

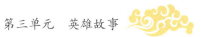

（2）瓮：口小腹大的瓶。

（3）缸：圆筒状，底小口大。

瓯　　　　瓮　　　　缸

答案：1.（1）D　（2）A　（3）B　（4）E　（5）C

2. 略

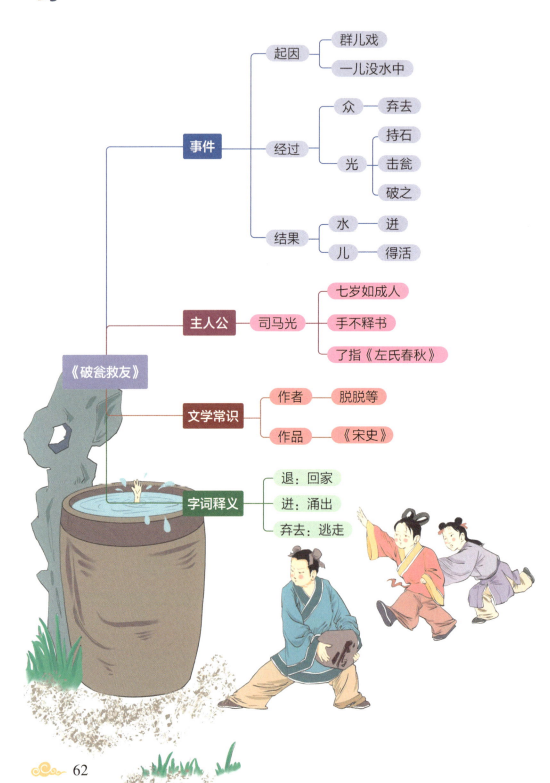

- 《破瓮救友》
  - 事件
    - 起因
      - 群儿戏
      - 一儿没水中
    - 经过
      - 众——弃去
      - 光
        - 持石
        - 击瓮
        - 破之
    - 结果
      - 水——迸
      - 儿——得活
  - 主人公
    - 司马光
      - 七岁如成人
      - 手不释书
      - 了指《左氏春秋》
  - 文学常识
    - 作者——脱脱等
    - 作品——《宋史》
  - 字词释义
    - 退：回家
    - 迸：涌出
    - 弃去：逃走

扫码听音频

14. 治水英雄

当尧之时，天下犹未平，**洪水**  横流，泛滥于天下。草木畅茂，禽兽繁殖，五谷不登[①]，禽兽逼人，兽蹄鸟迹之道交于中国[②]。尧独忧之，举舜而敷治[③]焉。舜使益掌火[④]，益烈山泽而焚之，**禽兽逃匿** 。禹疏九河，瀹(yuè)[⑤]济[⑥]、漯(luò)，而注诸海，决汝、汉，排淮、泗，而注之江，然后中国可得而食也。当是时也，禹八年于外，**三过其门而不入** ，虽欲耕，得乎？

——《孟子·滕文公上》[⑦]

字词解析

①［不登］不成熟。②［中国］中原地区。③［敷治］治理。④［掌火］古代掌火的官职。⑤［瀹］疏通。⑥［济］与后文的“漯”“汝”“汉”等均为水名。⑦［《孟子》］儒家经典著作，战国中期孟子及其弟子万章、公孙丑等著。

文言译栈

尧当政时，天下还不太平，洪水肆虐，四处泛滥。草木茂盛，禽兽大量繁殖，庄稼却没有收成，禽兽危害人类，到处都是禽兽的足迹。尧很忧虑，选拔舜去进行治理。舜委派益当掌火官，益焚烧山泽的杂树杂草，禽兽就躲藏起来了。又委派大禹疏通九河，疏通济水、漯水，让它们流入大海，开掘汝、汉两河，疏浚淮河、泗河，让它们流入长江，这样一来，中原地带才能够耕种并收获粮食。当时，禹已经在外奔波了八年，多次经过家门都没有进去，即使他想种田，可能吗？

“国”字的演变

“国”是会意字，其初文是“或”。甲骨文字形左边是“口”，表示城池或国土；右边是“戈”，表示用武器守卫国土与城池。合起来就是用武器保卫国土与城池。“国”的本义就是邦国，引申为都城、姓等。含“国”的成语有：天府之国、国泰民安、国色天香等。请读一读，写一写。

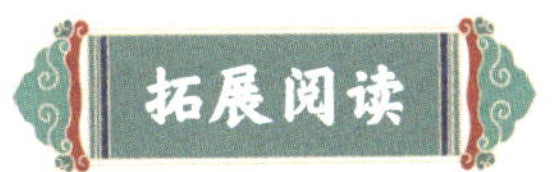

拓展阅读

九鼎

涂山大会之后，为表示敬意，各方诸侯常来阳城进贡（贡品即青铜）。后来，九州所贡青铜器年年增多，大禹就准备将诸侯们进献的青铜器铸造成几个大鼎。后来，九鼎（即冀州鼎、兖州鼎、青州鼎、徐州鼎、扬州鼎、荆州鼎、豫州鼎、梁州鼎、雍州鼎）铸成，鼎上铸着各州的山川名物、珍禽异兽。九鼎集中到都城阳城，象征着九州，象征着国家统一和王权的集中。

牛刀小试

1.请选择下列加点字的正确意思，并将其序号填在括号里。

A.呢；B.吗；C.吧

(1) 丈夫亦爱怜其少子乎？　（　　）

(2) 夫古之为臣者，于此乎？于彼乎？　（　　）

(3) 为子君者，不亦难乎？　（　　）

(4) 大义灭亲，其是之谓乎！　（　　）

2. 在括号内填入合适的动词，体会大禹治水的智慧。

禹（　　　　）九河，（　　　　）济、漯，而注诸海，（　　　　）汝、汉，（　　　　）淮、泗，而注之江，然后中国可得而食也。

思维导图

- 《治水英雄》
  - 事件
    - 原因
      - 洪水泛滥
      - 五谷不登
      - 禽兽逼人
    - 经过
      - 疏——九河
      - 瀹——济、漯
      - 决——汝、汉
      - 排——淮、泗
    - 结果——中国可得而食
  - 字词释义
    - 登：成熟
    - 中国：中原地区
    - 掌火：古代掌火的官职
  - 文学常识
    - 作者——孟子及其弟子
    - 作品——《孟子》

答案：1.（1）B　（2）A　（3）B　（4）C

2.疏　瀹　决　排

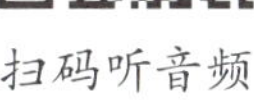

15. 不入虎穴，不得虎子

［南朝］范晔

乃召侍胡[①]诈[②]之曰：“匈奴使来数日，今安在乎？”侍胡惶恐，具服其状。超乃闭侍胡，悉会[③]其吏士三十六人，与共饮，酒酣，因激怒之曰：“卿曹[④]与我俱在绝域[⑤]，欲立大功，以求富贵。今虏使到裁数日，而王广礼敬即废；如令鄯(shàn)善收吾属[⑥]送匈奴，骸(hái)骨长[⑦]为豺狼食矣。为之奈何？”官属皆曰：“今在危亡之地，死生从司马[⑧]。”超曰：“不入虎穴，不得虎子。当今之计，独有[⑨]因夜以火攻虏，使彼不知我多少，必大震怖[⑩]，可殄(tiǎn)[⑪]尽也。灭此虏，则鄯善破胆，功成事立矣。”

——《后汉书·班超传》

字词解析

①［侍胡］指接待、伺候汉使的胡人。②［诈］用语言试探、诱使。③［会］召集。④［卿曹］犹言君等，你们。曹，辈。⑤［绝域］极其遥远的地方。⑥［如令鄯善收吾属］如果现在鄯善逮捕我们这些人。如，假如。收，抓捕。吾属，我们。⑦［长］先。⑧［死生从司马］意思是一切听从司马的吩咐。⑨［独有］只有。⑩［震怖］惊恐或使惊恐。⑪［殄］尽。

文言译栈

于是班超就召唤来侍候他们的胡人，试探着问："匈奴的使者已经来了数日，现在在哪里啊？"这名胡人听后感到十分惊慌、害怕，就把全部事实都交代了。班超便将这名胡人关押起来，悉数召集一起出使的属吏和士卒三十六人，与大家一道饮酒，等到众人喝得非常尽兴的时候，便趁着酒劲激怒他们："诸位和我现在都身处极其遥远的地方，都想建立伟大的功勋，来求取荣华富贵。如今敌虏的使者来到这里才几天，而鄯善王广对我们的礼数和恭敬便停止了；如果鄯善国将我们这些人抓捕起来送到匈奴去，那么我们的骸骨就要被先行拿去喂豺狼了。对此我们该怎么办啊？"属吏们都说："现在已处于危急的境地，是死是活，我们都听从司马的吩咐。"班超说："不进入猛虎的洞穴，便不能捕获虎崽。现在的办法是，只有趁着黑夜用火攻击敌虏，使他们搞不清我们究竟有多少人，他们肯定极为惊恐，可趁机将他们一举消灭掉。如果消灭了这股敌虏，那么鄯善全国上下也都吓破了胆，而我们就会大功告成、大事确立了。"

“虎”字的演变

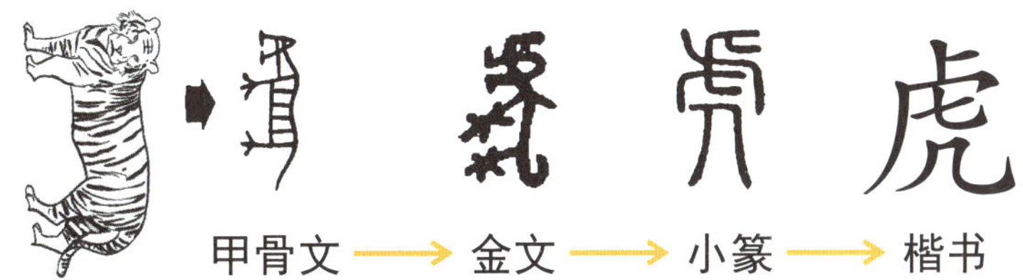

“虎”属象形字。甲骨文字形像一只张嘴露齿、侧立、身上有条纹的老虎形态。“虎”的本义指老虎，引申为威武、残酷等。含“虎”的成语有：龙潭虎穴、如虎添翼、狼吞虎咽等。请读一读，写一写。

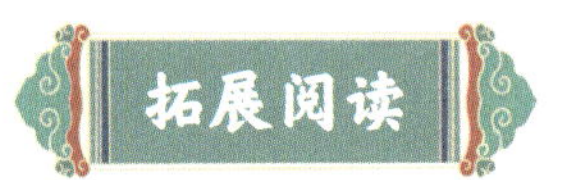

投笔从戎

永平五年（公元62年），班超的哥哥班固被征召做校书郎，班超和母亲也一道去了洛阳。因为家境贫寒，班超常通过为官府抄书来挣钱养家。他长期抄写，劳苦不堪。有一次，班超停下手中的活儿，扔了笔，感叹道：“大丈夫如果没有更好的志向谋略，也应像昭帝时期的傅介子、武帝时期的张骞那样，在异地他乡立下大功，得以封侯，怎么能长期在笔、砚之间忙忙碌碌呢？”旁边的人都嘲笑他。班超便说：“普通人又怎能理解壮士的襟怀呢？”后来，班超跟着窦固出击匈奴，窦固十分赏识班超，派他出使西域。班超在西域活动长达31年，平定了西域50多个国家，为维护汉朝在西域的统治、促进民族融合做出了巨大贡献。

牛刀小试

1.请选择下列加点字的正确意思，并将其序号填在括号里。

①怎么；②哪里

（1）君安与项伯有故？（　　）

（2）皮之不存，毛将安傅？（　　）

（3）安能屈豪杰之流，扼腕墓道，发其志士之悲哉？（　　）

（4）沛公安在？（　　）

2.仿照例句写一写。

例句：如令鄯善收吾属送匈奴，骸骨长为豺狼食矣。为之奈何？

仿写：如（　　　　）收吾属送（　　　），（　　　）长为（　　　）矣。为之奈何？

答案：1.（1）①（2）②（3）①（4）②
2.略

《不入虎穴，不得虎子》

- 字词释义
  - 今安在乎 —— 安：在哪里
  - 裁数日 —— 裁：通“才”，仅仅
  - 因激怒之 —— 因：趁着
  - 乃召侍胡诈之 —— 诈：用语言试探、诱使
  - 悉会其吏士 —— 会：召集
  - 如令鄯善收吾属 —— 收：抓捕
- 主要人物
  - 班超
    - 成就
      - 军事家
      - 外交家
    - 品质
      - 机智
      - 勇敢
    - 典故
      - 投笔从戎
- 文学常识
  - 作者 —— 范晔，南朝
  - 作品 —— 《后汉书》

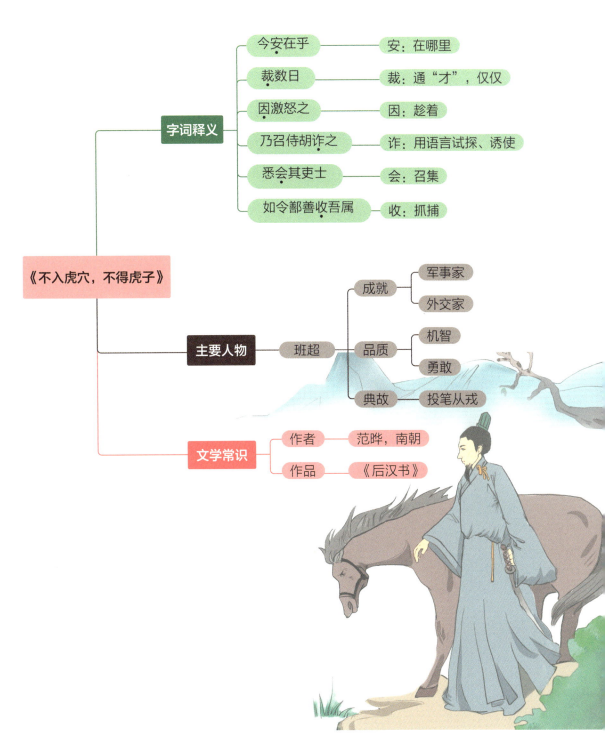

第四单元　优秀品质

德胜才，谓之君子；才胜德，谓之小人。

——［北宋］司马光

扫码听音频

16. 为人忠诚

曾子[1]曰：“吾日三省(xǐng)[2]吾身，为人谋而不忠[3]乎？与朋友交而不信[4]乎？传[5]不习乎？”

——《论语·学而》[6]

季康子问：“使民敬，忠以[7]劝[8]，如之何？”子曰：“临之以庄，则敬；孝慈，则忠；举善而教不能，则劝。”

——《论语·为政》

字词解析

①［曾子］孔子的学生。②［三省］多次反省，内省。③［忠］忠诚。④［信］诚信。⑤［传］老师讲授的功课。⑥［《论语》］记录孔子及其弟子言行的语录体著作，由孔子的弟子及再传弟子编纂而成。⑦［以］连词，相当于“与”或“和”。⑧［劝］勉励。

曾子说："我每天多次反省自己，替别人做事有没有尽心竭力？和朋友交往有没有做到诚信？老师传授的知识有没有按时温习？"

季康子问："要使老百姓恭敬、忠诚并且相互勉励，该怎样去做呢？"孔子说："你用庄重的态度对待老百姓，他们就会尊敬你；你以孝顺和慈爱之心对待百姓，他们就会尽忠于你；你选拔贤能之人并教育能力不足的人，百姓就会互相勉励。"

"忠"字的演变

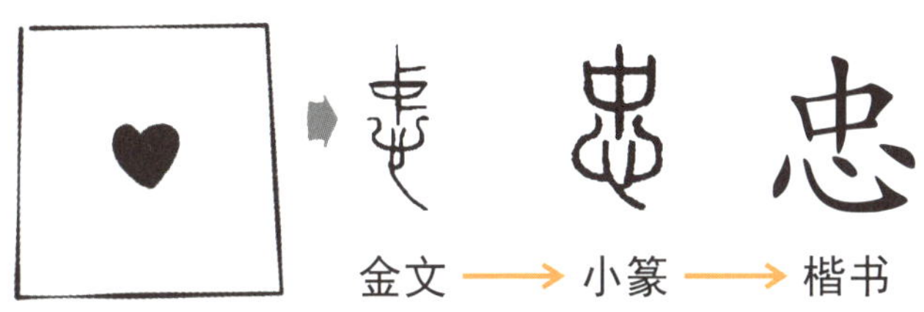

"忠"属于形声字。忠，敬也，尽心曰忠。"忠"的本义是严肃认真、尽心尽力，引申为竭诚、赤诚。古又特指忠君或忠君之人。含"忠"的成语有：忠肝义胆、忠心赤胆、忠心耿耿等。请读一读，写一写。

苏武牧羊

卫律知道苏武终究不愿意投降，报告了单于。单于越发想要苏武投降，就把他囚禁在地窖里面，不给他吃的喝的。下雪了，苏武趴在地上，将雪同毡毛一起吞下充饥，过了好几日都没死。匈奴人认为这很神奇，就把苏武流放到北海边没有人的地方，让他放牧公羊，说等到公羊产奶时才准许他归汉。同时，把他的部下及随从人员分别安置到别的地方。苏武被流放到北海后，因为粮食运不到，所以只能掘取野鼠所储藏的野生果实来吃。他拄着汉朝皇帝赐予使臣的符节牧羊，无论是睡觉还是醒来都拿着，以至于符节上的牦牛尾毛都脱落了。

牛刀小试

1. 读一读，写出下列句子的正常语序。

（1）使民敬，忠以劝，如之何？

______

（2）临之以庄，则敬。

______

2. 文言积累。文言文中“三”除了表示“三、第三”之外，也表示“多次”或“多数”，请积累带“三”字的成语。

三思而行　　三缄其口　　韦编三绝　　三省吾身

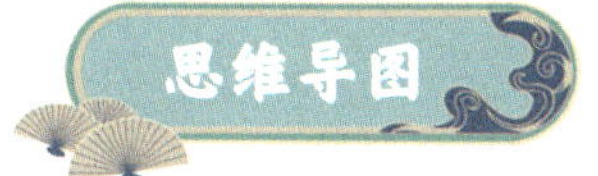

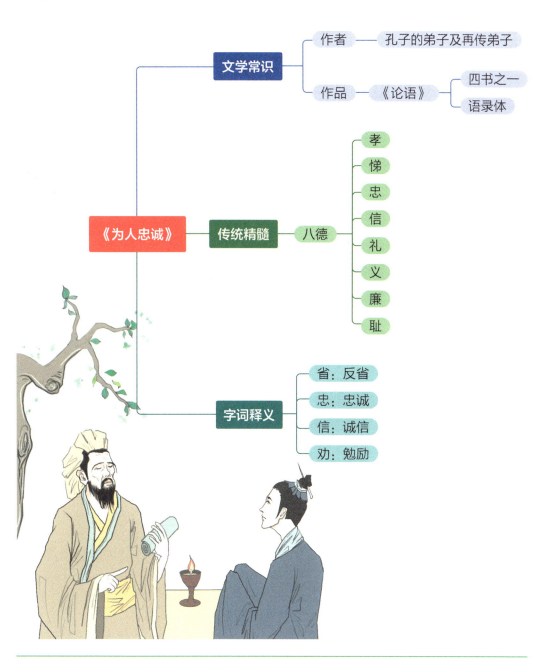

- 《为人忠诚》
  - 文学常识
    - 作者——孔子的弟子及再传弟子
    - 作品——《论语》
      - 四书之一
      - 语录体
  - 传统精髓
    - 八德
      - 孝
      - 悌
      - 忠
      - 信
      - 礼
      - 义
      - 廉
      - 耻
  - 字词释义
    - 省：反省
    - 忠：忠诚
    - 信：诚信
    - 劝：勉励

答案：1.（1）使民敬，以忠劝，如何之？
（2）以庄临之，则敬。
2.略

17. 王安石待客

［南宋］曾敏行

王荆公在相位，子妇之亲[①]萧氏子至京师[②]，因谒(yè)公，公约之饭。翌(yì)日，萧氏子盛服而往，意谓公必盛馔(zhuàn)[③]。日过午，觉饥甚而不敢去。又久之，方命坐，果蔬[④]皆不具，其人已心怪之。酒三行(háng)[⑤]，初供胡饼两枚，次供胾(zì)脔(luán)[⑥]数四，顷即供饭，傍[⑦]置菜羹(gēng)而已。萧氏子颇骄纵，不复下箸(zhù)，惟啖(dàn)[⑧]胡饼中间少许，留其四傍。公顾取自食之，其人愧甚而退。

——《独醒杂志》

字词解析

①［子妇之亲］儿媳妇家的亲戚。②［京师］京城。③［馔］准备食物。④［果蔬］泛指菜肴。⑤［酒三行］指喝了几杯酒。⑥［脔］切成小块的肉。⑦［傍］同“旁”，旁边。⑧［啖］吃。

文言译栈

王安石担任宰相的时候，儿媳妇家的亲戚萧氏子来到京城，去拜见王安石，王安石请他一起吃饭。第二天，萧氏子穿着华丽的衣服前往，心想王安石一定会准备好丰盛的食物（来款待他）。过了中午，萧氏子觉得十分饥饿，但又不敢离开。又过了很久，王安石才让他坐下，宴席上各种菜肴都没有准备，萧氏子感到很奇怪。喝了几杯酒，才上了两块胡饼，接着上了四份切成块的肉，一会儿就上饭了，一旁放着一些菜汤罢了。萧氏子很是娇生惯养，不再动筷子，只吃了胡饼中间的一小部分，把四边都留下。王安石见了就（把剩下的饼）拿过来自己吃了，萧氏子十分惭愧地离开了。

“客”字的演变

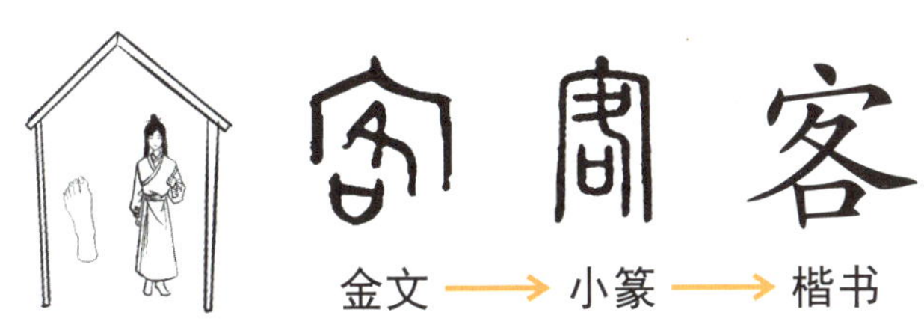

“客”属会意字。“客”的金文、小篆、楷书字形上面都为“宀”，表示房屋，下面为“各”，“各”的甲骨文作“ ”，上面像脚，下面像古人居住的土穴，可以想象有脚从门外到屋内，合起来就是有客人来到屋内。“客”的本义指来客，引申为做客、旅居他乡等。含“客”的成语有：不速之客、宾客如云、文人墨客等。请读一读，写一写。

饼

饼在春秋时期就已经出现了。《墨子·耕柱》：“见人之作饼，则还然窃之。”“饼”是对各类面食的普遍称呼，因制作方法不同，有蒸饼、汤饼、胡饼、蝎饼、索饼等。宋朝黄朝英说：“凡以面为食具者，皆谓之饼，故火烧而食者，呼为烧饼；水瀹而食者，呼为汤饼；笼蒸而食者，呼为蒸饼；而馒头谓之笼饼，宜矣。”西晋束皙还有《饼赋》。由此可见，中国的面点文化源远流长。

牛刀小试

1. 文言积累。在文言文中有时为了加强判断语气，语句中往往使用副词“乃、亦、皆、则”等，请选择合适的副词填在括号里。

（1）当立者（　　　）公子扶苏。

（2）临之以庄，（　　）敬；孝慈，（　　）忠；举善而教不能，（　　）劝。

（3）妻不以我为夫，嫂不以我为叔，父母不以我为子，是（　　）秦之罪也。

（4）有公有卿，子孙宦学相承，复为宋世家，（　　）可谓盛矣！

2. 王安石身为宰相，生活却很简朴，在为客人准备的午饭中不包括（　　）

A. 菜汤　　B. 四小块猪肉　　C. 两块胡饼　　D. 果蔬

答案：1.（1）乃　（2）则　则　则　（3）皆　（4）亦

2.D

- 《王安石待客》
  - 字词积累
    - 形近字
      - 谒
      - 褐
      - 喝
    - 多音字
      - 盛
        - shèng — 盛服
        - chéng — 盛饭
      - 行
        - háng — 酒行
        - xíng — 行驶
  - 主要人物
    - 王安石
      - 主要成就
        - 北宋宰相
        - 政治家
        - 思想家
        - 文学家
        - 改革家
      - 品质
        - 爱国忠君
        - 生活俭朴
  - 文学常识
    - 作者
      - 曾敏行
      - 南宋
    - 作品
      - 《独醒杂志》

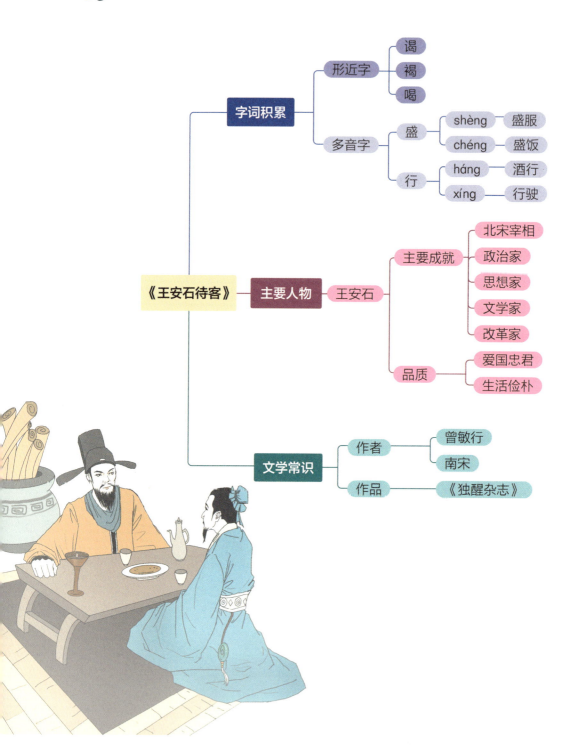

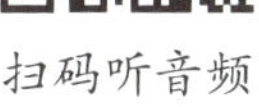

18. 匈奴未灭，无以家为

［西汉］司马迁

piào qí
骠骑将军  为人少言不泄[①]，有气敢任[②]。天子尝欲教之孙吴兵法[③] 

，对曰："顾[④]方略[⑤]何如耳，不至[⑥]学古兵法。"天子为治第[⑦]  ，令骠骑视之，对曰："匈奴未灭，无以[⑧]家为[⑨]也。"由此上益重爱之。

——《史记·卫将军骠骑列传》

字词解析

①［少言不泄］寡言少语，不泄露别人的话。②［有气敢任］有气魄，敢作敢为。③［孙吴兵法］指孙武和吴起的军事著作。④［顾］看。⑤［方略］战略、谋略。⑥［不至］不在于。⑦［治第］建造府第。⑧［无以］不用。⑨［家为］为家，经营自家之事。

骠骑将军霍去病为人寡言少语，不泄露别人说的话，有气魄，敢作敢为。武帝曾想教他孙武和吴起的兵法，他回答说："打仗的关键在于根据情况使用方针策略，不在于学习古人兵法。"武帝为他修盖府第，让骠骑将军去看，他回答说："匈奴还没有消灭，无心考虑建造自家房屋的事情。"因此武帝更加喜爱和重用他。

"兵"字的演变

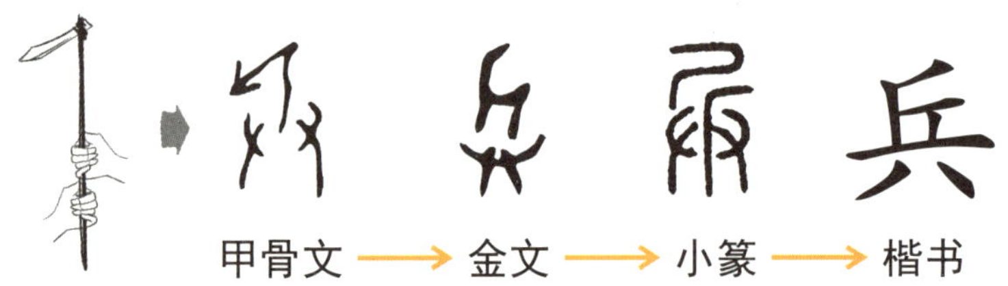

"兵"属会意字。从甲骨文字形来看，上面像斧类兵器，下面像两只手，合在一起就是两手举起兵器。"兵"的本义指兵器，引申为战争、士卒、军事等。含"兵"的成语有：草木皆兵、纸上谈兵、穷兵黩武等。请读一读，写一写。

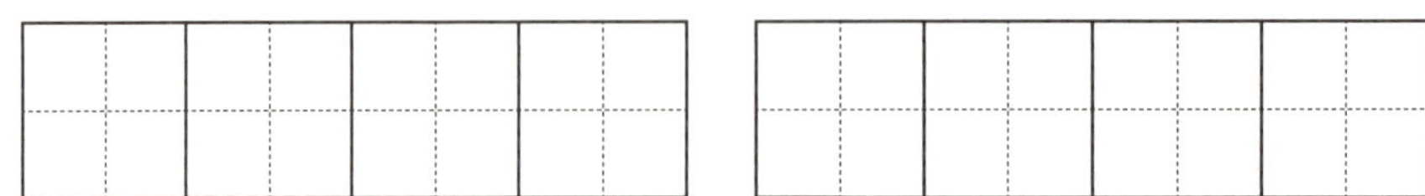

司马迁

司马迁十岁时，随父亲来到都城长安，向博士伏生、大儒孔安国学习，获益匪浅。读万卷书，行万里路。司马迁二十岁开始漫游全国。他四处采集，获得了许多第一手材料，保证了《史记》的真实性和科学性。他说：“人固有一死，或重于泰山，或轻于鸿毛。”被处以宫刑后，他忍辱负重，最终完成了《史记》的写作。鲁迅称《史记》为“史家之绝唱，无韵之离骚”。

牛刀小试

1.读一读，找一找。

文中表示“不”的意思的字有：__________、__________。你还知道的有__________、__________。

2.仿照句子写一写。

匈奴未灭，无以家为也。

__________未__________，无以__________也。

答案：1.未　无　非　莫
2.略

- 《匈奴未灭，无以家为》
  - 文学常识
    - 作者
      - 西汉
      - 司马迁
    - 作品
      - 《史记》
        - 史书典范
        - “二十四史”之首
  - 主要人物
    - 霍去病
      - 西汉军事家 — 用兵灵活 — 不至学古兵法
      - 爱国将领 — 先国后家 — 匈奴未灭，无以家为
  - “之”字用法
    - 天子尝欲教之孙吴兵法(之：霍去病)
    - 令骠骑视之(之：府第)
    - 益重爱之(之：霍去病)
  - 字词释义
    - 益：更加
    - 第：府第
    - 尝：曾经
    - 泄：泄露

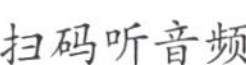

19. 商鞅立信

［西汉］司马迁

令[①]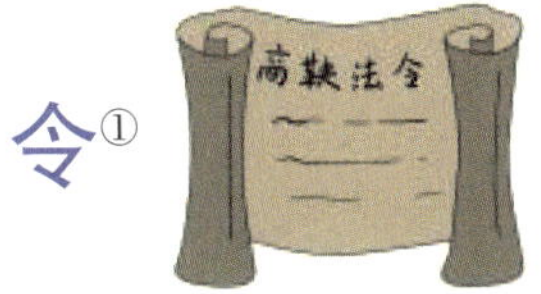

既具[②]，未布[③]，恐民之不信已，乃立三丈之木于国都市[④]南门，募(mù)[⑤]民有能徙(xǐ)[⑥]置北门者予十金[⑦]。民怪之，莫敢徙。复曰“能徙者予五十金”。有一人徙之，辄予五十金，以明不欺。卒下令。

——《史记·商君列传》

字词解析

①［令］指变法的命令。②［具］指政令的公告已写好。③［未布］没有公布。④［市］贸易市场。⑤［募］招募。⑥［徙］这里指搬走。⑦［金］古代货币单位。

新法令已经制定完成，尚未公布，商鞅担心老百姓不相信，就在国都市场的南门竖起一根三丈长的木头，招募能把木头搬到北门的百姓，谁把木头搬过去就赏给谁十金。百姓们觉得奇怪，没有人敢去搬。又下令“能把木头搬到北门的人，赏五十金”。有一个人把木头搬走了，当即就赏给他五十金，以表明不会欺骗百姓。（人们都知道了商鞅言出必行，）最终颁布了新法令。

“既”字的演变

“既”属会意字。甲骨文字形左边是皀（bī），指盛食物的高脚容器；右边是旡（jì），像人跪坐在地面然后掉头就走的样子，合在一起就是指人在容器前吃完饭转身就走。“既”的本义指食毕，引申为已经、停止等。含“既”的成语有：一如既往、既往不咎等。请读一读，写一写。

拓展阅读

约法三章

刘邦入城后，对秦朝的宫廷重地及财宝予以保护或封存，秋毫无犯，将十万大军撤驻在城外霸上。为了取得民心，刘邦把关中各县父老、豪杰召集起来，郑重地向他们宣布："如今我和诸位约定，不论是谁，都要遵守三条法律。即杀人者要处死，伤人者要抵罪，盗窃者也要判罪！除此之外，秦朝的繁律苛法全部废除！各级官吏都各自按原任职务坚守岗位，执行公务。"刘邦又派出大批人员，到各县各乡去宣传这一政策，成功地赢得民心，稳定了局势。

牛刀小试

1. 用"/"标出下面句子的停顿，并用自己的话说说这些句子的意思。

（1）乃立三丈之木于国都市南门。

（2）募民有能徙置北门者予十金。

2. 仿照例句写一写。

例：恐民之不信——恐民不信之

（1）不吾知也——（　　　　　　）

（2）未之有也——（　　　　　　）

（3）古之人不余欺也——（　　　　　　）

（4）以为莫己若——（　　　　　　）

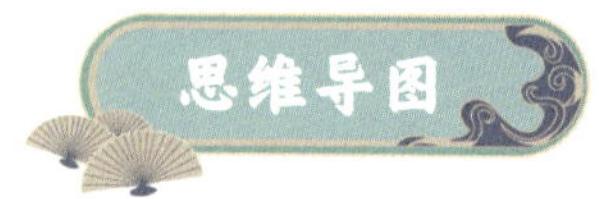

思维导图

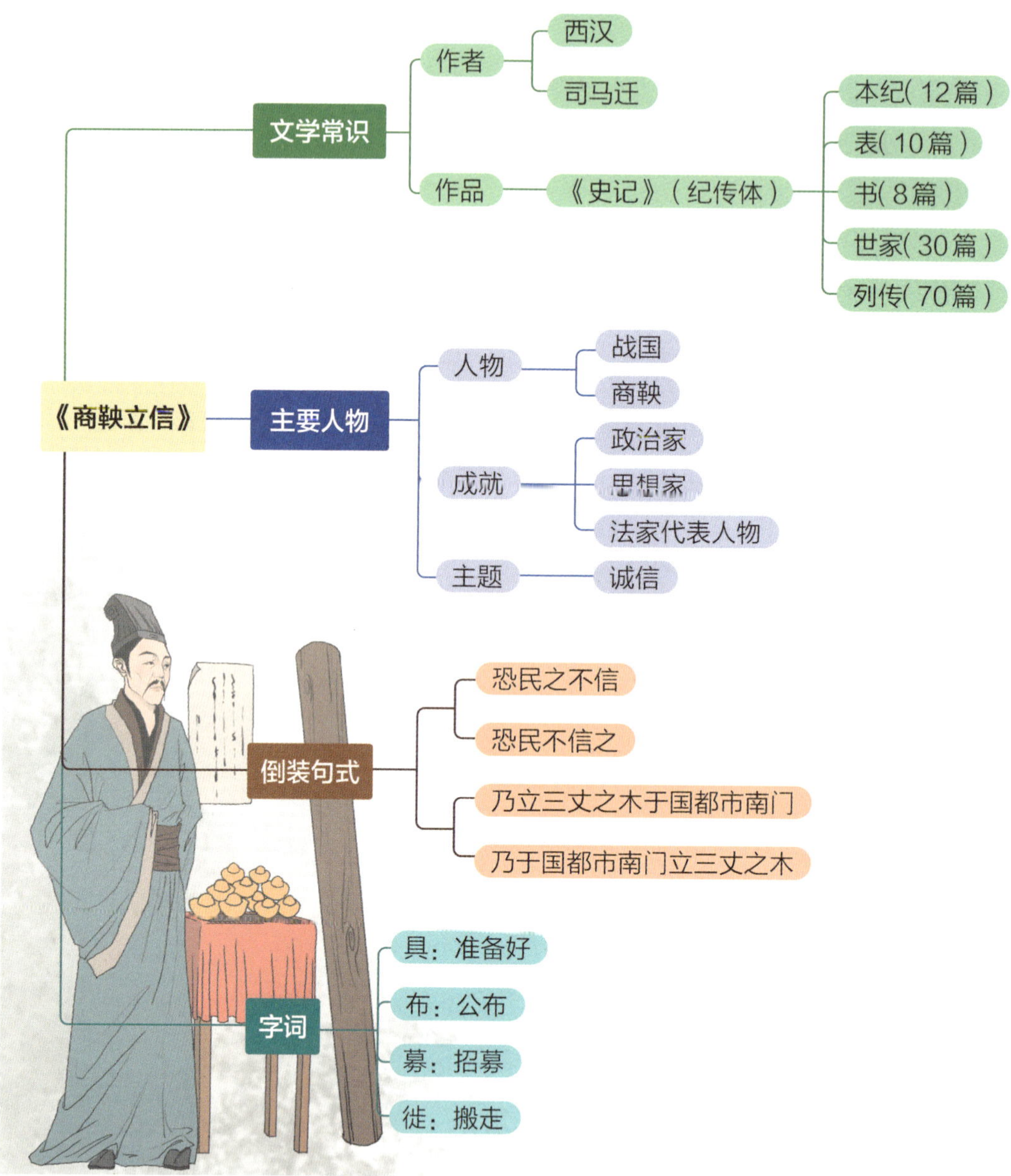

- 《商鞅立信》
  - 文学常识
    - 作者
      - 西汉
      - 司马迁
    - 作品
      - 《史记》（纪传体）
        - 本纪（12篇）
        - 表（10篇）
        - 书（8篇）
        - 世家（30篇）
        - 列传（70篇）
  - 主要人物
    - 人物
      - 战国
      - 商鞅
    - 成就
      - 政治家
      - 思想家
      - 法家代表人物
    - 主题
      - 诚信
  - 倒装句式
    - 恐民之不信
    - 恐民不信之
    - 乃立三丈之木于国都市南门
    - 乃于国都市南门立三丈之木
  - 字词
    - 具：准备好
    - 布：公布
    - 募：招募
    - 徙：搬走

答案：1.（1）乃/立三丈之木/于/国都市南门。（2）募/民有能徙置北门者/予十金。

2.（1）不知吾也 （2）未有之也 （3）古之人不欺今也 （4）以为莫若己

20. 季札挂剑

［西汉］刘向

延陵季子[1]将西聘[2]晋，带宝剑以过徐君[3]。徐君观剑，不言而色欲之。延陵季子为有上国[4]之使，未献也，然其心许之矣。致使于晋，故反[5]，则徐君死于楚，于是脱剑致之嗣(sì)君[6]。从者止之曰："此吴国之宝，非所以赠也。"延陵季子曰："吾非赠之也。先日吾来，徐君观吾剑，不言而其色欲之。吾为有上国之使，未献也。虽然，吾心许之矣。今死而不进，是欺心也。爱剑伪[7]心，廉者不为也。"遂脱[8]剑致之嗣君。嗣君曰："先君无命，孤不敢受剑。"于是季子以剑带徐君墓树而去。

——《新序·节士第七》

字词解析

①［延陵季子］春秋时期吴国人，因封地延陵而得名。②［聘］访问。③［徐君］徐国国君。④［上国］指春秋时中原诸侯国。⑤［故反］一作“顾反”，合成词，返回的意思。⑥［嗣君］此指徐国即位的君主。⑦［伪］欺。⑧［脱］解下。

文言译栈

延陵季子要到西边去访问晋国，佩带宝剑拜访了徐国国君。徐国国君观赏季子的宝剑，嘴上没有说什么，但脸上透露出想要宝剑的意思。延陵季子因为有出使上国的任务，就没有把宝剑献给徐国国君，但是他心里已经答应给他了。季子出使晋国，返回吴国经过徐国时，徐国国君却已经死在楚国，于是，季子解下宝剑送给继位的徐国国君。随从阻止他说：“这是吴国的宝物，不是用来作赠礼的。”季子说：“我不是赠给他的。前些日子我经过这里，徐国国君观赏我的宝剑，嘴上没有说什么，但是他的脸上透露出想要这把宝剑的意思。我因为有出使上国的任务，就没有献给他。虽是这样，在我心里已经答应给他了。如今他死了，不把宝剑进献给他，是欺骗自己的良心。因为爱惜宝剑就使自己的心变得虚伪，正直的人是不会这样做的。”于是解下宝剑送给了继位的徐国国君。继位的徐国国君说：“先君没有留下遗命，我不敢接受宝剑。”于是，季子把宝剑挂在了徐国国君坟墓边的树上就走了。

“去”字的演变

“去”属会意字。甲骨文字形上部是“大”字，代表人，下部是口，指洞穴口、门口等，合起来表示人离开洞穴或跨越沟坎，有远离的意思。“去”的本义指离开，可引申为距离、过去的、前往等。含“去”的成语有：翻来覆去、扬长而去、来龙去脉等。请读一读，写一写。

宾礼——聘问

聘是在诸侯定期朝觐天子的间隔当中，派遣卿大夫为使者，到京都向天子作礼仪性的问候，并且报告邦国的情况。《礼记·王制》曰：“诸侯之于天子也，比年一小聘，三年一大聘。”天子派卿大夫见诸侯也称为“聘”。“其天子亦有使大夫聘诸侯之礼”（《礼记·王制》疏云）。天子派卿大夫聘问诸侯，是为了褒奖诸侯在德行方面有突出表现，如《左传·

隐公七年》："冬，天王使凡伯来聘。"

诸侯之间也可互派使者进行聘问，以互致问候，以卿为使者的称"大聘"，以大夫为使者的称"小聘"。各国互来互往聘问，也有定称，其中由国内到国外称"如"，此称为鲁国所专用；由国外到国内则称"聘"，各国皆可用。如《左传·襄公二十年》载："冬，季武子如宋，报向戌之聘也。"聘问之礼在春秋时极为频繁，到战国以后，由于社会环境的变化而逐渐消失。

牛刀小试

1. 写一写。写出下列加点字的通假字。

（1）寒暑易节，始一反焉。（　　）

（2）须臾成五采。（　　）

（3）或师焉，或不焉。（　　）

2. 议一议。你是如何看待"爱剑伪心，廉者不为也"的？

答案：1.（1）返　（2）彩　（3）否

2. 略

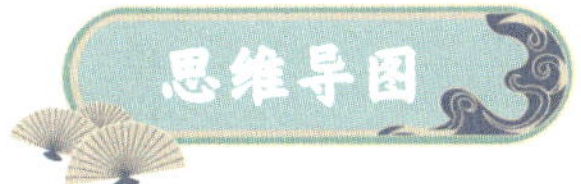

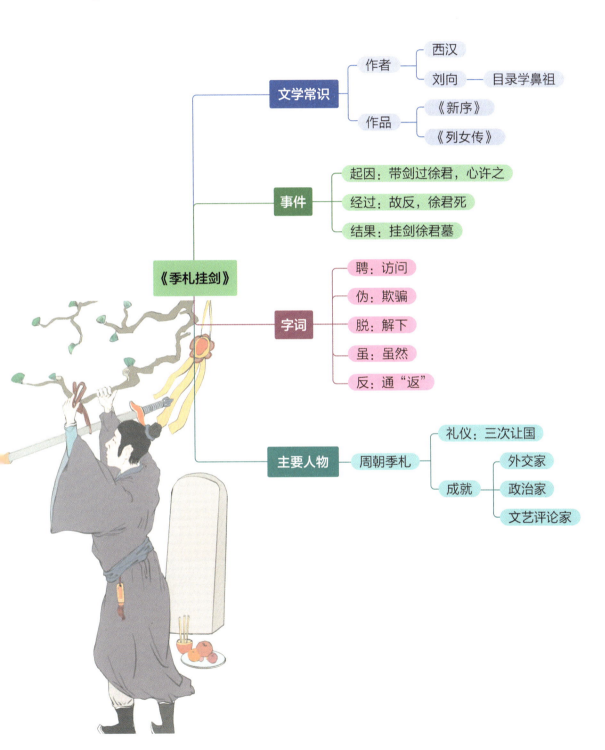

《季札挂剑》
- 文学常识
  - 作者
    - 西汉
    - 刘向 —— 目录学鼻祖
  - 作品
    - 《新序》
    - 《列女传》
- 事件
  - 起因：带剑过徐君，心许之
  - 经过：故反，徐君死
  - 结果：挂剑徐君墓
- 字词
  - 聘：访问
  - 伪：欺骗
  - 脱：解下
  - 虽：虽然
  - 反：通“返”
- 主要人物
  - 周朝季札
    - 礼仪：三次让国
    - 成就
      - 外交家
      - 政治家
      - 文艺评论家

第五单元　有则改之

以铜为镜，
可以正衣冠；
以古为镜，
可以知兴替；
以人为镜，
可以明得失。

——［唐］李世民

扫码听音频

21. 改过

子曰："过①而不改，是②谓③过④矣。"

——《论语·卫灵公》

不迁⑤怒，不贰⑥过。

——《论语·雍也》

子贡曰："君子之过也，如日月之食焉。过也，人皆见之；更也，人皆仰之。"

——《论语·子张》

子曰："三人行，必有我师焉。择其善者而从之，其不善者而改之。"

——《论语·述而》

字词解析

①［过］有过错。②［是］这。③［谓］才是。④［过］过错。⑤［迁］转移。⑥［贰］重复。

孔子说："有了过错却不加以改正，这才是真正的过错。"

不迁怒于他人，不犯同样的错误。

子贡说："君子的过失，就像日食和月食一样：有过错时，人人都看得见；改正的时候，人人都仰望着。"

孔子说："几个人同行，其中必定有人可以做我的老师。我选择别人的那些优点而学习，看到别人的缺点，反省自身有没有同样的缺点，如果有就加以改正。"

"言"字的演变

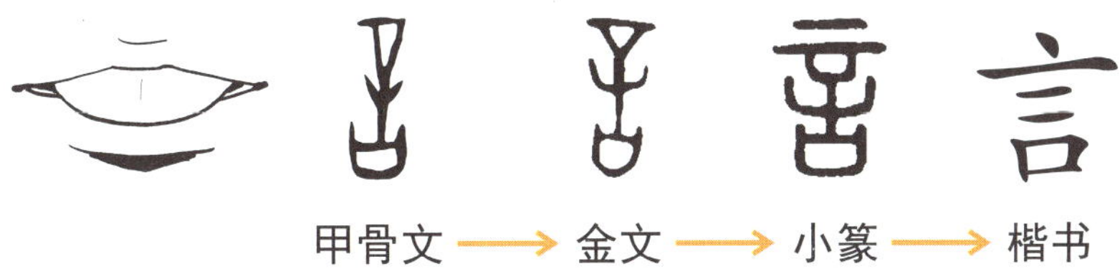

"言"属会意字。甲骨文、金文像舌自口中伸出之形。"言"的本义指说话，引申为说出来的话、说出或写出的一个字或一句话等。含"言"的成语有：一言为定、妙不可言、言之凿凿等。请读一读，写一写。

孔子项橐相问书

项橐用土堆了一座城，坐在里面。孔子对他说：“你为什么不躲避马车？”项橐回答说：“我以前听说您上晓天文，下知地理，中通人情。从古到今，只听说车子躲避城，哪有城躲避车子的道理呢？”孔子无话可说，于是驾车从城的旁边绕着走。

之后孔子和项橐聊了起来。项橐流畅地回答孔子的提问，孔子说：“好，好！我和你一起游历天下，可以吗？”项橐说：“我不去周游。我有严厉的父亲，应当侍奉他；我有慈爱的母亲，应当赡养她；我有年长的哥哥，应当顺从他；我有年幼的弟弟，应当教育他。因此不能跟您去游历。”

牛刀小试

1.选择下列加点字的正确意思，并将其序号填在括号里。

①动词，有过错；②名词，过错

（1）过而不改。（　　）　　（2）是谓过矣。（　　）

（3）不贰过。（　　）　　（4）君子之过也。（　　）

（5）过也，人皆见之。（　　）

2.《论语》有言："君子之过也，如日月之食焉。过也，人皆见之；更也，人皆仰之。"这句话警示我们（　　）

①如果成长过程中有了过错，一定要重视并勇于改正。

②有了过错就改正，脚踏实地地走向正道。

③尽量做圣贤，不能有过错。

④对待自己的过失，应有光明磊落的胸襟、真诚坦率的态度、知耻近乎勇的表现。

A.①②④　　B.②③④　　C.①③④　　D.①②③

答案：1.（1）①　（2）②　（3）①　（4）②　（5）①
2.A

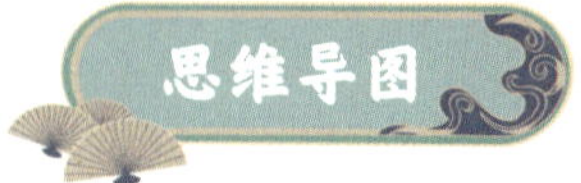

《改过》

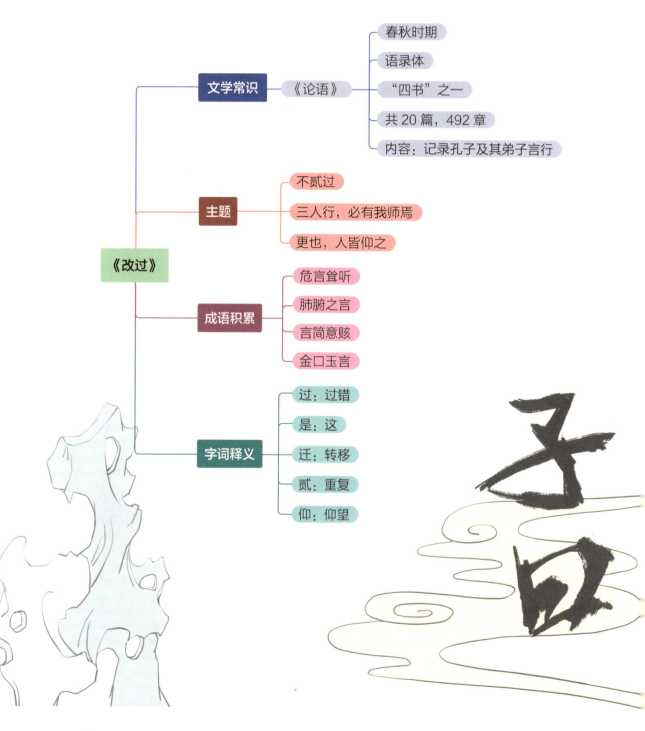

- 文学常识
  - 《论语》
    - 春秋时期
    - 语录体
    - “四书”之一
    - 共 20 篇，492 章
    - 内容：记录孔子及其弟子言行
- 主题
  - 不贰过
  - 三人行，必有我师焉
  - 更也，人皆仰之
- 成语积累
  - 危言耸听
  - 肺腑之言
  - 言简意赅
  - 金口玉言
- 字词释义
  - 过：过错
  - 是：这
  - 迁：转移
  - 贰：重复
  - 仰：仰望

子曰

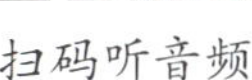

22. 周处自新（节选）

［南朝］刘义庆

乃入吴寻二陆[①]，平原[②]不在，正见清河[③]，具以情告，并云：“欲自修改，而年已蹉跎（cuō tuó）[④]，终无所成。”清河曰：“古人贵[⑤]朝闻夕死，况[⑥]君[⑦]前途尚可。且人患[⑧]志之不立，亦何忧令名不彰[⑨]邪（yé）[⑩]？”处遂改励[⑪]，终为忠臣孝子。

——《世说新语》

字词解析

①［二陆］陆机、陆云。②［平原］陆机曾任平原内史，故称。③［清河］陆云曾任清河内史，故称。④［蹉跎］虚度光阴。⑤［贵］以……为贵。⑥［况］何况。⑦［君］你。⑧［患］担心，害怕。⑨［彰］显露。⑩［邪］通“耶”，相当于“呢”。⑪［改励］改过自新，努力上进。

（周处）于是到吴郡去找陆机和陆云两位有修养的名人，陆机不在，只见到了陆云，他就把事情的经过告诉了陆云，并说："我想要改正错误，可是岁月已经荒废了，怕最终没有什么成就。"陆云说："古人珍视道义，认为哪怕是早晨明白了道理，晚上就死去也算没有虚度一生了，况且你的前途还是有希望的。再说人就怕立不下志向，只要能立志，又何必担忧好名声不能传扬呢？"周处听后就改过自新，最终成为一名忠臣孝子。

"自"字的演变

"自"属象形字。甲骨文字形像人的鼻子。"自"的本义指鼻子，引申为开始、本来、自己等。含"自"的成语有：自以为是、自始至终、自强不息等。请读一读，写一写。

黄耳传书

陆机有一只名犬，名叫黄耳。他久居京城，很久没有过问家事，便笑着对狗说："我家久无书信，你能否替我送信并取回消息呢？"狗摇着尾巴叫出声来。陆机便写信用竹筒系在狗脖子上，狗日夜不停地赶路，来到陆机的家乡。家人看到陆机的信，又给陆机写了一封回信。陆机的家乡和京城之间，人走路来回尚且需要五十多天，而黄耳只用了二十天。黄耳死后，陆机把它埋葬在家乡，碑上刻着"黄耳冢"。

牛刀小试

1. 用"/"标出下面句子的停顿，并用自己的话说说句子的意思。

（1）且人患志之不立，亦何忧令名不彰邪？

（2）古人贵朝闻夕死，况君前途尚可。

2. 有句俗语说得好："浪子回头金不换。"意思是：不走正道的人改邪归正后极其可贵。《左传·宣公二年》中有一个成语和这句俗语意思相近："过而能改，________________________"。

《周处自新（节选）》

- 文学常识
  - 作者
    - 刘义庆
    - 南朝
  - 作品
    - 《世说新语》
      - 东汉后期至晋宋间众多名士的言行轶事
      - 笔记小说代表作
      - 分为德行、言语、政事、文学、方正等 36 类
- 字词释义
  - 具：详细
  - 蹉跎：虚度光阴
  - 贵：以……为贵
  - 患：担心，害怕
  - 彰：显露
- 传统精髓
  - 黄耳传书
- 主题
  - 朝闻夕死
  - 改过自新

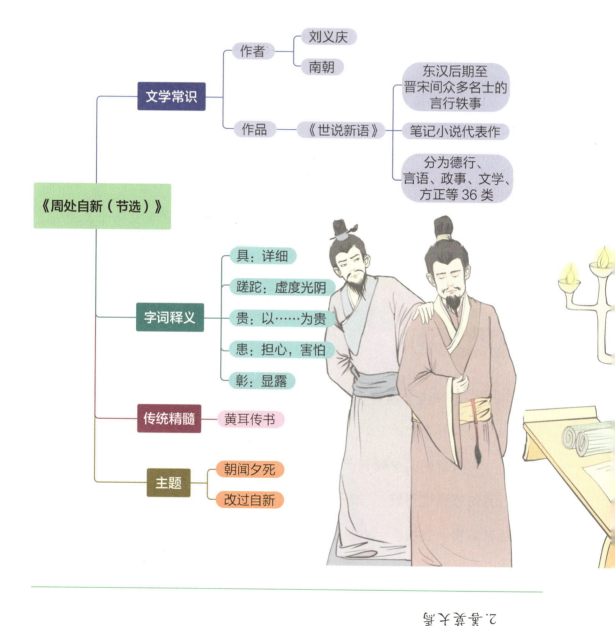

答案：1.（1）且人/患志之不立，亦何忧/令名不彰邪？

翻译：况且人就怕不能立下志向，又何必担忧美名不能显扬呢？

（2）古人/贵/朝闻夕死，况君/前途尚可。

翻译：古人十分看重“朝闻道，夕死可矣”的道理，何况你还很有前途。

2. 善莫大焉

扫码听音频

23. 盗牛改过

［南朝］裴松之

时国中有**盗牛者**，牛主得之。盗者曰："我邂逅迷惑，从今已后将为改过。子既已赦宥（yòu）[1]，幸无使王烈[2]闻之。"人有以告烈者，烈以布一端[3]遗（wèi）之。或问："此人既为盗，畏君闻之，反与之布，何也？"烈曰："昔秦穆公，人盗其**骏马**食之，乃赐之酒。盗者不爱其死，以救穆公之难。今此盗人能悔其过，惧吾闻之，是知耻恶。知耻恶，则善心将生，故与布劝为善也。"

间年[4]之中，行路老父担重，人代担行数十里，欲至家，置而去，问姓名，不以告。顷之，老父复行，失剑于路。有人行而遇之，欲置而去，惧后人得之，剑主于是永失，欲取而购募，或恐差错，遂守之。至暮，剑主还见之，前者代担人也。老父揽其

mèi
袂，问曰："子前者代吾担，不得姓名，今子复守吾剑于路，未有若子之仁，请子告吾姓名，吾将以告王烈。"乃语之而去。老父以告烈，烈曰："世有仁人，吾未之见。"遂使人推[⑤]之，乃昔时盗牛人也。

——《三国志》[⑥]

字词解析

①［宥］原谅、赦罪。②［王烈］三国时人，以品德高尚闻名。③［端］古代布帛的长度单位。④［间年］隔年。⑤［推］推问、推求、穷追。⑥［《三国志》］西晋史学家陈寿编撰，以经传体记载三国史事，裴松之作注。选文即为裴松之所注文段。

文言译栈

当时王烈所在的封国中有一位偷牛的人，被牛的主人抓住。偷牛贼说："我一时糊涂，从今以后我一定痛改前非。您既然已经赦免原谅了我，希望不要让王烈知道这件事情。"有人将此事告诉了王烈，王烈就拿出一端布赠给偷牛人。有人问王烈："这人已经偷了东西，害怕您知道这件事，您反而赠送他布，这是为什么呢？"王烈回答说："春秋时的秦穆公，有人偷了他的骏马并杀了吃，（穆公抓获偷马人后）却赏赐偷马人酒喝。（后来）偷马人（在战场上）不吝惜自己的生命，来救

陷于危险的秦穆公。现在这个偷牛人改正他的错误，怕我知道这件事，这表明他已懂得羞耻。懂得了廉耻，那么向善之心就会产生，所以我送给他布劝勉他向善。”

过了一年，路上有一位老者挑着重担，有一个人见到后主动替他挑行几十里，快到老人家里的时候，这人才放下担子离去，老人问他姓名，他没有告知。过了不久，这位老人再次外出，把佩剑丢在了路上。一位路人途中看见了这把佩剑，想不管它就离去，又担心后面的过路人捡去，剑的主人就会永远失去佩剑，想拿了剑后通过悬赏找到（失主），又担心出现差错，于是就守着这把剑。到了傍晚，佩剑主人返回时遇到了这位守剑人，正是上次代为挑担的那个人。老人拉住他的衣袖，问他：“你之前为我挑担，不告诉我姓名，现在又在路上看守我的剑，我还没见过像你这样好心的人，请你告诉我你的姓名，我要告诉王烈。”那个人告诉他后就离开了。老人把这件事告诉了王烈，王烈说：“世上有这样的善人我却见不到。”然后让人去寻找，原来是以前那个偷牛的人。

“闻”字的演变

“闻”属会意字。甲骨文字形像人半跪侧耳倾听的样子。“闻”的本义指听见、听到，引申为听说、知道、报告、闻名等。含“闻”的成语有：举世闻名、置若罔闻、耸人听闻等。请读一读，写一写。

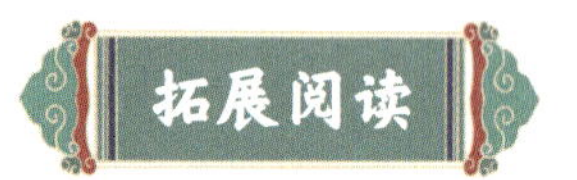

拓展阅读

释放死囚，千古美谈

贞观六年（公元632年），李世民前往大理寺监狱进行视察。那里聚集了全国390个死刑犯。李世民下令释放大理寺收押的所有死囚，让他们回家看看，要求他们来年秋天必须返回长安等待处决。一年后，到了李世民与死刑犯约定的日子，大理寺发现来的只有389个人，还差一个人。一个时辰后，最后一个人坐着马车来到监狱，原来这个人在来的路上不幸染病，只能雇车前来。他们的守时和守信让李世民深受感动，李世民便下令赦免了他们的死刑，重新判定罪责。

这一事件，让长安城的百姓津津乐道，也才有了白居易“怨女三千放出宫，死囚四百来归狱”的千古名句。

1.选一选。选择加点字的正确意思并将其序号填在括号里。

①隐藏；②贪图；③爱护；④喜爱

（1）节用而爱人。（　　）

（2）爱共叔段，欲立之。（　　）

（3）文臣不爱钱，武臣不惜死，天下太平矣。（　　）

（4）故天不爱其道，地不爱其宝，人不爱其情。（　　）

2.下列启示与课文无关的是（　　）

A.要宽恕他人的过错。　B.知耻恶者能从善。

C.要勇于改正错误。　D.行善意在图回报。

答案：1.（1）③　（2）④　（3）②　（4）①

2.D

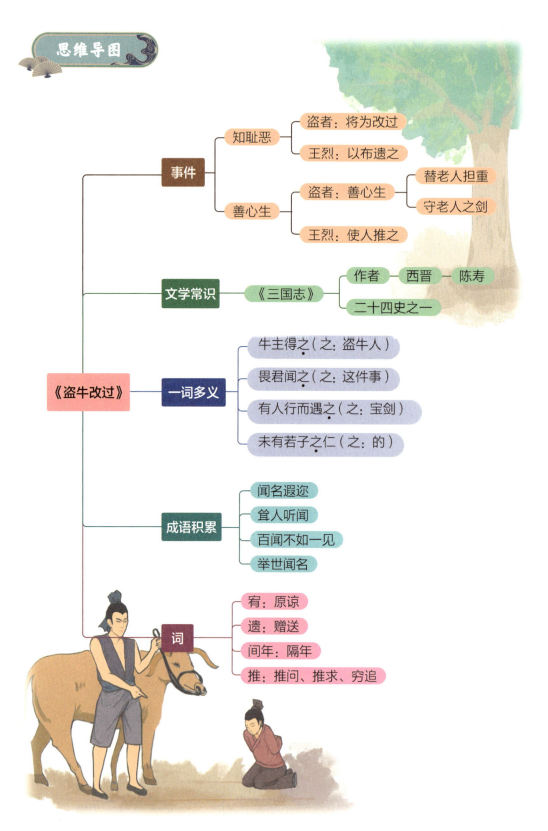

思维导图

- 《盗牛改过》
  - 事件
    - 知耻恶
      - 盗者：将为改过
      - 王烈：以布遗之
    - 善心生
      - 盗者：善心生
        - 替老人担重
        - 守老人之剑
      - 王烈：使人推之
  - 文学常识
    - 《三国志》
      - 作者—西晋—陈寿
      - 二十四史之一
  - 一词多义
    - 牛主得之（之：盗牛人）
    - 畏君闻之（之：这件事）
    - 有人行而遇之（之：宝剑）
    - 未有若子之仁（之：的）
  - 成语积累
    - 闻名遐迩
    - 耸人听闻
    - 百闻不如一见
    - 举世闻名
  - 词
    - 宥：原谅
    - 遗：赠送
    - 间年：隔年
    - 推：推问、推求、穷追

扫码听音频

24. 乐羊子妻（节选）

［南朝］范晔

河南乐羊子之妻者，不知何氏之女也。羊子尝行路，得遗金一饼，还(huán)以与妻。妻曰：“妾闻志士不饮盗泉之水[1]，廉者不受嗟(jiē)来之食[2]，况拾遗求利，以污其行[3]乎！”羊子大惭，乃捐[4]金于野，而远寻师学。

——《后汉书·列女传》

字词解析

①［志士不饮盗泉之水］据《尸子》，孔子路过盗泉，口渴也不饮，因为讨厌这个名字。旧时人们引用这句话，表示坚守节操，不污其行。②［廉者不受嗟来之食］据《礼记·檀弓》，齐国出现了严重的饥荒，黔敖在路边准备好饭食供饥饿的人吃。有个饥饿的人走来，黔敖左手端着吃食，右手端着汤，说道：“喂！来吃！”那个饥民扬眉抬眼看着黔敖，说：“我就是不愿

吃嗟来之食，才落到这个地步！”黔敖追上前去道歉，那个饥民终究不肯接受食物，最后饿死了。后常用来劝勉人要有志气。廉，方正，刚直。嗟来之食，指带有侮辱性的施舍。③［污其行］玷污自己的品行。④［捐］丢弃，舍弃。

文言译栈

河南乐羊子的妻子，不知是谁家的女儿。羊子在路上行走时，曾经捡到一块别人丢失的金子，拿回家把金子给了妻子。妻子说：“我听说有志气的人不喝‘盗泉’的水，廉洁方正的人不接受他人傲慢侮辱地施舍的食物，何况是捡拾别人的失物、谋求私利来玷污自己的品德呢！”羊子听后十分惭愧，就把金子扔到野外，然后远行拜师求学去了。

“饮”字的演变

“饮”属象形兼会意字。甲骨文像一个人俯身吐舌，捧着酒樽就饮的样子。“饮”的本义为喝，读yǐn，引申为喝酒、可以喝的东西等，又读yìn，引申为给人或牲畜水喝。含“饮”的成语有：茹毛饮血、饮水思源、开怀畅饮等。请读一读，写一写。

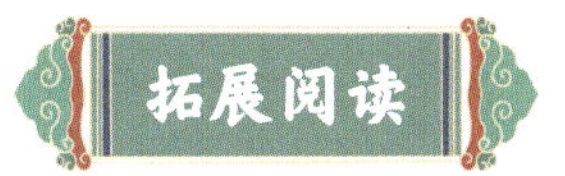

乐羊子妻欲断织

东汉时期，乐羊子去远方拜师求学。一年之后，乐羊子回来了，妻子问他回家的原因。乐羊子说："出行在外久了，想念家乡，没有别的特殊的事情。"妻子听后，随手拿起身边的一把剪刀，走到织布机前说："这织布机上的绢帛来自蚕茧，积累了一根根的丝，才能有一寸长的布；积累了一寸寸的布，才有了一丈乃至一匹布。如果现在我把它剪断，那么我之前花费的精力也就白白浪费了，最后也只能是前功尽弃。"听了妻子的话，乐羊子很是羞愧，又离家去学习了。

牛刀小试

1. 文言实词"短"有不同的意思，请连一连。

（1）审谛之，短小，黑赤色，顿非前物。　　A. 陷害

（2）卒使上官大夫短屈原于顷襄王。　　B. 不足

（3）莫若以吾所长，攻敌所短。　　C. 与长相对

2. 写一写。

乐羊子妻批评丈夫的错误，引用了两个典故，这两个典故分别是不饮________和不食________。

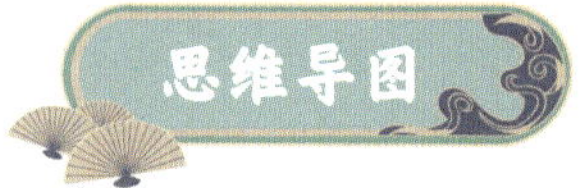

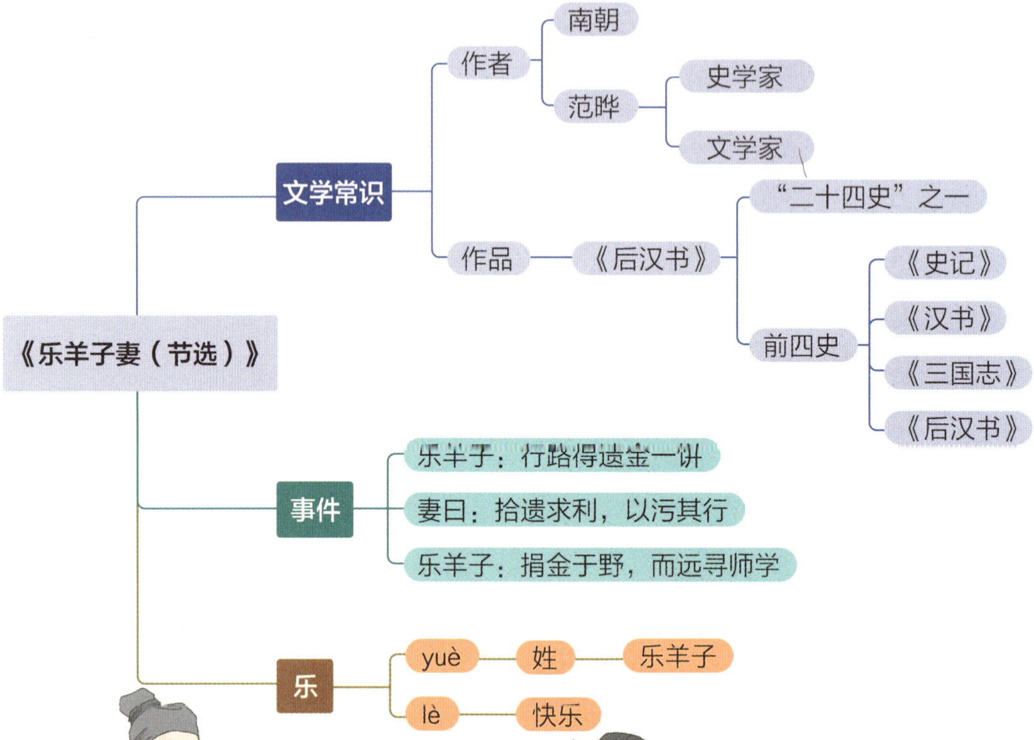

- 《乐羊子妻（节选）》
  - 文学常识
    - 作者
      - 南朝
      - 范晔
        - 史学家
        - 文学家
    - 作品
      - 《后汉书》
        - “二十四史”之一
        - 前四史
          - 《史记》
          - 《汉书》
          - 《三国志》
          - 《后汉书》
  - 事件
    - 乐羊子：行路得遗金一饼
    - 妻曰：拾遗求利，以污其行
    - 乐羊子：捐金于野，而远寻师学
  - 乐
    - yuè — 姓 — 乐羊子
    - lè — 快乐

答案：1.（1）审谛之，短小，黑赤色，顿非前物。——C. 与长相对

（2）卒使上官大夫短屈原于顷襄王。——A. 陷害

（3）莫若以吾所长，攻敌所短。——B. 不足

2. 盗泉之水　嗟来之食

25. 负荆请罪

［西汉］司马迁

相如曰："夫以秦王之威，而相如廷叱（chì）之，辱其群臣，相如虽驽，独畏廉将军哉？顾吾念之，强秦之所以不敢加兵于赵者，徒以吾两人在也。今两虎共**斗**

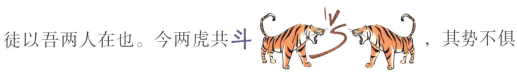

，其势不俱生。吾所以为此者，以先国家之急而后私仇也。"廉颇闻之，肉袒（tǎn）**负荆**①，因②宾客至蔺相如门谢罪。曰："鄙贱之人，不知将军③宽之至此也。"卒相与**欢**

，为刎颈之交④。

——《史记·廉颇蔺相如列传》

字词解析

①［负荆］背着荆条。②［因］经由。③［将军］当时的上卿兼任将相，所以廉颇这样称呼蔺相如。④［刎颈之交］指能够共患难、同生死的朋友。刎颈，杀头。刎，割。

文言译栈

相如说："以秦王的威势，而我却敢在朝廷上呵斥他，羞辱他的群臣，我蔺相如虽然无能，难道会怕廉将军吗？但是我想到，强大的秦国之所以不敢攻打赵国，就是因为有我和廉将军在呀，如今两虎相斗，势必不能共存。我之所以这样忍让，就是因为要把国家的急难摆在前面，而把个人的私怨放在后面。"廉颇听说了这些话，就脱去上衣，露出上身，背着荆条，由宾客引见，来到蔺相如的门前请罪。他说："我是个粗野卑贱的人，想不到将军您是如此的宽厚啊！"二人最终和好，成为生死与共的好友。

"罪"字的演变

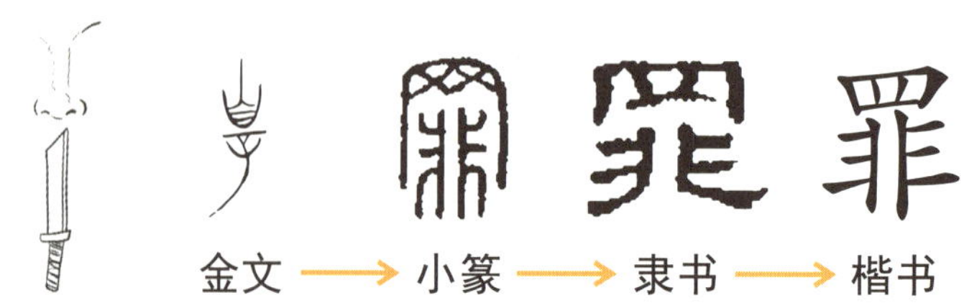

“罪、辠（zuì）”不是等义的异体字。“辠”的金文为会意字，“辠”从字形上看，上部“自”是鼻子，下部“辛”是刑刀，合在一起为以刀割鼻，是古代的一种刑罚。本义为作恶或犯法的行为。有说法认为秦时以为“辠”字似“皇”，遂改为“罪”。小篆“罪”为形声字，从网，非声。本义为捕鱼的网。后假借为作恶或犯法的行为，引申为判定的刑罚、过失、谴责等。含“罪”的成语有：罪不容诛、登门谢罪、罪有应得等。请读一读，写一写。

廉颇老矣，尚能饭否？

廉颇被免去职务后，来到魏国。赵王派遣使者前去考察廉颇还能否为自己效力。廉颇见到使者后，一顿饭吃掉了一斗米、十斤肉，披上铠甲矫健地跳上战马。廉颇的仇人郭开贿赂使者，让使者这样向赵王汇报：“廉颇吃得很多，不过在吃饭的过程中上了好几次厕所。”于是，赵王决定不再重用他。辛弃疾有词云：“凭谁问，廉颇老矣，尚能饭否？”

牛刀小试

1. 连一连。你知道以下词语分别是指什么关系的朋友吗？

(1) 金石之交　　　　A. 旧时朋友结为兄弟的关系

(2) 患难之交　　　　B. 比喻交朋友不计较贫富和身份

(3) 贫贱之交　　　　C. 在一起经历过艰难困苦的朋友

(4) 忘年之交　　　　D. 比喻像金石一样牢不可破的交情

(5) 八拜之交　　　　E. 贫困时结交的知心朋友

(6) 布衣之交　　　　F. 年辈不相当而结交为友

2. 仿照句子写一写。

(1) 相如虽驽，独畏廉将军哉？

__________虽__________，独_______________哉？

(2) 鄙贱之人，不知将军宽之至此也。

______________之人，不知____________至此也！

答案：1. (1) 金石之交　　A. 旧时朋友结为兄弟的关系

(2) 患难之交　　B. 比喻交朋友不计较贫富和身份

(3) 贫贱之交　　C. 在一起经历过艰难困苦的朋友

(4) 忘年之交　　D. 比喻像金石一样牢不可破的交情

(5) 八拜之交　　E. 贫困时结交的知心朋友

(6) 布衣之交　　F. 年辈不相当而结交为友

2. 略

- 《负荆请罪》
  - 文学常识
    - 作者
      - 西汉
      - 司马迁
    - 作品
      - 《史记》
  - 人物
    - 廉颇
      - 知错能改 — 负荆请罪
      - 典故 — 廉颇老矣，尚能饭否？
    - 蔺相如
      - 战国时期赵国人
      - 政治家、外交家
      - 品德高尚 — 把国家利益放在第一位
      - 重要事件
        - 完璧归赵
        - 渑池之会
        - 负荆请罪
  - 积累词语
    - 金石之交
    - 患难之交
    - 贫贱之交
    - 忘年之交
    - 八拜之交
    - 布衣之交
  - 字词释义
    - 负：背着
    - 叱：呵斥
    - 卒：终于
    - 刎：割

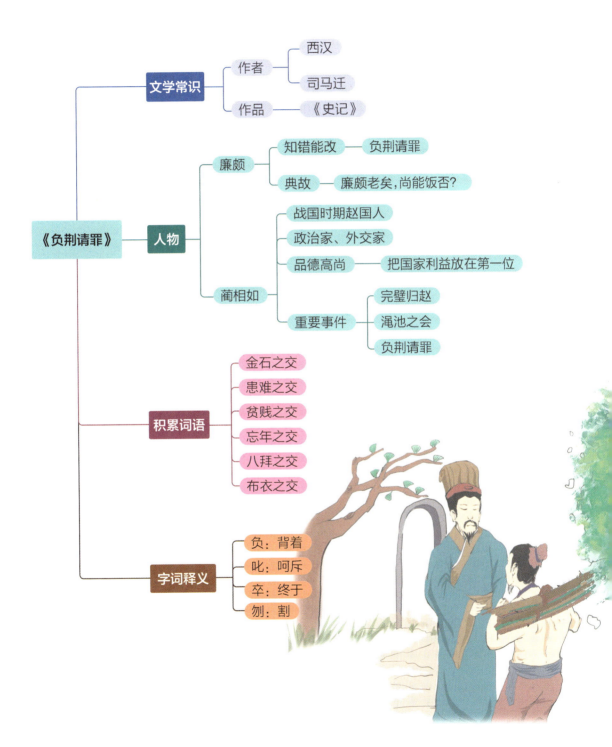

水光潋滟晴方好，
山色空蒙雨亦奇。
欲把西湖比西子，
淡妆浓抹总相宜。

——［北宋］苏轼

扫码听音频

26. 山川之美

［南朝］陶弘景

山川之美，古来共谈。高峰入云，清流见底。两岸石壁，五色交辉[①]。青林翠竹，四时俱备。晓雾将歇[②]，猿鸟乱鸣；夕日欲颓(tuí)[③]，沉鳞[④]竞跃。实是欲界[⑤]之仙都[⑥]。自康乐[⑦]以来，未复有能与(yù)[⑧]其奇者。

——《答谢中书书》

字词解析

①［交辉］交相辉映。②［歇］消散。③［颓］坠落。④［沉鳞］潜游在水中的鱼。⑤［欲界］没有摆脱世俗之世界，指人间。⑥［仙都］神仙居住的美好世界。⑦［康乐］指南北朝时期山水诗人谢灵运，他承袭祖父谢玄的爵位，被封为康乐公。⑧［与］参与，这里有欣赏、领悟的意思。

山川景色的美丽，自古以来就是文人雅士共同欣赏赞叹的。巍峨的山峰耸入云端，明净的溪流清澈见底。两岸的石壁色彩斑斓，交相辉映。青葱的林木、翠绿的竹丛，四季常存。清晨的薄雾将要消散的时候，传来猿、鸟此起彼伏的叫声；夕阳快要落山的时候，潜游在水中的鱼儿争相跳出水面。这里实在是人间的仙境。自从南朝的谢灵运以来，就再也没有人能够欣赏这种奇丽的景色了。

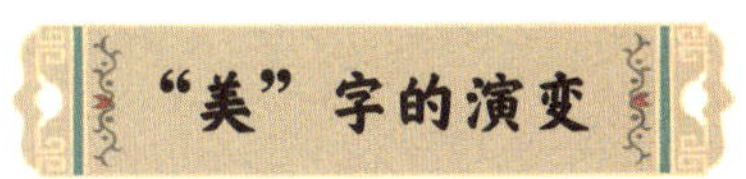

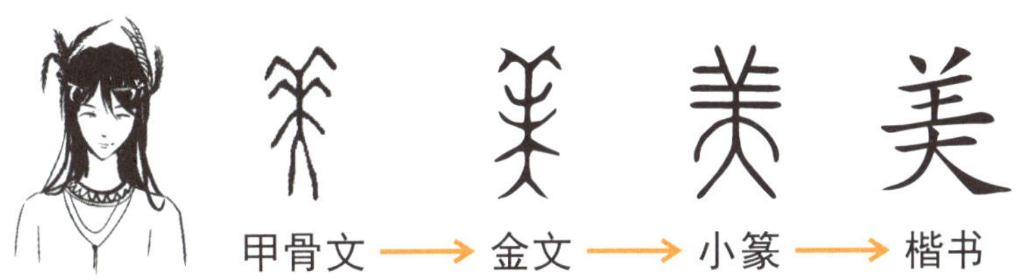

“美”属象形兼会意字。甲骨文字形下面像人，上面像人的头饰，古人以此为美。“美”的本义指美丽、美味，引申为好、令人满意、得意等。含“美”的成语有：美轮美奂、精美绝伦、尽善尽美等。请读一读，写一写。

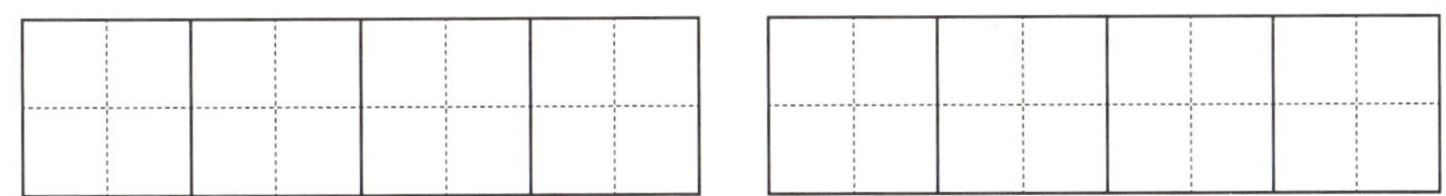

谢灵运

谢灵运是南北朝时期的诗人、旅游家，山水诗派的鼻祖。据《夜航船》记载，有一次，谢灵运一边喝酒一边自夸道：“魏晋以来，天下的文学之才共有一石，其中曹植独占八斗，我得一斗，其他人共分一斗。”谢灵运热衷于旅游探险，可以说是古代攀岩运动的先行者。谢灵运发明了“登山鞋”——“上山则去前齿，下山去其后齿”。于是，上山下山分外省力稳当，这就是有名的“谢公屐”。

牛刀小试

1.读一读，体会古诗文的韵律美。

晓雾将歇，猿鸟乱鸣；夕日欲颓，沉鳞竞跃。

2.填一填，体会动静结合的描写景物的方法。

高峰入云，清流见底。两岸石壁，________________。________________，四时俱备。晓雾将歇，________________；夕日欲颓，________________。

答案：略

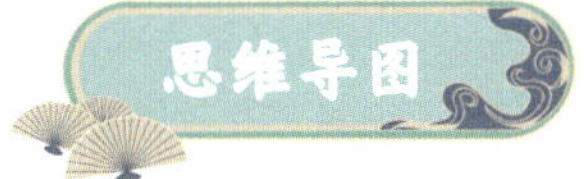

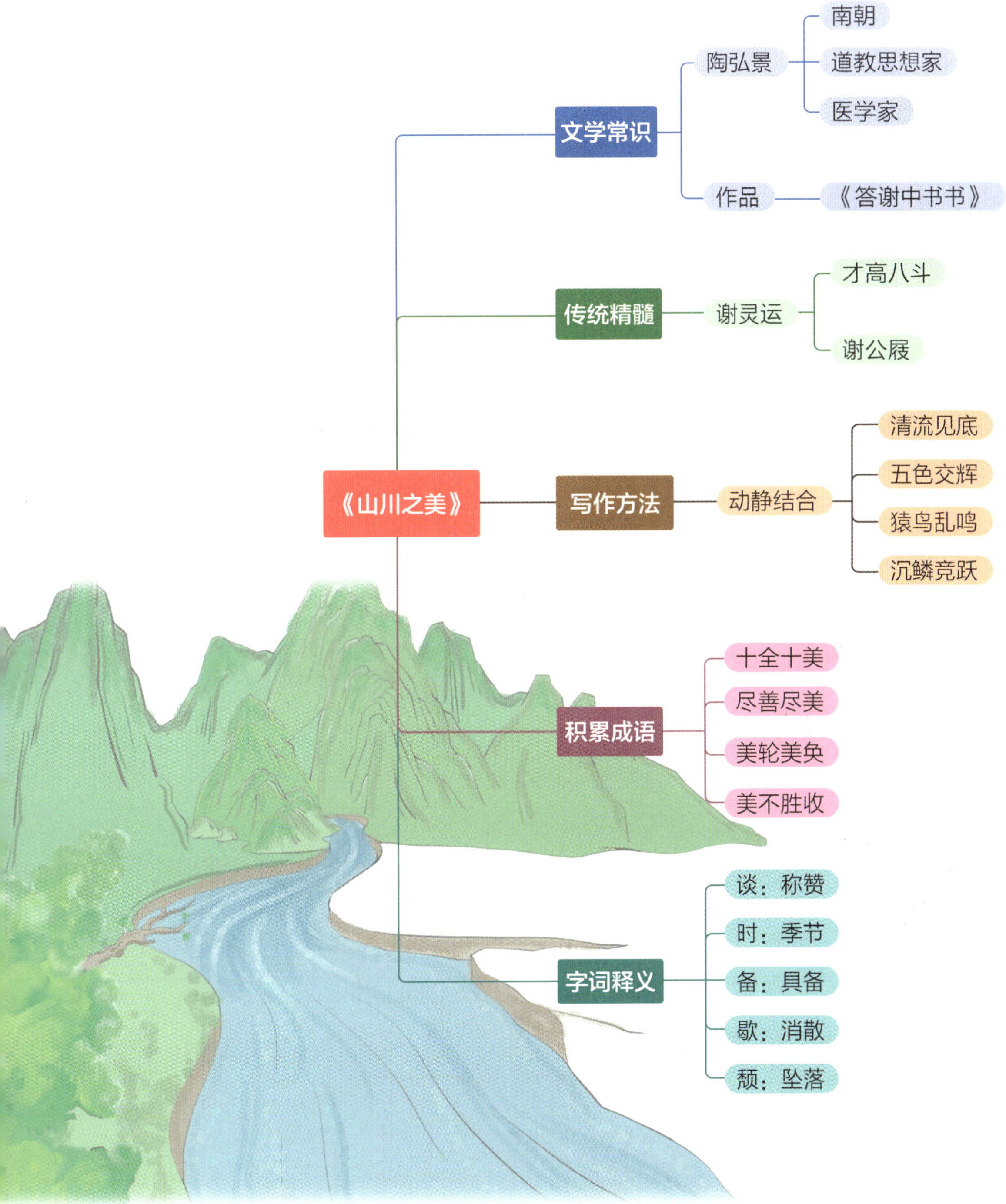

- 《山川之美》
  - 文学常识
    - 陶弘景
      - 南朝
      - 道教思想家
      - 医学家
    - 作品
      - 《答谢中书书》
  - 传统精髓
    - 谢灵运
      - 才高八斗
      - 谢公屐
  - 写作方法
    - 动静结合
      - 清流见底
      - 五色交辉
      - 猿鸟乱鸣
      - 沉鳞竞跃
  - 积累成语
    - 十全十美
    - 尽善尽美
    - 美轮美奂
    - 美不胜收
  - 字词释义
    - 谈：称赞
    - 时：季节
    - 备：具备
    - 歇：消散
    - 颓：坠落

扫码听音频

27. 夜游赤壁[1]

［北宋］苏轼

壬戌[2]之秋，七月既望[3]，苏子与客**泛舟**游于赤壁之下。清风徐来，水波**不兴**[4]。举酒属[5]客，诵明月[6]之诗，歌窈窕之章。少焉，月出于东山之上，徘徊于**斗牛**

之间。白露[7]横江[8]，水光接天。纵一**苇**[9]

之所如，凌[10]万顷之茫然。浩浩乎如冯(píng)虚御风[11]，而不知其所止；飘飘乎如遗世独立[12]，羽化而登仙。

——《前赤壁赋》

字词解析

①［赤壁］这里指湖北黄冈的赤鼻矶。三国时发生过曹刘大战的赤壁在今湖北蒲圻。②［壬戌］宋神宗元丰五年（1082年）。③［既望］指农历每月的十六日。④［兴］起，作。⑤［属］通“嘱”（zhǔ），敬酒，劝酒。⑥［明月］指《诗经·陈风·月出》篇。《窈窕》指它的首章。⑦［白露］白茫茫的水汽。⑧［横江］笼罩江面。横，横贯。⑨［一苇］像一片苇叶那么小的船，比喻极小的船。⑩［凌］越过。⑪［冯虚御风］（像长出羽翼一样）驾风凌空飞行。冯，同“凭”，依凭。虚，太空。御，驾驭。⑫［遗世独立］遗弃尘世，独自存在。

文言译栈

元丰五年的秋天，七月十六日，我与客人荡着小船在赤壁下的江面游览。清凉的风缓缓地吹拂，水面上没有一丝波纹。我举起酒杯，请客人喝酒，朗诵着《诗经·陈风·月出》的诗篇，吟咏着“舒窈纠兮，劳心悄兮”的诗句。不一会儿，月亮从东山上升起，在斗、牛两星宿之间慢慢移动。白茫茫的水汽笼罩着江面，水光和天相接。我们听凭小船漂流，浮在这茫无边际的江面上。浩大无边啊，我们好像乘着风在空中飞行，却不知道要飞到什么地方才能停止；轻飘飘的，我们好像离开了人世，无牵无挂，成了神仙，飞入仙境。

“赤”字的演变

“赤”属会意字。甲骨文字形上面像人正面的样子，下面像燃烧的火苗，合在一起指火光映红了人脸。“赤”的本义指赤色火苗，引申为赤子、纯真等义。含“赤”的成语有：面红耳赤、赤胆忠心、金无足赤等。请读一读，写一写。

拓展阅读

乌台诗案

宋神宗上任后支持变法改革。苏轼在调任湖州后，写了一篇谢恩表，即《湖州谢上表》，其中有这样几句话：“（陛下）知其愚不适时，难以追陪新进；察其老不生事，或能牧养小民。”负责监察百官的御史台官员接连上章弹劾苏轼，指责他攻击朝政，反对新法。御史台自汉代以来称“乌台”，所以此案被称为“乌台诗案”。

牛刀小试

1.读一读，用“/”标出句子的停顿。

（1）清风徐来，水波不兴。举酒属客，诵明月之诗，歌窈窕之章。

（2）白露横江，水光接天。纵一苇之所如，凌万顷之茫然。

2.写一写。古今异义词在文言文中是很常见的，请写出下面加点词语的古义和今义。

凌万顷之茫然。

古义：（　　　　　　　　　　　　）。

今义：（　　　　　　　　　　　　）。

答案：1.（1）清风/徐来，水波/不兴。举酒/属客，诵/明月之诗，歌/窈窕之章。

（2）白露/横江，水光/接天。纵/一苇之所如，凌/万顷之茫然。

2.古义：辽阔的样子

今义：完全不知道的样子

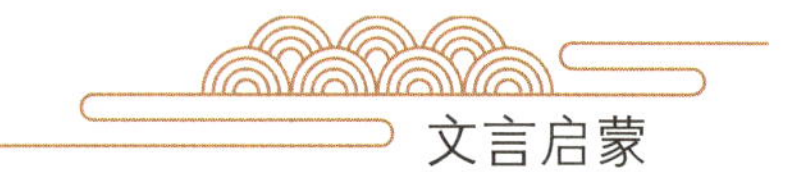

- 《夜游赤壁》
  - 文学常识
    - 作者
      - 北宋
      - 苏轼
        - 苏公堤
        - 乌台诗案
    - 作品
      - 《前赤壁赋》等
  - 写作方法
    - 景
      - 清风、水波
      - 明月、白露
    - 情
      - 冯虚御风，而不知其所止
      - 遗世独立，羽化而登仙
  - 成语积累
    - 近朱者赤，近墨者黑
    - 金无足赤，人无完人
  - 标出停顿
    - 清风 / 徐来
    - 水波 / 不兴
    - 诵 / 明月之诗
    - 歌 / 窈窕之章
  - 字词释义
    - 既望：指农历每月十六
    - 徐：舒缓地
    - 兴：兴起
    - 横：横贯

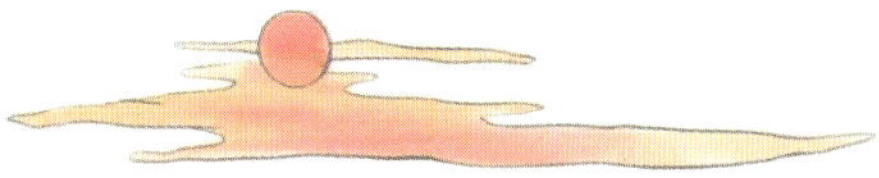

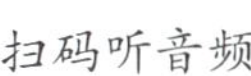
扫码听音频

28. 初至西湖记(节选)

［明］袁宏道

从武林门[1]而西，望保叔塔[2]突兀(tū wù)层崖  中，则已心飞湖上也。午刻入昭庆[3]，茶毕，即棹(zhào)[4]小舟  入湖。山色如娥[5]，花光如颊，温风如酒，波纹如绫，才一举头，已不觉目酣[6]神醉，此时欲下一语描写不得，大约如东阿王[7]梦中初遇洛神时也。余游西湖始此，时 

万历丁酉二月十四日也。

——《袁中郎全集》

字词解析

①［武林门］古杭州的城门。②［保叔塔］在西湖宝石山上。③［昭庆］西湖的寺庙名。④［棹］这里作动词，指划船。⑤［娥］美女的黛眉。⑥［酣］尽兴，畅快。⑦［东阿王］指曹植。

文言译栈

从杭州武林门西行，远远看见保叔塔高高耸立在层峦山崖上，我的心绪早已飞到西湖之上了。午时进入昭庆寺，喝完茶，就划着小船进入西湖。（只见）四面的山峦如同女子的黛眉，春花的光华好像少女的面颊，温柔的春风好像醉人的美酒，湖水的波纹好像平滑的绸缎，刚一抬头，已经不由得眼花缭乱，如痴如醉。这时想用一个词语来描绘（眼前的美景），却终不可得，好像曹植梦中初遇洛神时那样精神迷离吧。我游西湖的经历从这一次开始，时间是万历二十五年二月十四日。

“初”字的演变

“初”属会意字。从甲骨文字形来看，左边是衣，右边是刀，合起来表示用刀裁割兽皮或布帛，是制衣服的第一道工序，故“初”的本义指开始，引申为刚开始的、原来的、第一次等。含“初”的成语有：如梦初醒、初来乍到、悔不当初等。请读一读，写一写。

徐州大堤

北宋熙宁十年（1077年）四月，苏轼由密州调任徐州知州，到任刚三个月，黄河决堤，洪水冲向徐州，水面已高于城中平地。大雨下个不停，他临危不惧，首先关闭城门，安定民心，同时征发民工，抢筑抗洪大堤，又亲自到武卫营动员禁军参加抢险。这位州城长官，拿起工具，着布衣草履，“以身帅之，与城存亡”。他夜宿城上巡查险情，屡过家门不入。在徐州官民的共同努力下，洪水终于退回黄河故道，徐州城终于转危为安。

牛刀小试

1.文言积累。数词有时会活用为动词，请写一写加点字的意思。

（1）六王毕，四海一。　（　　　　）

（2）“孰能一之？”对曰：“不嗜杀人者能一之。”　（　　　　）

（3）以其无礼于晋，且贰于楚也。　（　　　　）

（4）女也不爽，士贰其行。　（　　　　）

2. 填一填，体会西湖景色之美。

山色如________，花光如________，温风如________，波纹如________，才一举头，已不觉________。

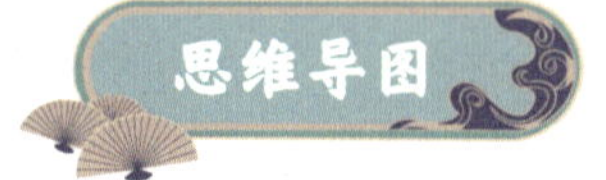

- 《初至西湖记（节选）》
  - 文学常识
    - 作者——袁宏道
      - 明朝
      - 公安派
    - 作品——《袁中郎全集》等
  - 景色美
    - 山色如娥
    - 花光如颊
    - 温风如酒
    - 波纹如绫
  - 成语积累
    - 如梦初醒
    - 初露头角
    - 悔不当初
    - 早知今日，何必当初
    - 初试锋芒
  - 字词释义
    - 入：进入
    - 棹：划动船桨
    - 酒：米酒
    - 酣：尽兴，畅快

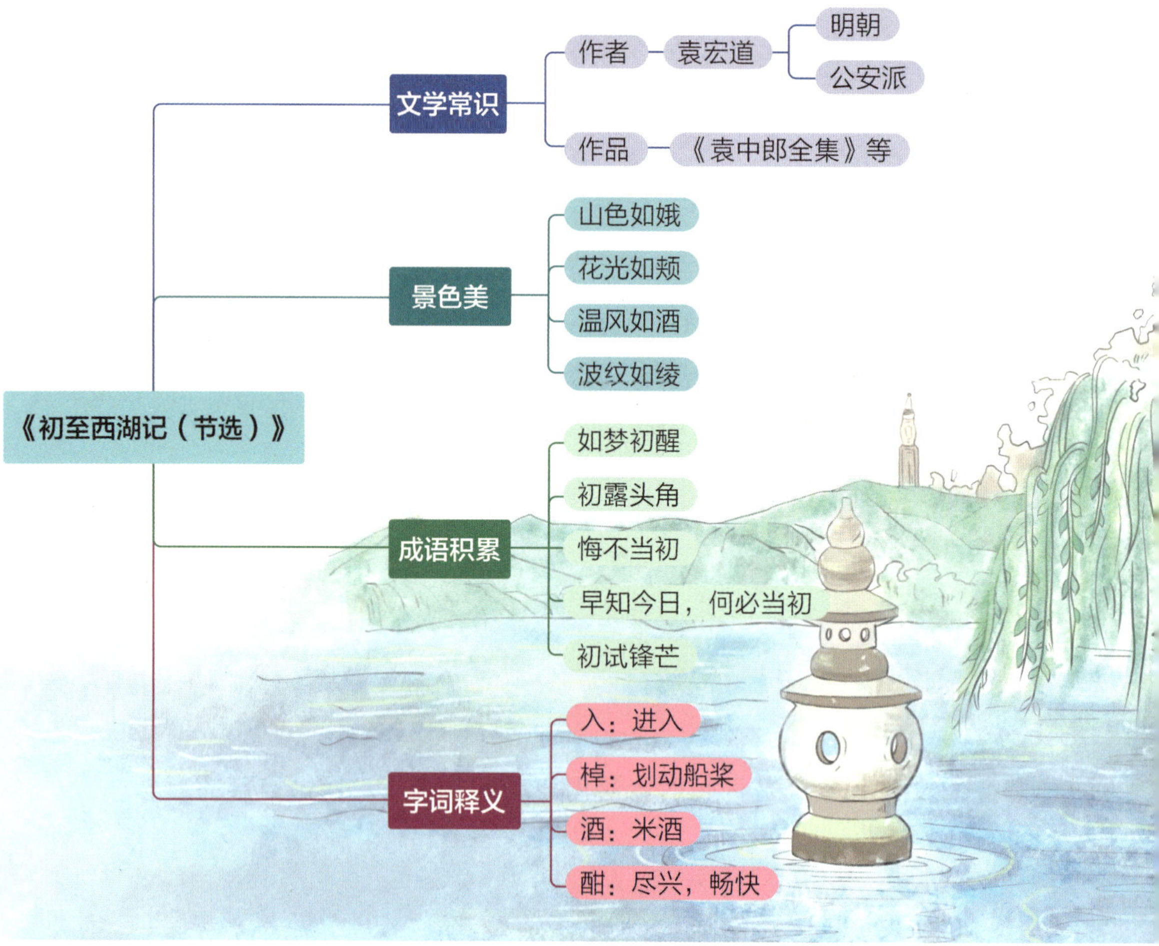

答案：1.（1）统一 （2）统一 （3）从属二主 （4）改变
2.略

扫码听音频

29. 黄山奇水

［清］钱谦益

山之奇，以泉，以云，以松  。水之奇，莫奇于白龙潭；泉之奇，莫奇于汤泉[①]，皆在山麓 

。桃源溪水流入汤泉，乳水源、白云溪，东流入桃花溪，二十四溪皆流注山足。山空中，水实其腹 

，水之激射奔注，皆自腹以下，故山下有泉，而山上无泉也。

——《游黄山记》

字词解析

①［汤泉］一名朱砂泉，在紫石峰下。

文言译栈

黄山之奇，是因为它的泉水、云海、松树。水之奇，没有比白龙潭更奇的了；泉之奇，没有比汤泉更奇的了，它们都在黄山的山脚下。桃源溪的水流入汤泉，乳水源、白云溪的水向东流入桃花溪，山上二十四条溪水都流到了山脚下。整个黄山山体是空的，被水充满了，那激流飞溅、奔腾不息的水，都出自山腰以下，所以山下有泉，而山上是没有泉的。

“水”字的演变

“水”属象形字。甲骨文字形的外侧虚线表示堤岸，中间实线表示流水，合在一起像流动的水形。“水”的本义为水流，引申为江河湖海的总称、与水有关的事物等。含“水”的成语有：水火不容、山穷水尽、滴水成冰等。请读一读，写一写。

拓展阅读

黄山

黄山以奇松、怪石、云海、温泉、冬雪“五绝”著称于世，拥有“天下第一奇山”之称。世人赞叹道：“五岳归来不看山，黄山归来不看岳。”无数诗人、画家陶醉于黄山之美，产生无法抑制的创作激情，留下了不可胜数的艺术作品。徐霞客的《游黄山日记》、袁枚的《游黄山记》、叶圣陶的《黄山三天》、丰子恺的《登天都》等都展现了黄山绝美秀丽的风姿。

牛刀小试

1.请选择下列加点字的正确意思并将其序号填写在括号里。

①同“烫”，用热水焐；②热水，沸水；③汤汤（shāng），水势浩大的样子；④汤药

（1）媵人持汤沃灌，以衾拥覆，久而乃和。（　　）

（2）其疗疾，合汤不过数种。（　　）

（3）疾在腠里，汤熨之所及也。（　　）

（4）浩浩汤汤，横无际涯。（　　）

2.仿照例句写一写。

例句：水之奇，莫奇于白龙潭；泉之奇，莫奇于汤泉，皆在山麓。

仿句：____之奇，莫奇于________；____之奇，莫奇于____________，皆在______。

- 《黄山奇水》
  - 文学常识
    - 作者
      - 清朝
      - 钱谦益
        - 别名：虞山先生
        - 清初诗坛的盟主之一
    - 作品
      - 《游黄山记》等
  - 字词释义
    - 山之奇，以泉……（以：因为）
    - 莫奇于汤泉。（于：比）
    - 水实其腹。（实：充满）
  - 成语积累
    - 水泄不通
    - 落花流水
    - 杯水车薪
  - 黄山
    - 位置
      - 安徽省黄山市
    - 世界文化与自然遗产
    - 五绝
      - 奇松
      - 怪石
      - 云海
      - 温泉
      - 冬雪

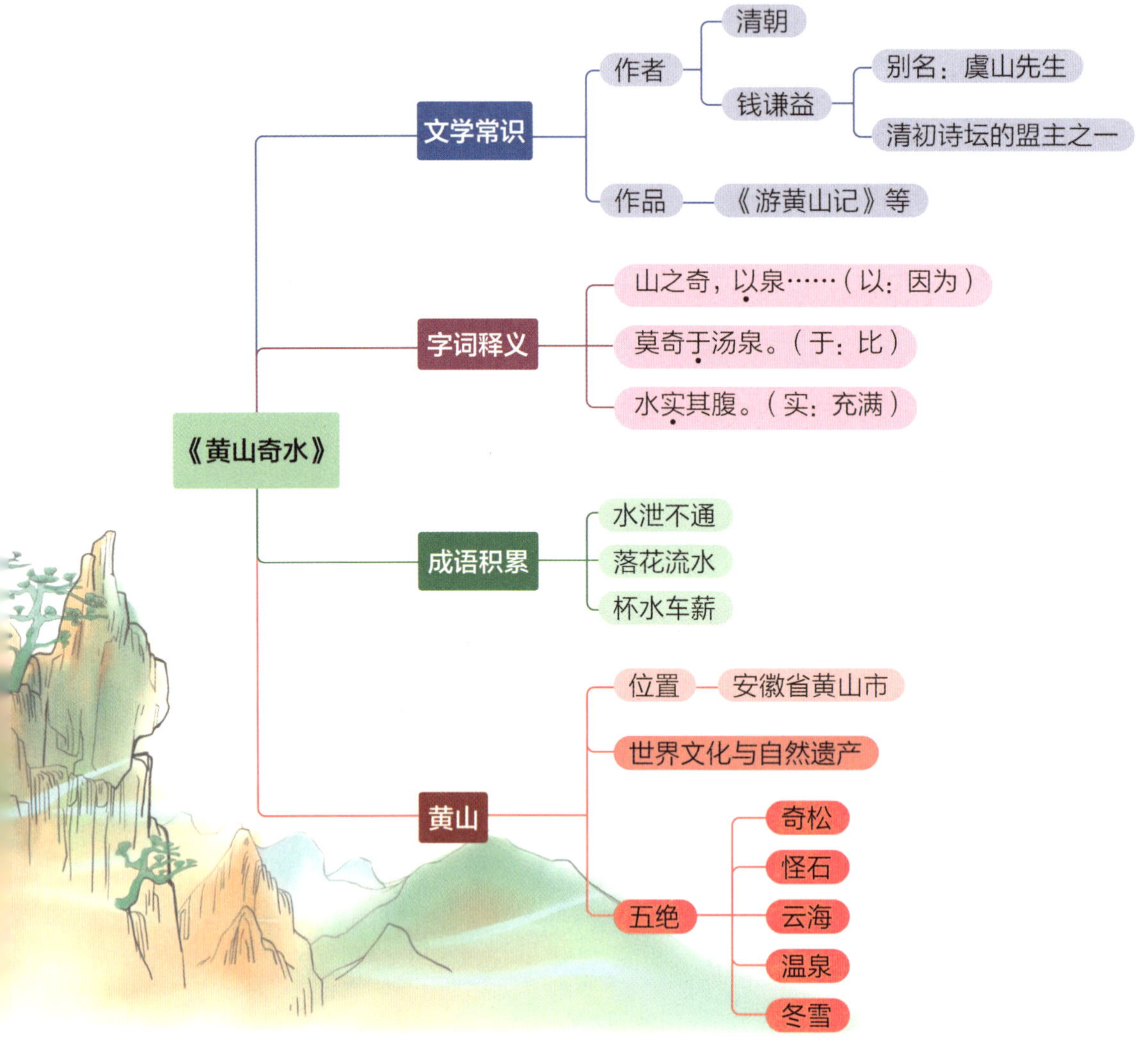

答案：1.（1）②　（2）④　（3）①　（4）③
2. 略

扫码听音频

30. 登泰山记（节选）

［清］姚鼐(nài)

戊申晦(huì)[1]，五鼓[2]，与子颍[3]坐日观亭[4]，待日出。大风扬积雪击面。亭东自足下皆云漫。稍见云中白若樗蒱(chū pú)[5]数十立者，山也。极天[6]云一线异色，须臾(yú)成五采[7]。日上，正赤如丹，下有红光动摇承之。或曰，此东海也。回视日观以西峰，或得日或否，绛皓(jiàng hào)驳色[8]，而皆若偻(lóu)[9]。

——《惜抱轩诗文集》

字词解析

①［晦］农历每月的最后一天。②［五鼓］五更。③［子颍］朱孝纯，字子颍，泰安知府。④［日观亭］亭名，在日观峰上。⑤［樗蒱］古代的一种博戏，这里指樗蒱所用的掷具，长形而末端尖锐，立起来像山峰。⑥［极天］天的尽头，天边。⑦［采］通“彩”。⑧［绛皓驳色］或红或白，颜色错

杂。绛，大红。皓，白。⑨［偻］脊背弯曲的样子。引申为鞠躬的样子。日观峰西面诸峰都比日观峰低，所以说“若偻”。

文言译栈

戊申这一天是月底，五更的时候，我和子颍坐在日观亭里，等待日出。这时大风扬起的积雪扑面而来。日观亭东面从脚底往下一片云雾弥漫。依稀可见云中几十个白色的像樗蒱的东西，那是山。天边云彩形成一条线，呈现出奇异的颜色，一会儿又变成五颜六色的。太阳升起来了，纯正的红色像朱砂一样，下面有红光晃动摇荡托着它。有人说，这就是东海。回头看日观峰以西的山峰，有的照得到日光，有的照不到，或红或白，颜色错杂，都像弯腰曲背鞠躬致敬的样子。

“鼓”字的演变

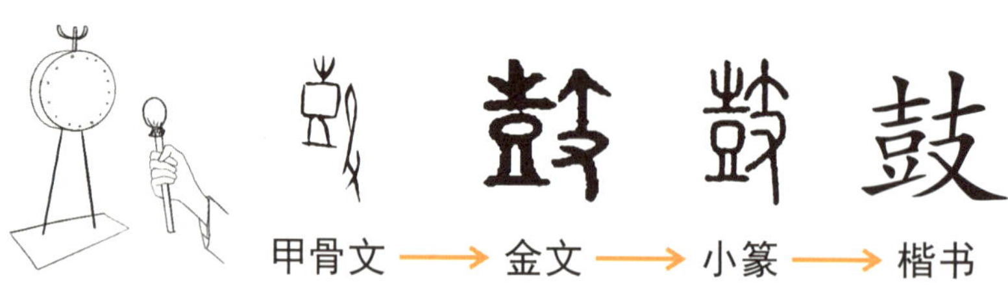

“鼓”属会意字。甲骨文左边是壴（zhù），像鼓之形；右边是攴（pū），像手持鼓槌击鼓。“鼓”的本义为击鼓，引申为一种打击乐器、敲击、弹奏等。含“鼓”的成语有：偃旗息鼓、欢欣鼓舞、一鼓作气等。请读一读，写一写。

盘古开天辟地

相传在天地开辟之前，宇宙是混沌的一团气，里面没有光，没有声音。在这片混沌中沉睡着一个人，叫盘古。盘古醒来后用大斧把这一团混沌劈了开来。轻的气往上浮，就成了天；重的气往下沉，就成了地。以后，天每天高出一丈，地每天加厚一丈，盘古也每天长高一丈。这样过了一万八千年，天就很高很高，地就很厚很厚，盘古成了顶天立地的巨人。后来盘古倒地，他的头变成了东岳，腹变成了中岳，左臂变成了南岳，右臂变成了北岳，两脚变成了西岳，眼睛变成了日月，毛发变成了草木，血液变成了江河湖海……盘古开天辟地，造就了世界。

牛刀小试

1. 请选择下列加点字的正确意思并将其序号填在括号里。

①有时；②有人；③也许

（1）或曰此鹳鹤也。（　　）

（2）予尝求古仁人之心，或异二者之为。（　　）

（3）蛟或浮或没，行数十里，处与之俱。（　　）

2. 结合上下文，说说句子的意思，感受泰山日出的壮观景色。

极天云一线异色，须臾成五采。日上，正赤如丹，下有红光动摇承之。

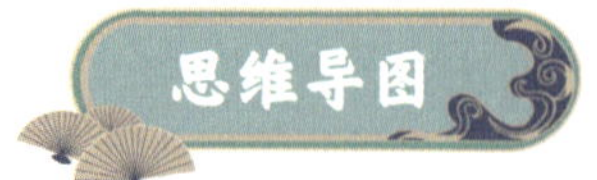

- 《登泰山记（节选）》
  - 传统精髓
    - 泰山
      - 五岳之首
      - 泰山安，四海皆安
    - 古称
      - 岱山
      - 岱宗
  - 文学常识
    - 作者
      - 清朝
      - 姚鼐
        - 世称惜抱先生
        - 桐城派三祖
          - 方苞
          - 刘大櫆
          - 姚鼐
  - 事件
    - 时间：戊申晦，五鼓
    - 地点：日观亭
    - 人物：姚鼐、朱子颍
    - 过程
      - 一线异色
      - 须臾成五采
      - 日上，正赤如丹

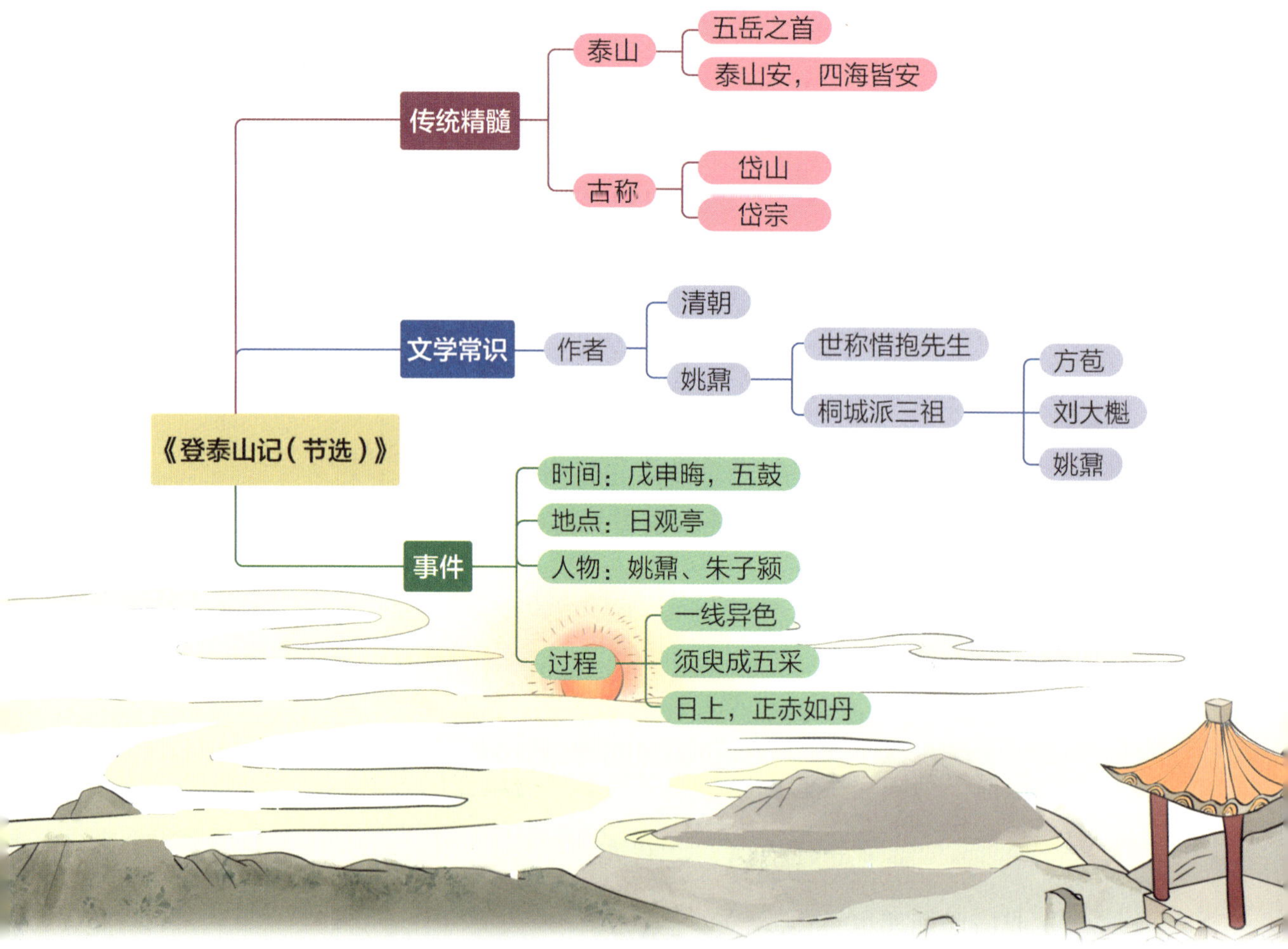

答案：1.（1）②　（2）③　（3）①

2.天边的一缕云彩形成奇异的颜色，一会儿又变成五颜六色的。太阳升上来了，纯正的红色像朱砂一样，下面有红光晃动摇托着它。

第七单元　亭台楼阁

滕王高阁临江渚，
佩玉鸣鸾罢歌舞。
画栋朝飞南浦云，
珠帘暮卷西山雨。

——［唐］王勃

扫码听音频

31. 尚节亭记(节选)

［元末明初］刘基

会稽（kuài jī）黄中立①，好植竹，取其节也，故为亭竹间，而名之曰“尚节之亭”，以为读书游艺之所，澹（dàn）乎无营乎外之心也。予观而喜之。

夫竹之为物，柔体而虚中，婉婉焉而不为风雨摧折者，以其有节也。至于涉寒暑，蒙霜雪，而柯②不改，叶不易，色苍苍而不变，有似乎临大节而不可夺之君子

。信乎有诸中，形于外，为能践其形也。然则以节言竹，复何以尚之哉！

——《诚意伯文集》

字词解析

①［黄中立］人名，生平不详。②［柯］草木的茎。

文言译栈

会稽人黄中立，喜欢种竹子，为了取竹有节的意思，他在竹林里建了一座亭子，起名叫“尚节亭”，作为读书游艺的地方，淡泊而无向外营谋的念头。我见了很喜欢。

竹子这种植物，体质柔弱，当中还是空的，柔美却不会被风雨摧残折断，原因是它有节。竹子经历了冬天的严寒、夏天的酷热，遭受了霜雪的侵袭，仍然枝干不改，叶子不变，颜色依旧青青的，像是守住大节而不可以使他屈服的君子一般。的确，内里有什么也会表现在外面，因为内在的本性常常表现在外在的形态上。这样，就拿“节”来说明竹子，还有什么比“节”更值得崇尚的呢！

“喜”字形的演变

“喜”属会意字。甲骨文字形上面是“壴”，像鼓陈列在鼓架之上，下面是“口”，合在一起表示听到鼓乐声而愉快地开口笑。“喜”的本义为高兴、喜悦，引申为爱好、令人高兴或可庆贺的（事）等。含“喜”的成语有：欣喜若狂、喜出望外、沾沾自喜等。请读一读，写一写。

拓展阅读

劝君买善

1367年，朱元璋任命刘基为太史令。天气大旱，刘基请求处理久积冤案，朱元璋便当即命令刘基予以平反，大雨也就从天而降。刘基趁机请求建立法度，防止滥杀现象。朱元璋这时正要处决一批囚犯，刘基便问为什么要处决这些囚犯，朱元璋将自己所做的梦告诉他。刘基说："这是获得疆土和百姓的吉兆，因此应当停刑等待。"三日之后，海宁归降，朱元璋很高兴，就将囚犯全部释放了。刘基通过这件事劝诫朱元璋要施行仁政，不要滥杀无辜，这就是"劝君买善"的由来。

牛刀小试

1. 文言实词"故"有多个意思，请连一连。

(1) 凡物之然也，必有故。　　A. 因此

(2) 温故而知新，可以为师矣。　　B. 必定

(3) 吴不亡越，越故亡吴。　　C. 原来的

(4) 故贤主之于贤者也，物莫之妨。　　D. 缘故

2.对课文内容理解错误的是（　　）

A.黄中立因为竹子有节，所以给亭子取名“尚节之亭”。

B.竹子“婉婉焉而不为风雨摧折”的原因是它比较柔软。

C.作者认为，一个人安身立命的关键是节操。

D.“柯不改，叶不易，色苍苍而不变”说明竹子像“临大节而不可夺”的君子。

答案：1.（1）凡物之然也，必有故。

（2）温故而知新，可以为师矣。

（3）吴不亡越，越故亡吴。

（4）故贤主之于贤者也，物莫之妨。

A.因此

B.必定

C.原来的

D.缘故

2.B

思维导图

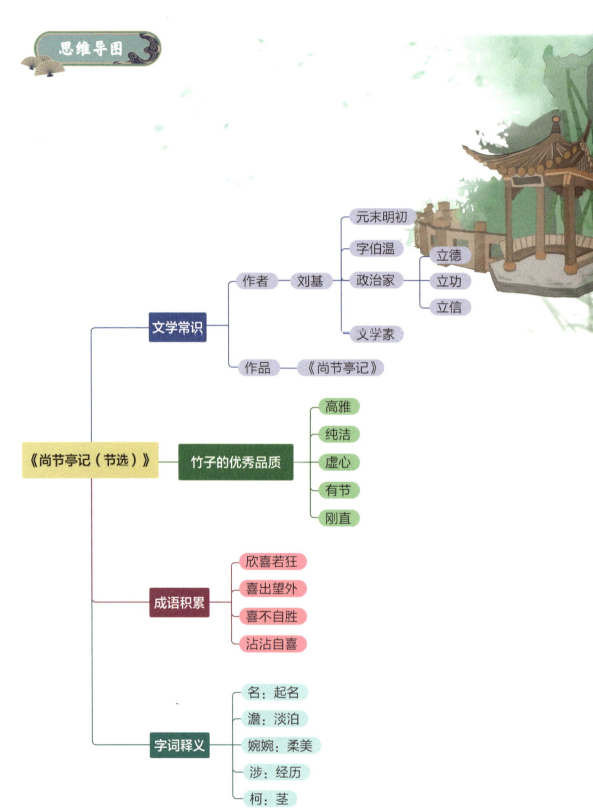

- 《尚节亭记（节选）》
  - 文学常识
    - 作者
      - 刘基
        - 元末明初
        - 字伯温
        - 政治家
          - 立德
          - 立功
          - 立信
        - 文学家
    - 作品
      - 《尚节亭记》
  - 竹子的优秀品质
    - 高雅
    - 纯洁
    - 虚心
    - 有节
    - 刚直
  - 成语积累
    - 欣喜若狂
    - 喜出望外
    - 喜不自胜
    - 沾沾自喜
  - 字词释义
    - 名：起名
    - 澹：淡泊
    - 婉婉：柔美
    - 涉：经历
    - 柯：茎

32. 超然台记（节选）

［北宋］苏轼

而园之北，因城以为台者旧矣，稍葺(qì)[①]而新之，时相与登览，放意肆志焉。南望马耳、常山，出没隐见，若近若远，庶几[②]有隐君子乎？而其东则卢山[③]，秦人卢敖之所从遁也。西望穆陵，隐然如城郭，师尚父[④]、齐桓公之遗烈，犹有存者。北俯潍水，慨然太息[⑤]，思淮阴之功，而吊其不终。台高而安，深而明，夏凉而冬温。雨雪之朝，风月之夕，余未尝不在，客未尝不从。撷(xié)园蔬，取池鱼，酿(shú)秫酒[⑥]，瀹(yuè)[⑦]脱粟而食之，曰：乐哉游乎！

方是时，余弟子由，适在济南，闻而赋之，且名其台曰“超然”，以见余之无所往而不乐者，盖游于物之外也。

——《东坡七集》

字词解析

①［葺］修理。②［庶几］可能。③［卢山］在诸城南三十里，因卢敖而得名。④［师尚父］吕尚，即姜太公，周朝开国大臣，封于齐国。⑤［太息］叹息。⑥［秫酒］黏米酿成的酒或高粱酒。⑦［瀹］煮。

文言译栈

在园圃的北面，靠城墙建成的一座高台已经破旧不堪，我就稍加修葺，使它焕然一新，我时常与友人一起登台远眺，无所顾忌地抒情言志。从台上向南眺望，马耳山、常山在云雾中时隐时现，似近若远，大概那里有隐居的君子吧？高台的东面就是卢山，秦人卢敖就是在那里隐遁的。从台上往西望去，高高的穆陵关隐约可见，宛如一座城堡，姜太公、齐桓公留下的赫赫功业，有些还保存至今。从高台北面俯瞰潍水，不禁慨然叹息，追思淮阴侯当年的战功，哀叹他竟然未得善终。此台高大而稳固，深广而明丽，冬暖而夏凉。无论是雨洒雪飘的清晨，还是风清月华的夜晚，我都没有不来此台的，宾客也没有不来陪伴我的。我们采摘园中的菜蔬，捕捞池中的鲜鱼，酿造高粱美酒，煮食糙米粗饭，边品尝边说：“来这里畅游多么快乐！”

刚巧这时，我的弟弟子由在济南做官，听说了这情景，便写了一篇赋，并且为高台取名“超然台”，以此来显示我无论走到哪里都能找到欢乐，其原因就在于我超然于物外啊！

“因”字的演变

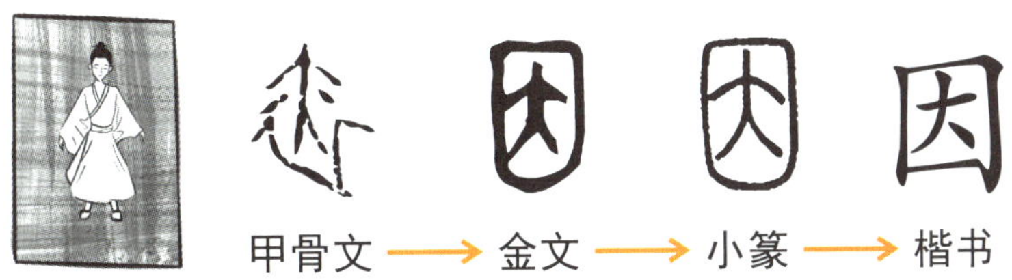

“因”属象形字。甲骨文字形像席垫一类的东西之形，这个意义后又作“茵”。“因”的本义为席子，席子是用来衬垫的，引申为依靠、依据、沿袭等。含“因”的成语有：因材施教、前因后果、因循守旧等。请读一读，写一写。

流放

流放是我国古代将罪犯放逐到边远、荒芜地区的一种刑罚。统治者为了加重惩处力度，对流放地点的选择往往是费尽心机，像西北的荒漠之地、东北的苦寒之地、西南的烟瘴之地都是常见的流放地。这些地区人烟稀少，野兽出没，自然条件恶劣，被流放者往往会死在那里。韩愈因上书阻谏宪宗皇帝奉迎佛骨而被贬官流放到广东潮州，62岁高龄的苏轼被流放到海南儋州。

牛刀小试

1.在文言文中常常会出现把动词作名词使用的现象，请写一写。

（1）夫虽无四方之忧，然谋臣与爪牙之士，不可不养而择也。

（　　　　　）

（2）赵主之子孙侯者，其继有在者乎？（　　　　　）

2.读课文，画一幅简单的超然台周边景物示意图吧。

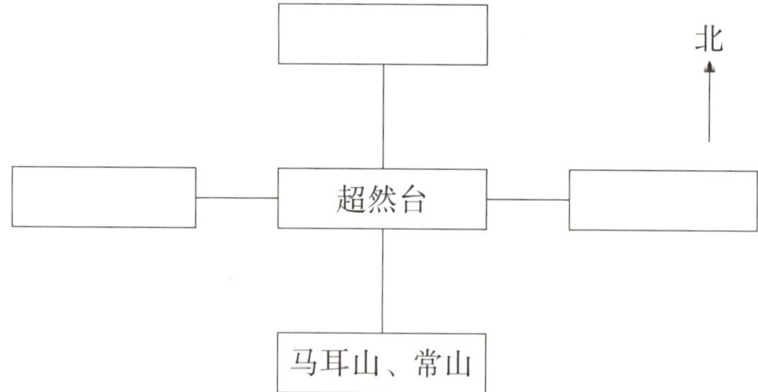

答案：1.（1）忧：忧患　（2）继：继承人
2.略

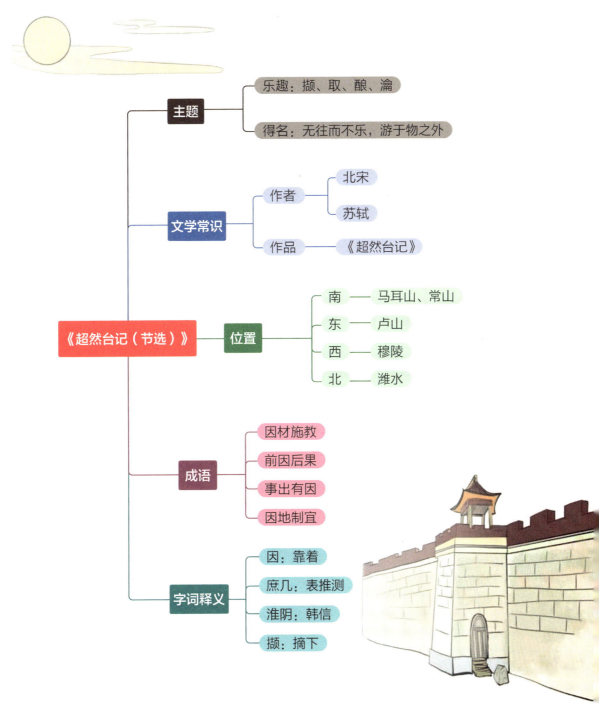

《超然台记（节选）》

- 主题
  - 乐趣：撷、取、酿、瀹
  - 得名：无往而不乐，游于物之外
- 文学常识
  - 作者
    - 北宋
    - 苏轼
  - 作品 —— 《超然台记》
- 位置
  - 南 —— 马耳山、常山
  - 东 —— 卢山
  - 西 —— 穆陵
  - 北 —— 潍水
- 成语
  - 因材施教
  - 前因后果
  - 事出有因
  - 因地制宜
- 字词释义
  - 因：靠着
  - 庶几：表推测
  - 淮阴：韩信
  - 撷：摘下

扫码听音频

33. 游岳阳楼记（节选）

［明］袁中道

而岳阳楼峙(zhì)[1]于江湖交会之间，**朝朝暮暮**，以穷[2]其吞吐之变态[3]，此其所以奇也。

楼之前为君山，如一雀尾垆(lú)[4]排当水面，**林木**可数。盖从君山酒香、朗吟亭上望洞庭，得水最多，故直以千里一壑、粘天沃[5]日为奇。此楼得水稍诎(qū)[6]，前见北岸，正[7]须君山妖蒨(qiàn)[8]以文[9]其陋。况[10]江湖于此会，而无一山以屯[11]蓄之，莽莽洪流，亦复何致[12]？故楼之观[13]，得水而壮[14]，得**山**而妍[15]也。

——《珂雪斋集》

字词解析

①［峙］耸立。②［穷］尽显，穷尽。③［变态］变化的情态。④［垆］旧时酒店放置酒坛的土墩。⑤［沃］荡涤。⑥［诎］缩短。⑦［正］恰好。⑧［妖蒨］妩媚、鲜艳。⑨［文］装饰。⑩［况］况且。⑪［屯］驻扎、防守。⑫［致］意趣。⑬［观］景色。⑭［壮］壮阔。⑮［妍］美丽。

文言译栈

而岳阳楼屹立于长江和湖泊交叉汇合之处，每天早晚都能一览无余地看到江流湖泊吸纳和排出流水的各种变化状态，这就是岳阳楼奇特的风景。岳阳楼的前面是君山，像一个雀尾形状的土墩遮挡住水面，山上的树木清晰可数。大概是从君山酒香亭、朗吟亭上观赏洞庭湖，能看到的水面最宽阔，所以一直以千里一湖、接天浸日的辽阔而成为奇观。岳阳楼能看到的水面较小，前面看见的是北岸，正需要君山的鲜艳来装饰北岸的简陋。况且长江和洞庭湖在此汇合，没有一座山来守卫和遮挡它们，尽是一望无际的洪流，又有什么情致呢？所以岳阳楼的景观，因为有水才显得壮阔，因为有山才显得鲜妍。

“朝”字的演变

“朝”属会意字。甲骨文左边是太阳，上下像草丛、树木之形；右边则是月亮的形状，合在一起表示月尚未完全落下，而日已出于草丛中之时。金文、小篆把“月”化为“川”或“舟”，隶定为“朝”。“朝”的本义读zhāo，指早晨，引申为日或天；又读cháo，义为古代臣子在早晨拜见君主，引申为朝见、朝代等。含“朝”的成语有：热火朝天、朝气蓬勃、朝三暮四等。请读一读，写一写。

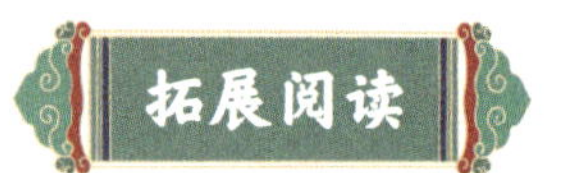

雕屏的故事

清代道光年间，岳州来了个很坏的知县，他心生贪念，想将岳阳楼上精美的《岳阳楼记》雕屏据为己有，于是请高手仿制了一幅雕屏以假乱真。他卸任后，带着真迹雕屏乘船离开岳州时，船被洞庭湖上的狂风掀翻，他一家老小和真迹雕屏都沉入湖底。后来，真迹雕屏被渔民打捞

上来，又被岳阳一个才子买回。直到1933年岳阳楼整修时，地方政府才从才子后人手中赎回真迹雕屏，置于岳阳楼二楼。

牛刀小试

1.仿照例句写一写。

岳阳楼峙于江湖交会之间，朝朝暮暮，以穷其吞吐之变态，此其所以奇也。

（　　　　）峙于（　　　　），朝朝暮暮，以穷其（　　　　　　），此其所以（　　　　　　）也。

2.《游岳阳楼记》中有这样一句话：“故楼之观，得水而壮，得山而妍也。”请你结合文本内容谈谈对这句话的理解。

答案：略

思维导图

《游岳阳楼记（节选）》

- 文学常识
  - 作者
    - 明朝
    - 袁中道——文学家
- 岳阳楼
  - 位置——峙于江湖交会之间
  - 前望——君山
  - 下瞰
    - 洞庭湖
    - 得水而壮，得山而妍
  - 天下第一楼——有“洞庭天下水，岳阳天下楼”之美誉
- 传统精髓
  - 江南三大名楼
    - 岳阳楼
    - 黄鹤楼
    - 滕王阁
- 字词释义
  - 峙：耸立
  - 穷：穷尽
  - 沃：荡涤
  - 文：装饰

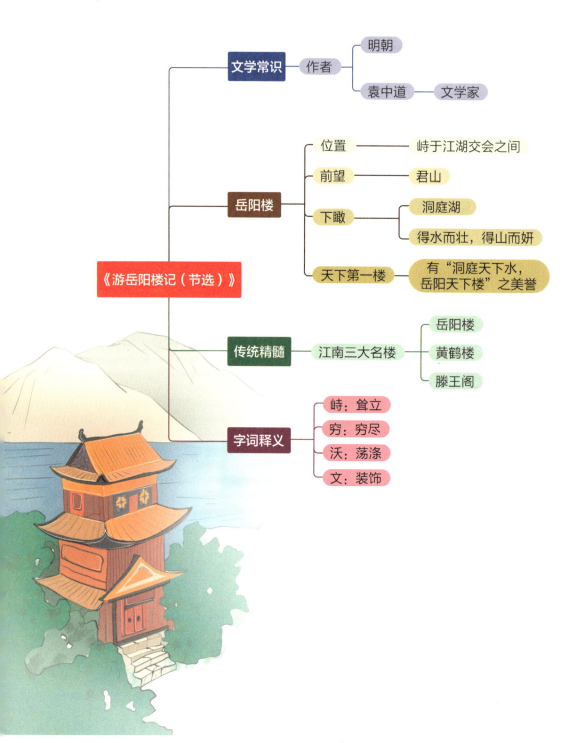

扫码听音频

34. 滕王阁序（节选）

［唐］王勃

时维[1]九月，序属三秋[2]。潦(lǎo)水[3]尽而寒潭清，烟光凝而暮山紫。俨(yǎn)[4]骖騑(cān fēi)[5]于上路[6]，访风景于崇阿(ē)[7]；临帝子之长洲[8]，得天人之旧馆。层峦耸翠，上出重霄；飞阁流丹[9]，下临[10]无地。鹤汀凫渚(tīng fú zhǔ)[11]，穷岛屿之萦(yíng)回[12]；桂殿兰宫，即冈峦之体势[13]。

披绣闼，俯雕甍(méng)[14]，山原旷其盈视，川泽纡[15]其骇瞩[16]。闾阎[17]扑地，钟鸣鼎食之家[18]；舸舰迷津，青雀黄龙之舳(zhú)[19]。云销雨霁(jì)[20]，彩彻区明。落霞与孤鹜齐飞，秋水共长天一色。渔舟唱晚，响穷彭蠡之滨；雁阵惊寒，声断衡阳之浦。

字词解析

①［维］句中语气词。②［三秋］季秋，这里指秋天的第三个月，即九月。③［潦水］蓄积的雨水。④［俨］整齐的样子。⑤［骖騑］架车时两旁的马匹，左称骖，右称騑。⑥［上路］高高的道路。⑦［崇阿］高大的山陵。⑧［长洲］滕王阁前的沙洲。⑨［丹］丹漆，这里泛指彩绘。⑩［临］从高处往下探望。⑪［鹤汀凫渚］鹤、野鸭所栖息的水边平地和小洲。⑫［萦回］曲折。⑬［即冈峦之体势］依着山冈的形式。⑭［甍］屋脊。⑮［纡］纡回曲折。⑯［骇瞩］对所见的景物感到惊异。⑰［闾阎］里门。这里代指房屋。⑱［钟鸣鼎食之家］指大家世族，古代贵族吃饭时要鸣钟列鼎，鼎中盛食物。⑲［舳］船。⑳［霁］雨过天晴。

文言译栈

时当九月，正值秋季。雨后的积水已经消退，寒凉的潭水清澈，天空凝结着淡淡的云烟，暮霭中山峦呈现出一片紫色。我在高高的山路上驾着马车，在崇山峻岭中访求风景；来到滕王阁来观赏。这里山峦重叠，青翠的山峰耸入云霄；凌空架起的阁道上，涂饰的朱红色油彩鲜艳欲滴，从阁道上往下望，地好像没有了似的。仙鹤、野鸭栖息在水边平地和水中小洲，极尽岛屿纡回曲折之势；用桂木、木兰修筑的宫殿，（高低起伏，）顺着山峦的态势而建。

我推开雕花精美的阁门，俯视雕饰的屋脊，放眼远望，山峰、平原尽收眼底，河流纵横，湖泊曲折，令人惊叹。遍地是里巷宅舍，大

部分是钟鸣鼎食的富贵人家；舸舰停满了渡口，尽是雕上青雀黄龙花纹的大船。云消雨停，阳光普照，天空晴朗。落日映射下的彩霞与孤单的野鸭一齐飞翔，秋天的江水和辽阔的天空连成一片，浑然一色。傍晚时分，渔夫在渔船上歌唱，那歌声响彻彭蠡湖滨；深秋时节，雁群感到寒意而发出惊叫，哀鸣声一直到衡阳的水滨而止。

“尽”字的演变

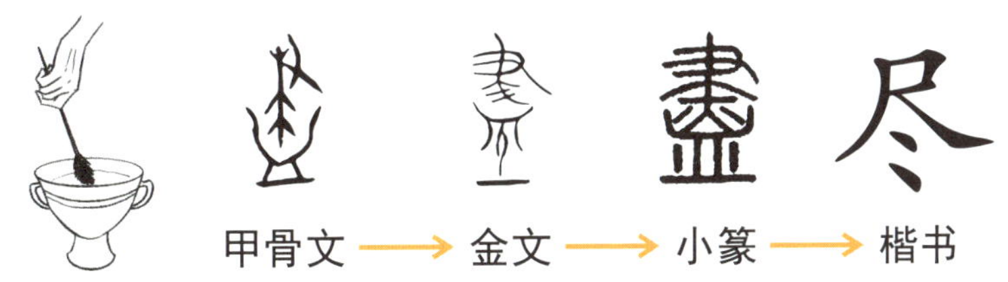

“尽”属会意字。甲骨文字形上面像一只手拿着一把炊帚洗涤器皿之形；下面像一种器皿，合在一起表示清洗器皿使之干净。器皿只有空了才能洗刷，“尽”的本义为器物中空，引申为用完、达到终点等。含“尽”的成语有：绞尽脑汁、同归于尽、淋漓尽致等。请读一读，写一写。

三叹王勃

一天，唐高宗读到《滕王阁序》这篇序文，拍案叫道：“此乃千古绝唱，真天才也。”又见一首诗：“滕王高阁临江渚，佩玉鸣鸾罢歌舞。画栋朝飞南浦云，珠帘暮卷西山雨。闲云潭影日悠悠，物换星移几度秋。阁中帝子今何在？槛外长江空自流。”唐高宗连声赞道：“好诗，好诗！作了一篇长文字，还有如此好诗作出来，岂非强弩之末尚能穿七扎乎！真乃罕世之才，罕世之才！”于是高宗问道：“现下，王勃在何处？朕要召他入朝！”太监吞吞吐吐答道：“王勃已落水而亡。”唐高宗喟然长叹：“可惜，可惜，可惜！”

牛刀小试

语气词“其”字用于句首或句中，表示委婉语气，有不同的意思，请连一连。

（1）吾其被发左衽矣！　　　　A.大概

（2）王之好乐甚，则齐国其庶几乎！　　　　B.恐怕

（3）君其问诸水滨。　　　　C.还是

思维导图

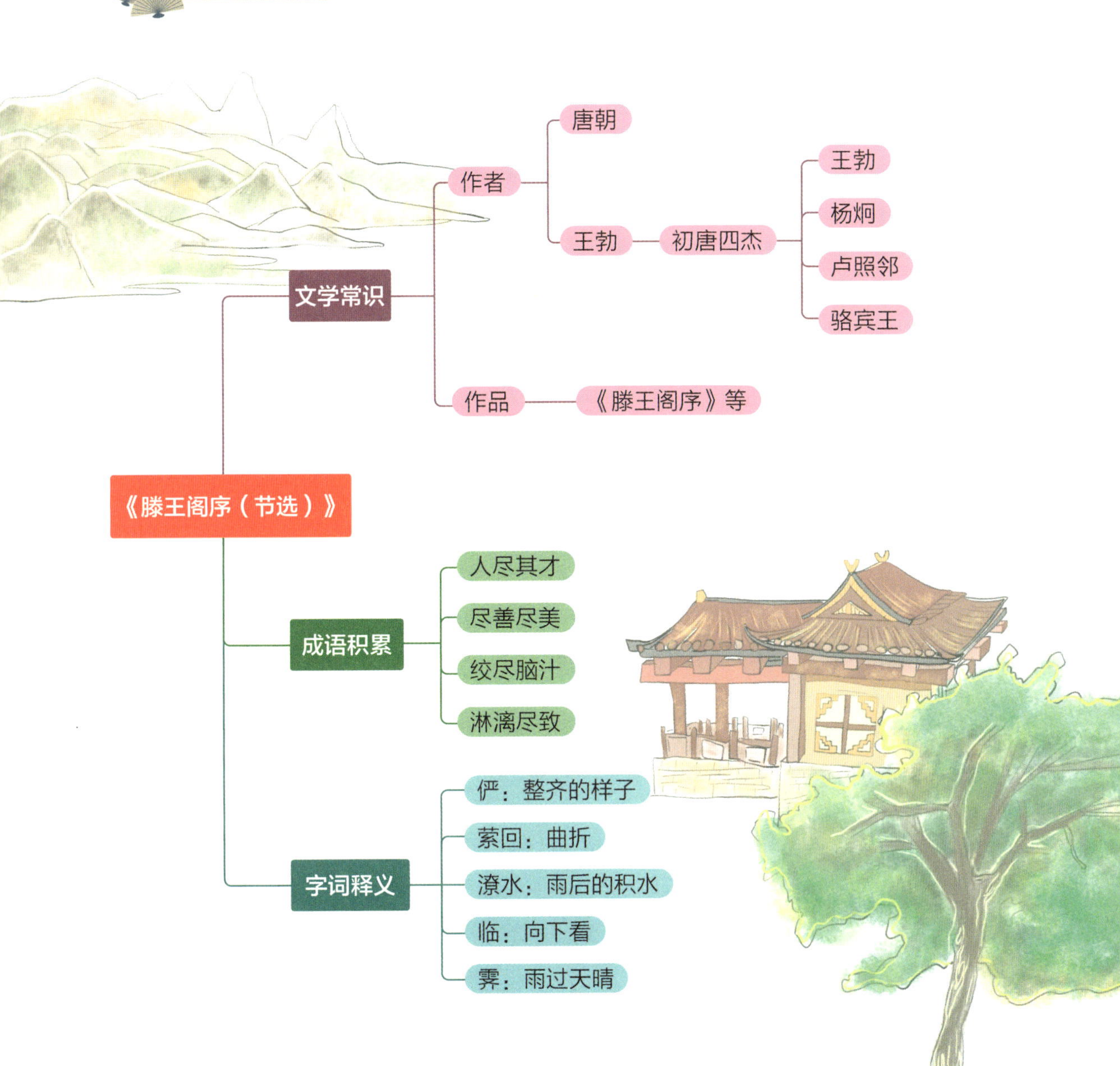

答案：（1）吾其被发左衽矣！　A.大概
（2）王之好乐甚，则齐国其庶几乎！　B.恐怕
（3）君其问诸水滨。　C.还是

扫码听音频

35. 钵山余霞阁记（节选）

［清］梅曾亮

江宁城，山得其半，便于人而适于野者，惟西城钵山，吾友陶子静偕群弟读书所也。因[①]山之高下为屋，而阁[②]于其岭，曰“余霞”，因所见而名之也。

俯视，花木皆环拱升降；草径曲折可念；行人若飞鸟度柯叶上。西面城，淮水萦(yíng)之。江自西而东，青黄分明，界画天地。又若大圆镜，平置林表，莫愁湖也。其东南万屋沉沉，炊烟如人立，各有所企，微风绕之，左引右挹，绵绵缗缗(mín)[③]，上浮市声，近寂而远闻。

——选自《柏枧山房文集·卷十》

字词解析

①［因］沿着，顺着，依着。②［阁］名词作动词，建造阁楼。③［缗缗］连绵不断的样子。

江宁城，山占了一半，那便于人们游玩而又有郊野之趣的，只有西城的钵山，这也是我的朋友陶子静和他的众位兄弟读书的地方。他们顺着山势的高低造了房子，在山顶上建了一座阁，取名“余霞”，是按照眼前所见之景而题的名字。

从余霞阁往下看，花木随山势高低而生，团团环抱着山峰；长满草的曲折小径，一条一条，清晰可数；行路的人就像飞鸟在树的枝叶上掠过一样。城西面的秦淮河萦回环绕着。长江由西向东奔腾而去，天青水黄，颜色对照分明，就像一条线一样划开了天地。那平放在树林外面的一面大圆镜，便是莫愁湖。那东南面遍地的房屋密密麻麻，屋上升起的炊烟像站立的人，各自在张望顾盼，微风吹来，好像从左右不同的方向牵引着它，连绵不断地向上飘去，微风将山下闹市的喧哗之声传到山上，近处的听不到，而远处的隐隐约约可以听到。

“余”字的演变

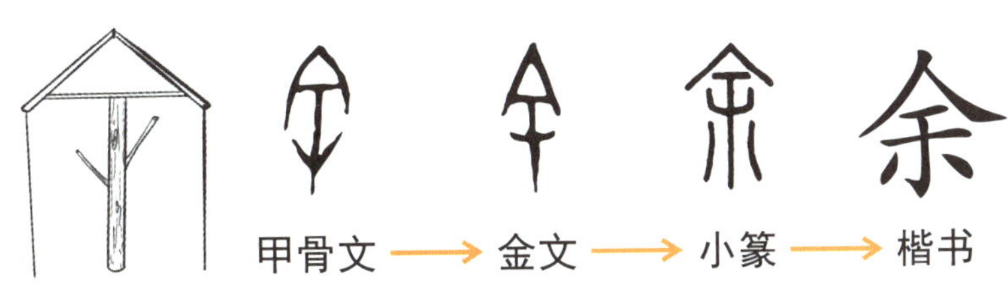

“余”属象形字。甲骨文字形像用木柱支撑屋顶所搭起的简易茅屋，样子像伞。“余”的本义为原始的地上住宅，引申为第一人称、充裕、剩下等。含有“余”的成语有：余音绕梁、不遗余力、心有余悸等。请读一读，写一写。

滕王阁

据记载，唐朝李元婴在南昌任都督时修建了一座楼阁，因李元婴曾被封为“滕王”，后人就称它为“滕王阁”。滕王阁是古代储藏经史典籍的地方，是古代的图书馆。明代开国皇帝朱元璋在鄱阳湖之战中大胜后，在滕王阁上命令大臣、文人赋诗填词。唐高宗上元二年（公元675年），王勃途经南昌，恰逢洪州都督新修滕王阁，并在重阳节举办宴会，邀请文人墨客作序，写下千古名篇《滕王阁序》，开创了“诗文传阁”的先河。王勃的《滕王阁序》、王绪的《滕王阁赋》、王仲舒的《滕王阁记》，被称为“三王文词”。

1.文言虚词“惟”“唯”用在句子开头，被称为发语词，起到不同的作用。请写一写下列句子中加点字的作用。

（1）惟十有三年春，大会于孟津。（　　　　）

（2）唯荆卿留意焉。（　　　　）

（3）唯是风马牛不相及也。（　　　　）

2.请把作者所写景物按顺序排列。（填序号）

（　　）——（　　）——（　　）——（　　）——（　　）

A.城郭炊烟　B.闹市人声　C.大江　D.花草林木　E.莫愁湖

答案：1.（1）引出年月日　（2）表示希望　（3）表判断语气

2.D　C　E　A　B

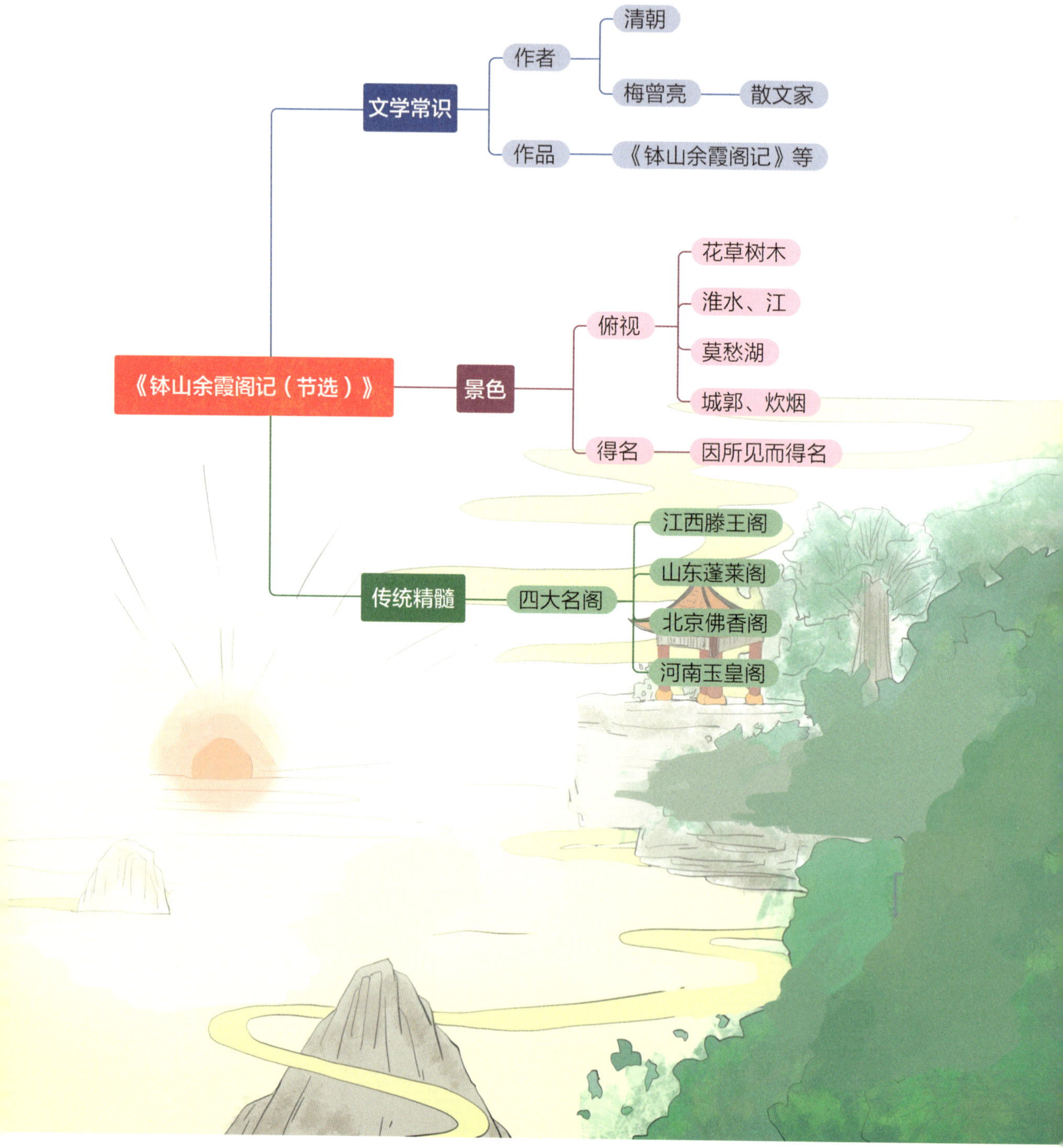

- 《钵山余霞阁记（节选）》
  - 文学常识
    - 作者
      - 清朝
      - 梅曾亮 — 散文家
    - 作品 — 《钵山余霞阁记》等
  - 景色
    - 俯视
      - 花草树木
      - 淮水、江
      - 莫愁湖
      - 城郭、炊烟
    - 得名 — 因所见而得名
  - 传统精髓
    - 四大名阁
      - 江西滕王阁
      - 山东蓬莱阁
      - 北京佛香阁
      - 河南玉皇阁

第八单元　铭序跋说

北海虽赊，扶摇可接；

东隅已逝，桑榆非晚。

——［唐］王勃

扫码听音频

36. 崔子玉座右铭(节选)

［东汉］崔子玉

无道人之短，无说己之长。施人慎勿念，受施慎勿忘。

慎言节饮食，知足胜不祥。行之苟有恒，久久自芬芳。

文言译栈

不要议论别人的短处，不要夸耀自己的长处。施恩于人不要再想，接受别人的恩惠千万不要忘记。

说话须谨慎，饮食等欲望须节制，知足常乐，这样就能远离祸患，祛除不祥。如果一个人能够持之以恒地做到这些，（他的人生就会像美丽的鲜花一样）永远芳香四溢。

“足”字形的演变

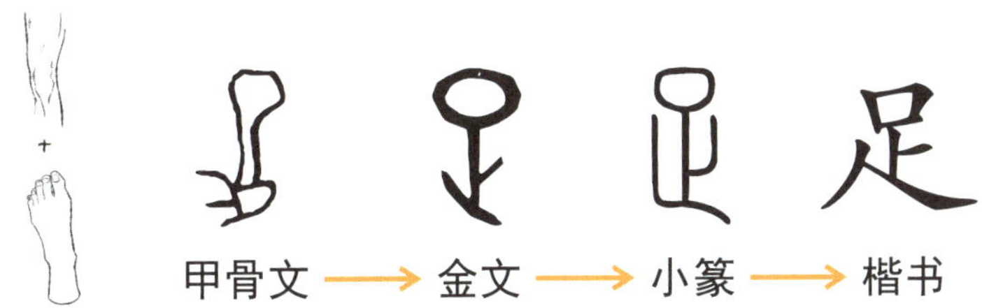

“足”属象形字。甲骨文字形像连腿带脚的整个下肢形，有的字形上边像膝盖的形状，下边像脚的形状。“足”的本义为人体下肢的总称，包括小腿和脚，也专指脚。可引申为器物的腿，假借为富裕、充足，由此引申为值得、够得上等。含“足”的成语有：美中不足、足不出户、手足情深等。请读一读，写一写。

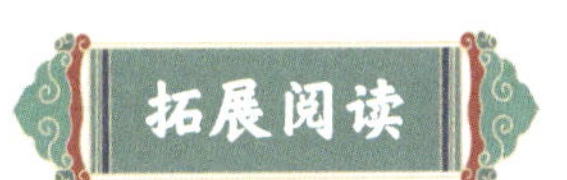

拓展阅读

饮食

春秋时期，人们对饮食有了较为明确的分类，将其分为“食”和“饮”。“食”主要指的是各种主食和菜肴等固体食物，当时的主食有粟、黍、稻、麦、菽等，菜肴则根据不同的地域和阶层有所差异，包括肉类、

蔬菜、果品等。“饮”则主要指各种饮料，如酒、浆、水等。酒在当时的社会生活中有着重要的地位，不仅用于祭祀、礼仪等活动，也是人们日常饮用的饮品之一。浆是一种用粮食或水果等制成的饮料，类似于现在的果汁或甜汤。水则是人们最基本的饮品，用于解渴和烹饪等。

牛刀小试

1.在文言文中，经常会出现语序倒置的现象。请把下面句子按正常的语序写一写。

（1）句读之不知，惑之不解。

____

（2）唯利是图、唯命是从。

____

2.结合生活实际，谈谈下列句子中包含的为人处世的道理。

（1）无道人之短，无说己之长。

____

（2）施人慎勿念，受施慎勿忘。

____

答案：1.（1）不知句读，不解惑 （2）唯图利、唯从命
2.略

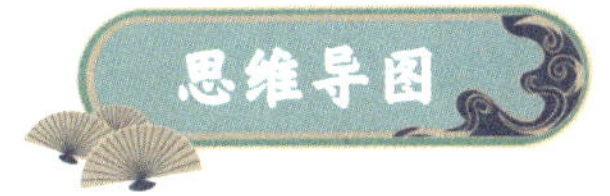

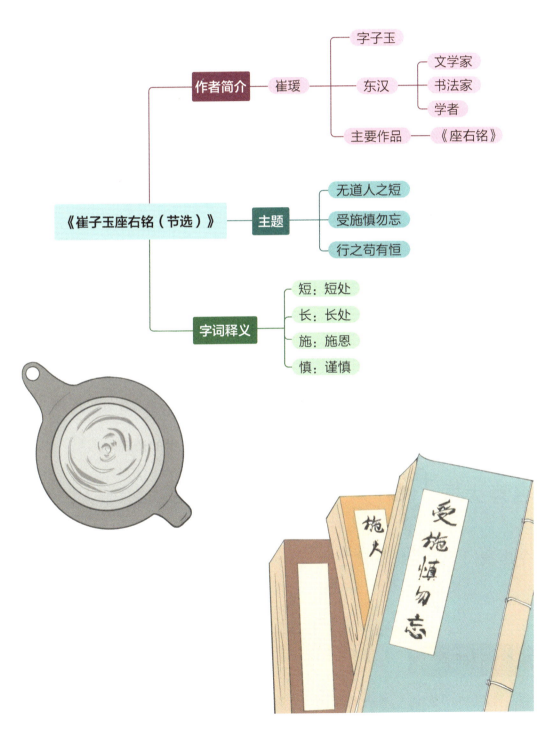

- 《崔子玉座右铭（节选）》
  - 作者简介
    - 崔瑗
      - 字子玉
      - 东汉
        - 文学家
        - 书法家
        - 学者
      - 主要作品
        - 《座右铭》
  - 主题
    - 无道人之短
    - 受施慎勿忘
    - 行之苟有恒
  - 字词释义
    - 短：短处
    - 长：长处
    - 施：施恩
    - 慎：谨慎

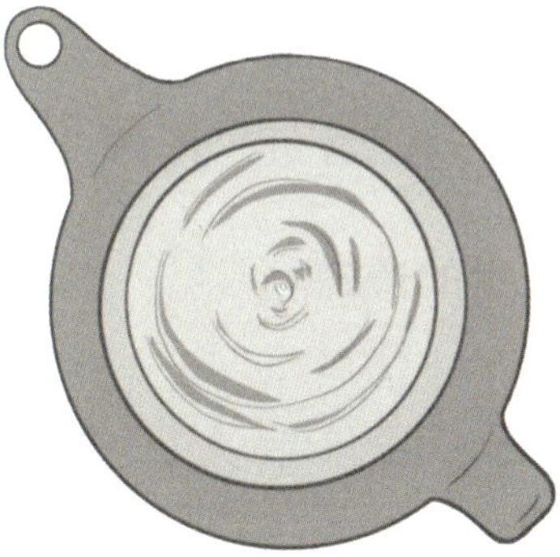

扫码听音频

37. 柳子厚墓志铭(节选)

［唐］韩愈

子厚少精敏，无不通达。逮(dài)其父时，虽少年，已自成人，能取**进士**第，崭(xiàn)然见头角。众谓：“柳氏有子矣。”其后以博学宏词①，授集贤殿正字②。俊杰廉悍③，议论证据今古④，出入⑤经史百子，**踔(chuō)厉风发**⑥

，率⑦常屈⑧其座人，**名声大振**

，一时皆慕与之交。诸公要人，争欲令出我门下，交口荐誉之。

字词解析

①［博学宏词］唐代科举所设科目的一种。②［集贤殿正字］负责刊

刻经籍、搜求轶书，校正文字的官员。③［廉悍］廉洁、方正、有骨气。④［证据今古］引据今古事例作证。⑤［出入］融会贯通，深入浅出。⑥［踔厉风发］形容议论时奔放激厉，见识高超。⑦［率］每每。⑧［屈］使之屈服。

子厚小时候就精锐敏捷，通达事理。在他父亲还在世时，他虽然年纪很轻，但已经独立成人，能够考中进士，显露出超凡的气象，众人都说："柳家有了个好儿子。"之后他又应博学宏词科考试合格，被授予集贤殿正字的官职。他才能出众，端方坚毅，每有议论往往引据古今事例为证，贯通经史百家学说，见识高远，意气风发，经常使在座的人为之折服。他的名声因此大振，一时间人人都想和他交往。那些公卿显要，也争着要把他收到自己的门下，异口同声地赞誉举荐他。

"父"字的演变

“父”属象形字。甲骨文字形像手持石斧形。“父”的本义为工具斧子（后写作“斧”）。石器时代持斧进行劳作是男子的事，故引申为父亲、对家族或亲戚中男性长辈的称呼等。含“父”的成语有：父慈子孝、知子莫若父、夸父追日等。请读一读，写一写。

进士

进士是古代科举考试中所能获得的最高功名。皇帝或者皇帝委派的大臣对贡士亲自策问，来定名次。全国贡士参加考试，能够进入前三甲的都称进士。一甲有三名，赐“进士及第”称号，马上授予官职。二甲、三甲的进士在殿试结束后，需要参加朝考，通过朝考选出庶吉士。庶吉士会被选入翰林院庶常馆学习三年，期满后参加散馆考试，根据成绩分配官职。考试实行“誊录”，找人用正楷抄写试卷，来保证阅卷公正。许多著名诗人是进士出身，如唐代的白居易、杜牧等，宋代的苏轼、欧阳修等。

牛刀小试

1. 文言积累。在文言实词中，“见”“见于”常常表示被动。

（1）秦城恐不可得，徒见欺。（徒被欺）

（2）臣诚恐见欺于王而负赵。（被王欺）

（3）暴见于王。（被王暴）

2. 仿写。

（　　）少（　　），无不通达。虽少年，（　　　　），崭然见头角。以（　　），授（　　）。出入（　　），踔厉风发，名声大振。

答案：略

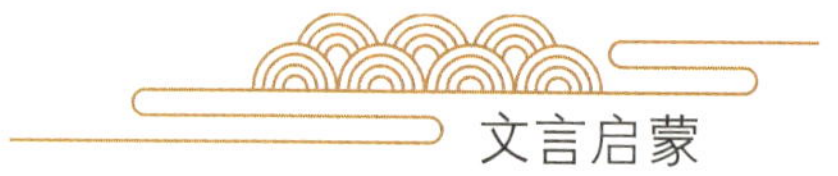

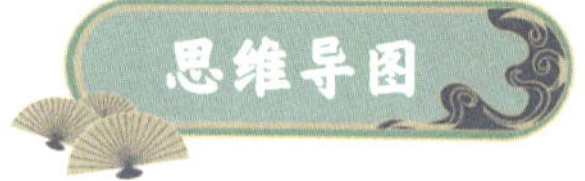

- 《柳子厚墓志铭（节选）》
  - 文学常识
    - 作者
      - 唐朝
      - 韩愈
        - 文学家、哲学家等
        - “唐宋八大家”之首
        - 韩昌黎、韩文公
    - 作品
      - 《韩昌黎集》
  - 唐宋八大家
    - 唐代
      - 韩愈
      - 柳宗元
    - 宋朝
      - 欧阳修
      - 王安石
      - 曾巩
      - 一门三苏
        - 苏洵
        - 苏轼
        - 苏辙
  - 人物
    - 柳宗元
      - 唐朝
      - 文学家、哲学家、散文家
      - “柳河东”“柳柳州”
      - “唐宋八大家”之一
      - 才华出众、方正勇敢
  - 字词释义
    - 逮：等到
    - 见：通“现”，显现
    - 廉悍：方正、廉洁、有骨气
    - 出入：融会贯通，深入浅出
    - 屈：使之屈服

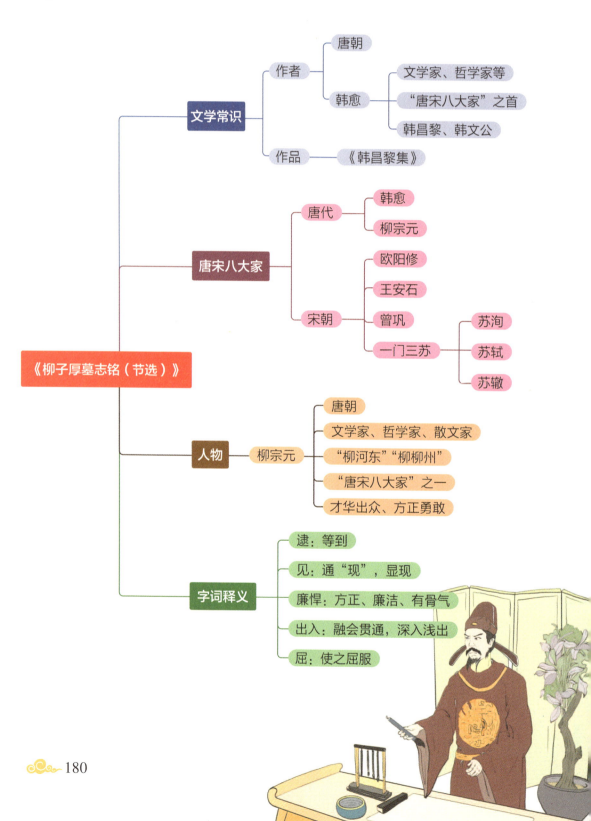

扫码听音频

38. 放翁家训·序（节选）

［南宋］陆游

吾家[①]在唐为辅相者六人，廉直忠孝，世载令闻。念后世不可事伪国[②]，苟富贵，以辱先人，始弃官不仕，东徙渡

江，夷于编氓[③]。孝悌（tì）行于家，忠信著于乡，家法凛然，久而弗改。宋兴，海内一统，祥符中天子东封泰山，于是陆氏乃与时俱兴，百余年间文儒继出，有公有卿，子孙

宦（huàn）学相承，复为宋世家，亦可谓盛矣。

字词解析

①［吾家］指陆姓为相者，如陆贽等。②［伪国］指五代十国时期的吴越。③［编氓］平民百姓。

文言译栈

我家在唐朝做过宰相的一共有六人，都廉洁正直、忠诚孝顺，世代流传下美好的名声。想到后世子孙不能够侍奉伪国，苟且地贪图富贵，因而羞辱先人的名声，便弃官不入仕。向东迁徙渡过长江，沦为一般老百姓。孝顺友爱的品行在家中推行，忠诚守信的名声在乡里显扬，家法令人敬畏，很久都没有改变。宋朝兴起后，天下一统，大中祥符年间，真宗天子封禅于东方的泰山，也就是在这个时候，陆家与时代一道兴盛，此后百余年间，文豪名儒相继出现，或位列三公，或官拜九卿，子孙也都致力于仕途或潜心于治学，代代相承，从此，我家又成为宋朝世家大族，可以说是昌盛无比了。

“盛”字的演变

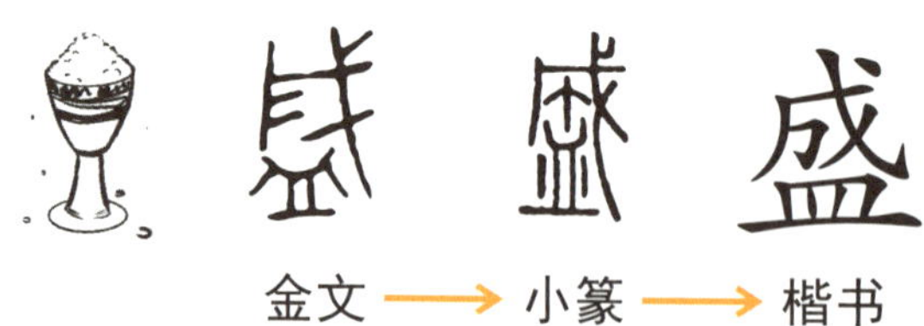

“盛”属形声字，从皿成声。本义读chéng，把谷物放在容器中以供祭祀，泛指盛装、容纳。引申为把饭菜放在碗里或盘里。又读shèng，引申为丰盛、繁盛、兴盛等。含“盛”的成语有：繁荣昌盛、盛气凌人等。请读一读，写一写。

诗人陆游

陆游，南宋杰出的文学家，满怀一颗爱国之心，坚决主张抗金北上、收复中原，却屡遭当权派的排挤和打击，只能借写诗作词来抒发悲愤之情。陆游的诗，风格雄浑豪放，内容广泛深刻，几乎触及南宋前期社会生活的各个方面，《书愤》《农家叹》《十一月四日风雨大作》等均为千古名篇。临终之际，陆游留下绝笔《示儿》作为遗嘱，足见陆游的爱国情怀。

牛刀小试

1.文言虚词“矣”可以用于不同的句式，表示不同的意思，表达不同的感情，请连一连。

(1) 事急而不断，祸至无日矣。　　A.疑问

(2) 甚矣，汝之不惠！　　B.祈使

(3) 公子勉之矣，老臣不能从。　　C.判断

(4) 年几何矣？　　D.感叹

2. 议一议。

陆游的优秀家风是什么？在原文中画出来，并和同学谈谈家风对一个人成长的影响。

答案：1.（1）事急而不断，祸至无日矣。　　A.疑问

（2）甚矣，汝之不惠！　　B.祈使

（3）公子勉之矣，老臣不能从。　　C.判断

（4）年几何矣？　　D.感叹

2.略

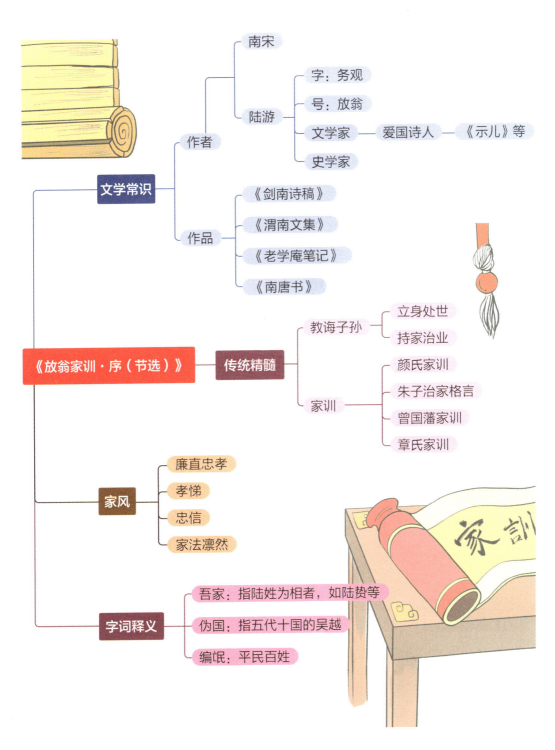

- 《放翁家训·序（节选）》
  - 文学常识
    - 作者
      - 南宋
      - 陆游
        - 字：务观
        - 号：放翁
        - 文学家 — 爱国诗人 — 《示儿》等
        - 史学家
    - 作品
      - 《剑南诗稿》
      - 《渭南文集》
      - 《老学庵笔记》
      - 《南唐书》
  - 传统精髓
    - 教诲子孙
      - 立身处世
      - 持家治业
    - 家训
      - 颜氏家训
      - 朱子治家格言
      - 曾国藩家训
      - 章氏家训
  - 家风
    - 廉直忠孝
    - 孝悌
    - 忠信
    - 家法凛然
  - 字词释义
    - 吾家：指陆姓为相者，如陆贽等
    - 伪国：指五代十国的吴越
    - 编氓：平民百姓

扫码听音频

39. 跋傅给(jǐ)事[1]帖

［南宋］陆游

绍兴初，某甫成童，亲见当时士大夫相与言及国事，或裂眦嚼齿，或流涕**痛哭**，人人自期以杀身翊(yì)戴[2]王室。虽丑裔[3]方张，视之蔑如[4]也。卒能使虏消沮[5]退缩，自遣行人请盟。会秦丞相桧用事，掠以为功，变恢复为和戎[6]，非复诸公初意矣。志士仁人，抱愤入地者，可胜数哉！今观傅给事与吕尚书**遗帖**

，死者可作，吾谁与归？

嘉定二年七月癸丑，陆某谨识。

——《渭南文集》

字词解析

①［傅给事］指傅崧卿，南宋主战派代表人物。②［翊戴］辅佐拥护。③［丑裔］对金人的蔑称。④［蔑如］浅薄不足道。⑤［消沮］失败。⑥［和戎］这里是对敌屈服的意思。

绍兴初年，我刚刚长成儿童。亲眼看见当时士大夫们一起谈论国事，有人愤怒到了极点，有人痛哭流涕，人人都期许能为了辅佐拥护王室而杀身成仁，即使金人气焰嚣张，也把他们看作浅薄不足道者，认为最终一定能让他们失败退缩，自己派遣使者来请求和好。正赶上丞相秦桧当权，秦桧掠夺他人的功劳作为自己的功劳，改变恢复中原的策略而对敌屈服，不再是诸位士大夫当初的意愿。志士仁人怀抱怨愤而死的可以计数吗？现在看傅给事写给吕尚书的遗书，如果死者可以复活，我和谁一道呢？

嘉定二年七月癸丑日，陆某恭谨地记下来（这份心情）。

“事”字的演变

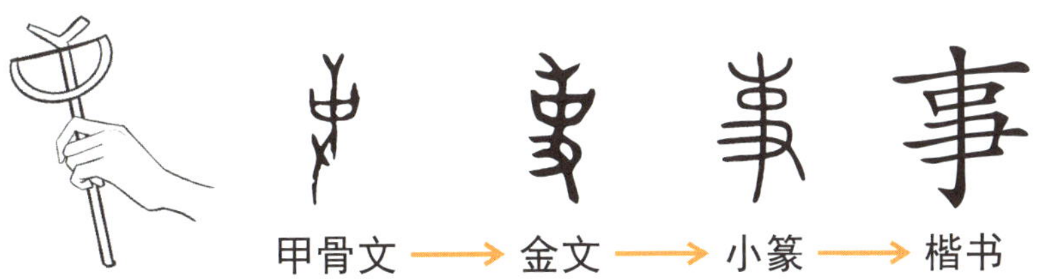

“事”属会意字。甲骨文和金文“事、吏、使”为一字。甲骨文下为“又”（手），手中所执一说“乃上端有杈之捕猎器具”。“事”的本义是官职、职务，引申为职业、工作、从事、做事等。含“事”的成语有：事不过三、料事如神、事在人为等。请读一读，写一写。

序跋

书序的起源可追溯到《尚书》。汉代已有类似书跋的文字出现，到了宋代，书跋成为一种正式的文体。跋与序是一对孪生兄弟，但它们还是有一些不同：第一，位置不一样。跋在后，而序在前。第二，作用不同。序主要介绍书籍的创作背景、目的、主要内容等，跋则更多地是对作品的成书过程、修订情况等进行补充说明。第三，作者身份不同，序可能是自序，也可能是他序，跋通常由作者本人撰写，少数情况下由编者或译者补充。第四，文体风格不一样。序一般较为正式、庄重，跋则较为自由、灵活。

牛刀小试

文言虚词“哉”用在句末，表达不同的语气，请填一填加点字表达的语气。

（1）呜呼，亦盛矣哉！（　　　　）

（2）而此独以钟名，何哉？（　　　　）

（3）相如虽驽，独畏廉将军哉？（　　　　）

思维导图

答案：（1）感叹语气 （2）疑问语气 （3）反问语气

扫码听音频

40. 蜃说(节选)

［南宋］林景熙

尝读《汉天文志》，载“海旁蜃气象楼台”[1]，初未之信。庚寅季春，予避寇海滨。一日饭午，家僮走报怪事，曰：“海中忽涌数山，皆昔未尝有，父老观以为甚异。”予骇而出。会颍川主人[2]走使[3]邀予。既至，相携登聚远楼东望。第见沧溟浩渺中，矗如奇峰，联如叠巘(yǎn)[4]，列如崒岫(zú xiù)[5]，隐见不常。移时，城郭、台榭[6]，骤变欻(xū)[7]起，如众大之区[8]，数十万家，鱼鳞相比。中有浮图[9]老子[10]之宫，三门[11]嵯峨(cuó é)，钟鼓楼翼其左右，檐牙历历，极[12]公输巧不能过。又移时，或立如人

，或散如兽，或列若旌旗之饰、瓮盎(wèng àng)之器，诡异万千。曰近晡(bū)[13]，冉冉漫灭，向之有者安在？而海自若也。

《笔谈》记登州海市事，往往类此。予因是始信。

——《霁山集》

字词解析

①［海旁蜃气象楼台］即海市蜃楼。②［主人］此指友人。③［走使］派人。④［叠巘］重叠的山峰。⑤［崒岫］耸立的高峰。⑥［榭］建在高台上的敞屋。⑦［欻］突然。⑧［众大之区］人屋众多的城填。⑨［浮图］梵语音译，指佛家。⑩［老子］李耳，相传为道教之祖师。⑪［三门］庙门，寺庙多开三门。⑫［极］达到。⑬［晡］黄昏时刻。

文言译栈

我以前曾经读到《汉书·天文志》上有这样的记载“海边有蜃吐气，形状很像楼台”，一开始时我不相信会有这样的事情。庚寅阴历三月，我为了躲避兵乱暂住在海滨。有一天正在吃午饭时，家里的仆人急急忙忙地跑过来报告说外面发生了怪事：“大海里忽然出现几座大山，全是以前没见过的，父老们看了都觉得非常惊奇。”我听了以后十分惊诧，赶忙跑出去看，正巧遇到颍川主人派人来邀请我前往共赏此奇景。到了海边，我和颍川主人一同登上聚远楼向东望去。只见在广阔无边的海面上，矗立的蜃景像奇特的山峰，连绵的蜃景像层叠的山峰，排列成行的蜃景像高峻的山峰，忽隐忽现。过了一会儿，城墙、亭阁忽然浮现，犹如一座人口众多的城镇，几十万户人家像是鱼鳞般

整齐而密集地排列着，其中有佛寺、道观这些庙观，三座仪门高大雄伟，钟楼和鼓楼像鸟的翅膀一样分别护着寺观的左右两侧，屋檐边的建筑装饰很分明，历历可辨，就是穷尽公输班的技巧也没有办法超越它。又过了一会儿，蜃景又起了变化，有的像站立着的人，有的像野兽在逃散，有的像飘扬的旌旗，有的像瓮盎之类的器具，千姿万态，变幻不定。直到傍晚时分，蜃景才慢慢消失，先前所看到的奇异景象哪里去了呢？大海还是像往常一样风平浪静。

沈括在《梦溪笔谈》上所记载的登州所出现的海市蜃楼，大概就像这样吧！我是因为亲眼看过，所以才开始相信有这回事的。

“走”字的演变

“走”金文属会意字。上面像甩臂的人形，下面是脚之形，表示人在跑。“走”的本义为跑，引申为人或鸟兽走动、（车船等）行驶、（物体）移动、趋向、离开等。含“走”的成语有：笔走龙蛇、铤而走险、不胫而走等。请读一读，写一写。

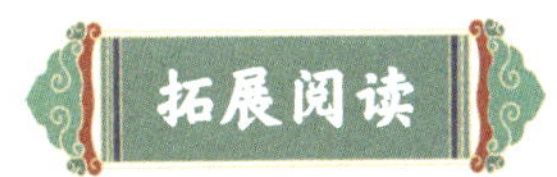

海市蜃楼

海市蜃楼原指海边或沙漠中，由于光线的反射和折射作用，空中或地面会出现虚幻的楼台城郭的一种自然现象，多发生在夏季的海边或沙漠地区。当光线经过不同密度的空气层时，会发生显著的折射或全反射，从而将远处的景物显示在空中或地面，形成各种奇异景象。古人由于科学知识的限制，误认为这种景象是由蜃（一种海中的动物，状如蛤蜊）吐气而成的，因此称之为“海市蜃楼”。

如今，海市蜃楼多用来比喻虚幻的事物或变幻莫测的情态。它强调了一种虚无缥缈、不切实际的状态，类似于空中楼阁、镜花水月等成语所表达的含义。

牛刀小试

1.文言虚词“因”的不同意思，请连一连。

（1）因宾客至蔺相如门谢罪。　　　　A.因为

（2）予因是始信。　　　　B.通过，经由

2.读一读，画一画。

“又移时，或立如人，或散如兽，或列若旌旗之饰、瓮盎之器，诡异万千。”请选出你喜欢的一种变化，发挥想象画一画海市蜃楼的奇异景象。

- 《蜃说（节选）》
  - 文学常识
    - 作者
      - 南宋
      - 林景熙
        - 霁山先生
        - 爱国诗人
    - 作品
      - 《霁山集》
  - 人物表现
    - 家僮：走报怪事
    - 父老：以为甚异
    - 予：骇而出
  - 景象奇异
    - 奇山异峰
    - 繁华都市
    - 各种物象
  - 字词释义
    - 骇：惊讶
    - 会：恰逢
    - 移时：不多时
    - 比：排列
    - 向：早先

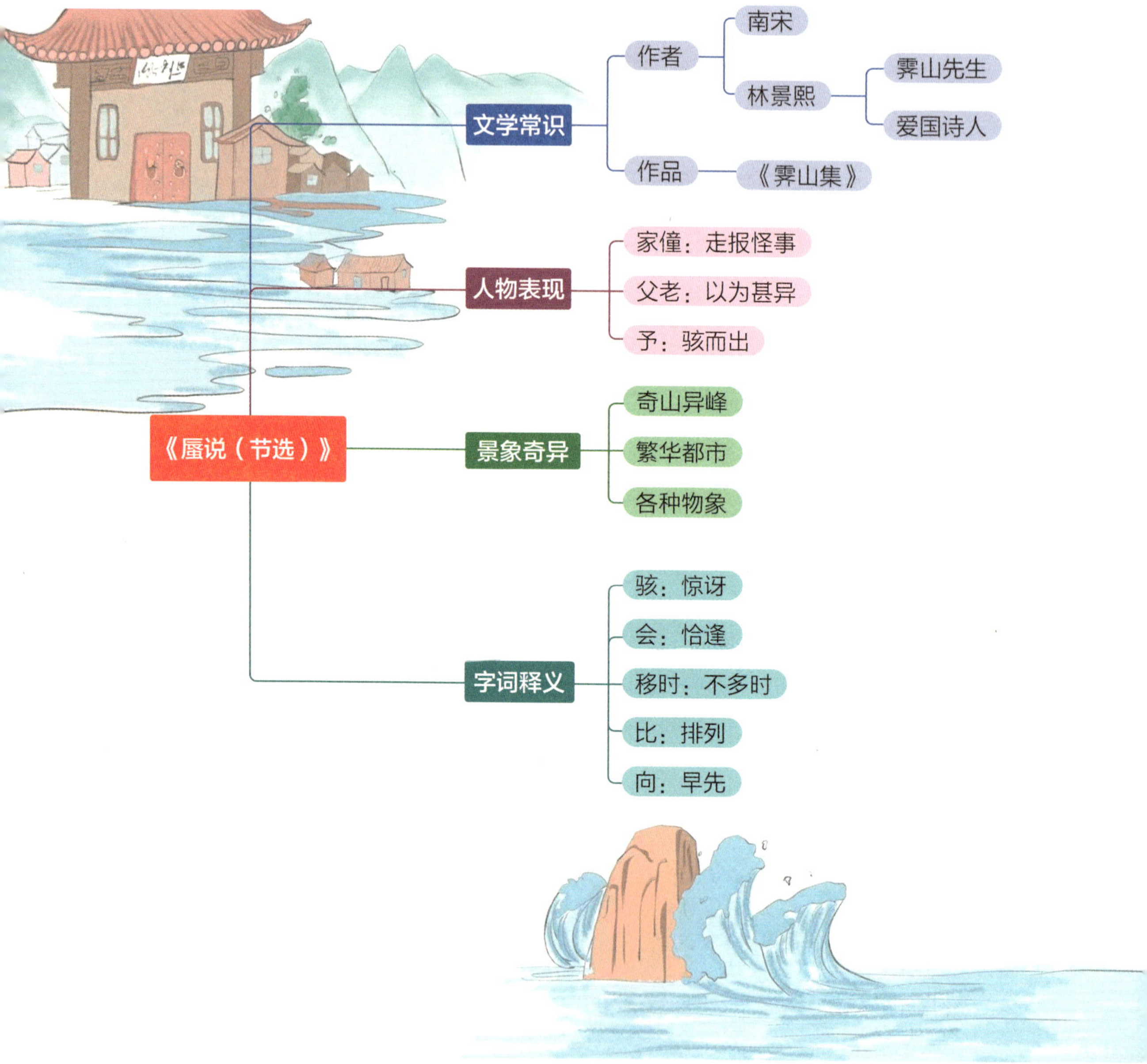

答案：1.（1）因宾客至蔺相如门谢罪。　　A.因为

（2）予因是始信。　　B.通过，经由

2.略